国家统一法律职业资格考试系列丛书

2019年法律职业资格考试

胡震解金题 理论法篇

胡震 编著

中国石化出版社
HTTP://WWW.SINOPEC-PRESS.COM

图书在版编目（CIP）数据

胡震解金题．理论法篇/胡震编著．—北京：中国石化出版社，2019.4

ISBN 978-7-5114-5285-6

Ⅰ.①胡…Ⅱ.①胡…Ⅲ.①法的理论—中国—资格考试—习题集Ⅳ.①D92-44

中国版本图书馆CIP数据核字（2019）第063715号

中国石化出版社出版发行

地址：北京市朝阳区吉市口路9号

邮编：100020　电话：（010）59964500

发行部电话：（010）59964526

http://www.sinopec-press.com

E-mail：press@sinopec.com

新乡市春风印务有限公司

全国各地新华书店经销

*

787×1092毫米16开本13.25印张300千字

2019年4月第1版　2019年4月第1次印刷

定价：46.00元

前言

教学是开发内化的过程，教师以传道、授业、解惑来开启学生的智慧，而学生则通过听课、练习和反思将所学的知识内化成独立解决实际问题的能力。法律职业资格考试是选拔法律实务人才的资格性考试，熟悉现行法律法规、掌握立法原理并能够准确地运用于解决具体法律案件，是考试命题的基本方向。备战法考自然应当遵循这些客观规律，以解题得分为导向，采取针对性的学习方法，才能充分利用有限的时间达到最佳复习效果，确保顺利通过考试。历年考试真题作为往年命题的“历史经验”，对于准确把握法律职业资格考试的命题趋势、精确检测学习效果和提高解题得分能力，具有不可替代的作用。根据笔者多年对律考、司考和法考的观战，笔者认为对于应试能力的培养和提升，基本规律是：理解是基础，记忆是关键，刷题是保障。在对知识进行系统强化之后，考试能力的提升不是靠死记硬背考点和法条，而是适当的刷题选练。可以说，法考通关不是背过关的，而是刷题刷过关的。在茫茫题海中，如何选择高质量的题目进行刷题训练，这是很多考生关心的现实问题。不容置疑的是，我们在刷题训练时，应当首选历年真题反复进行演练，这既能检验考生的学习效果，又能让考生在反复训练中适应真题，并摸透命题老师的出题套路。鉴于法律、司法解释和司法文件不断立、改、废、释，这又需要我们善于筛选尚有训练价值的历年真题，同时还要针对立法、司法的新变化，做相应的预测性模拟选练。

正是基于上述考虑，我们编撰了2019年国家统一法律职业资格考试《名师解金题》系列。本书收录并解析了近年来有价值的司考和法考真题，并包含了部分仿真金题，以供考生备考选练使用。为了便于考生自学、自测、自检，本书的编撰体例与“主客一体包”的章节完全匹配。同时，本书还对每一道金题进行了详细的解析。希望考生不要仅仅满足于做对题，真题训练最重要的工作是做题后的考点总结。做完题要善于反思，从这道真题中究竟收获了什么。从真题的解析中掌握背后真正的考点，挖掘考点之间的内在联系，掌握其中蕴含的法学原理，才能真正榨干真题的价值。只有明确了做真题的收获所在，才能真正体现我们鏖战真题的价值。

无数次跌倒后的领悟，便是成功。每一次真题实战都是向着成功迈出的真实一步，每一个考点的掌握都是朝着通关又近了一分，明天的你一定会感激今天努力的自己。微笑，忍耐，进步！

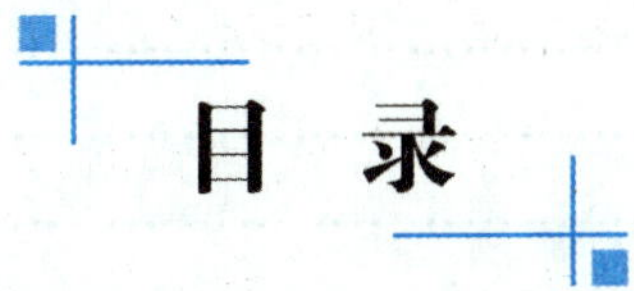

目 录

第一编　社会主义法治理论

第二编　法理学

第三编　宪法学

第四编　中国法律史

第五编　司法制度与法律职业道德

第一编

社会主义法治理论

第一章　中国特色社会主义法治建设基本原理

第一节　推进全面依法治国的重大意义

【考点】推进全面依法治国的重大意义

【考点点拨】推进全面依法治国的重大意义可以从四个方面去理解和记忆：(1)“党”：有利于提高党的执政能力和执政水平，实现依法执政；(2)“国家”：有利于全面深化改革、完善和发展中国特色社会主义制度，实现国家治理体系和治理能力现代化；(3)“社会”：有利于全面建成小康社会、实现中华民族伟大复兴的中国梦；(4)“人民”：有利于满足人民日益增长的美好生活需要，实现人民生活的幸福安康。

本节在简单识记的基础上，对一些关键词语要仔细辨别，不能混淆。如“法律体系”和“法治体系”，“法制国家”和“法治国家”，“依法治国”和“依法执政”等。

1. 全面推进依法治国，总目标是建设中国特色社会主义法治体系，建设社会主义法治国家。关于对全面推进依法治国的重大意义和总目标的理解，下列哪一选项是不正确的？(　　)(2015－1－1，单选)

   A. 依法治国事关我们党执政兴国，事关人民的幸福安康，事关党和国家的长治久安

   B. 依法治国是实现国家治理体系和治理能力现代化的必然要求

   C. 总目标包括形成完备的法律规范体系和高效的法律实施体系

   D. 通过将全部社会关系法律化，为建设和发展中国特色社会主义法治国家提供保障

2. 下面关于全面推进依法治国的说法，不正确的是(　　)。

   A. 依法治国是中国特色社会主义最本质的特征

   B. 依法治国是我们党治国理政的基本方式

   C. 依法执政是我们党领导人民治理国家的基本方略

   D. 目前，中国特色社会主义法治体系已经形成，法治政府建设稳步推进，司法体制不断完善，全社会法治观念明显增强

第二节　推进全面依法治国的指导思想和总目标

【考点】依法治国的总目标

【考点点拨】推进全面依法治国的总目标是建设中国特色社会主义法治体系，建设社会主义法治国家；要能识记和理解总目标的具体内容，包括五个“体系”三个“法治”三个“依法”和习近平总书记提出的“新十六字方针”。

全面依法治国，需要解决法治建设不适应、不符合推进国家治理体系和治理能力现代化目标的问题。下列有助于解决上述问题的措施是(　　)。(2016－1－86，不定项)

A. 增强法律法规的针对性和可操作性，避免立法部门化倾向

B. 改进行政执法体制，消除多头执法、选择性执法现象

C. 大力解决司法不公和司法腐败问题，提高司法公信力

D. 增强社会成员依法维权意识和国家工作人员依法办事观念

第三节 推进全面依法治国的基本原则

【考点】推进全面依法治国的基本原则

【考点点拨】本节是考察的重点，推进全面依法治国包括五个基本原则：坚持党的领导，坚持人民主体地位，坚持法律面前人人平等，坚持依法治国和以德治国相结合，坚持从中国实际出发。在简单识记的基础上，重点理解掌握“为什么要坚持该基本原则”以及“如何坚持该基本原则”。其中“坚持依法治国与以德治国相结合的基本原则”是考察的重中之重。

1. 全面依法治国必须坚持从中国实际出发。对此，下列哪一理解是正确的？（　　）（2017—1—1，单选）

A. 从实际出发不能因循守旧、墨守成规，法治建设可适当超越社会发展阶段

B. 全面依法治国的制度基础是中华法系，实践基础是中国传统社会的治理经验

C. 从中国实际出发不等于“关起门来搞法治”，应移植外国法律制度和法律文化

D. 从实际出发要求凸显法治的中国特色，坚持中国特色社会主义道路、理论体系和制度

2. 全面依法治国，必须坚持人民的主体地位。对此，下列哪一理解是错误的？（　　）（2016—1—1，单选）

A. 法律既是保障人民自身权利的有力武器，也是人民必须遵守的行为规范

B. 人民依法享有广泛的权利和自由，同时也承担应尽的义务

C. 人民通过各种途径直接行使立法、执法和司法的权力

D. 人民根本权益是法治建设的出发点和落脚点，法律要为人民所掌握、所遵守、所运用

3. 孟子的弟子问孟子，舜为天子时，若舜的父亲犯法，舜该如何处理？孟子认为，舜既不能以天子之权要求有司枉法，也不能罔顾亲情坐视父亲受刑，正确的处理方式应是放弃天子之位，与父亲一起隐居到偏远之地。对此，下列说法正确的是（　　）。（2017—1—86，不定项）

A. 情与法的冲突总能找到两全其美的解决方案

B. 中华传统文化重视伦理和亲情，对当代法治建设具有借鉴意义

C. 孟子的方案虽然保全了亲情，但完全未顾及法律

D. 不同法律传统对情与法的矛盾可能有不同的处理方式

4. 相传，清朝大学士张英的族人与邻人争宅基，两家因之成讼。族人驰书求助，张英却回诗一首：“一纸书来只为墙，让他三尺又何妨？万里长城今犹在，不见当年秦始皇。”族人大惭，遂后移宅基三尺。邻人见状亦将宅基后移三尺，两家重归于好。根据上述故事，关于依法治国和以德治国的关系，下列哪一理解是正确的？（　　）（2016—1—2，单选）

A. 在法治国家，道德通过内在信念影响外部行为，法律的有效实施总是依赖于道德

B. 以德治国应大力弘扬“和为贵、忍为高”的传统美德，不应借诉讼对利益斤斤计较

C. 道德能够令人知廉耻、懂礼让、有底线，良好的道德氛围是依法治国的重要基础

D. 通过立法将“礼让为先”“勤俭节约”“见义勇为”等道德义务全部转化为法律义务，有助于发挥道德在依法治国中的作用

3. 东部某市是我国获得文明城市称号且犯罪率较低的城市之一，该市某村为了提高村民的道德素养，建有一条“爱心互助街”，使其成为交换和传递爱心的街区。关于对法治和德治相结合的原则的理解，下列哪一选项是错误的？（　　）（2015—1—2，单选）

A. 道德可以滋养法治精神和支撑法治文化

B. 通过公民道德建设提高社会文明程度，能为法治实施创造良好的人文环境
C. 坚持依法治国和以德治国相结合，更要强调发挥道德的教化作用
D. 道德教化可以劝人向善，也可以弘扬公序良俗，培养人们的规则意识

第四节 新时代深化依法治国实践的主要任务

【考点】全面推进依法治国的总目标和主要任务

【考点点拨】依法治国实践的主要任务包括四个方面：立法、执法、司法和守法，其核心要求就是科学立法、严格执法、公正司法、全民守法。

中共十八届四中全会通过《中共中央关于全面推进依法治国若干重大问题的决定》，党的十九大报告进一步提出要厉行法治，下列关于全面推进依法治国的总目标以及新时代深化依法治国实践主要任务的说法，不正确的是（　　）。

A. 总目标是建设中国特色社会主义法制体系，建设社会主义法治国家
B. 全面落实司法责任制，有利于让人民群众在每一个案件中感受到公平正义
C. 全面推进依法治国必须坚持依法治国、依法执政、依法行政共同推进，坚持法治国家、法治政府、法治社会一体建设，实现科学立法、公正执法、严格司法、全民守法
D. 建立宪法实施和监督机制，推进合宪性审查工作，维护宪法权威

参考答案及解析

第一节 推进全面依法治国的重大意义

1. 【答案】D

【解析】A选项正确，《中共中央关于全面推进依法治国若干重大问题的决定》（以下简称《决定》）指出：依法治国事关我们党执政兴国，事关人民的幸福安康，事关党和国家的长治久安。

B选项正确。《决定》指出：依法治国是实现国家治理体系和治理能力现代化的必然要求。

C选项正确。《决定》指出：全面推进依法治国，总目标是建设中国特色社会主义法治体系，建设社会主义法治国家，其中包括形成完备的法律规范体系、高效的法律实施体系、严密的法律监督体系、有力的法律保障体系和完善的党内法规体系。

D选项的错误之处在于，“全部”的提法过于绝对，法律有自身特有的调整对象，不可能调整全部社会关系。

2. 【答案】ABCD

【解析】依法治国，是坚持和发展中国特色社会主义的本质要求和重要保障，事关我们党执政兴国，事关人民幸福安康，事关党和国家长治久安。中国共产党的领导是中国特色社会主义最本质的特征。故A错误。依法治国是我们党领导人民治理国家的基本方略，依法执政是我们党治国理政的基本方式。故B、C错误。目前，中国特色社会主义法律体系已经形成，法治政府建设稳步推进，司法体制不断完善，全社会法治观念明显增强。建设中国特色社会主义法治体系是依法治国的总目标。故D错误。

第二节 推进全面依法治国的指导思想和总目标

【答案】ABCD

【解析】推进全面依法治国的总目标要求实现科学立法、严格执法、公正司法、全民守法

等四个方面。根据《中共中央关于全面推进依法治国若干重大问题的决定》，为了提高立法质量，要把公正、公平、公开原则贯穿立法全过程，完善立法体制机制，坚持立改废释并举，增强法律法规的及时性、系统性、针对性、有效性。同时，明确立法权力边界，从体制机制和工作程序上有效防止部门利益和地方保护主义法律化。这是科学立法的体现。A选项正确。改进行政执法体制，消除多头执法、选择性执法现象，有助于政府依法行政，建立法治政府。B选项正确。大力解决司法不公和司法腐败问题，有助于实现公正司法，提高司法公信力。C选项正确。增强社会成员依法维权意识和国家工作人员依法办事观念，有助于实现全民守法。D选项正确。

第三节　推进全面依法治国的基本原则

1. **【答案】** D

【解析】 A选项错误。法治建设必须与整个社会的政治、经济、文化发展相适应，不能盲目超前。立法可以适当超前，但整个国家的法治建设不能超越社会发展阶段。

B选项错误。我国依法治国的制度基础是有中国特色的社会主义法律体系，而不是传统的中华法系的法律制度体系；同理，依法治国的实践基础是有中国特色社会主义的法治实践，也不是传统社会的治理经验。

C选项错误。不能“关起门来搞法治”，在适当条件下可以借鉴国外先进的法律制度，但法律文化是无法借鉴的，这是一个民族在长期法律实践的过程中所沉淀的“民族精神”，每一个民族都有属于自己的独特的法律文化。

D选项正确。从实际出发就是从目前有中国特色社会主义法治实践出发，坚持中国特色社会主义道路、理论体系和制度。

2. **【答案】** C

【解析】 法律规范是通过权利和义务的双面规定来调节社会关系的。一方面，法律规范可以保障人民的权利和自由得以实现，同时人民也必须遵守法律规范规定的各种义务。只有这样，才能真正实现有法必依、执法必严、违法必究，并最终实现依法治国。因此，A、B选项内容正确。我国宪法明确规定“中华人民共和国的一切权力属于人民”，《宪法》第2条第2、3款规定：“人民行使国家权力的机关是全国人民代表大会和地方各级人民代表大会。”“人民通过各种途径和形式，管理国家事务、管理经济和文化事业，管理社会事务。”其中，各级人大代表由选举产生，组成人民代表大会，行使立法权，由人民代表大会产生国家行政机关和司法机关（法院和检察院），分别行使执法权和司法权。因此，C选项错在“直接”二字。《中共中央关于全面推进依法治国若干重大问题的决定》明确提出，必须坚持法治建设为了人民、依靠人民、造福人民、保护人民，以保障人民根本权益为出发点和落脚点；必须使人民认识到法律既是保障自身权利的有力武器，也是必须遵守的行为规范，增强全社会尊法守法用法意识，使法律为人民所掌握、所遵守、所运用。因此，D选项内容正确。

3. **【答案】** BD

【解析】 A选项错误。情与法的冲突并不总是能找到两全其美的解决方案，有时必须在二者中作出选择。现代社会，相对于情理，更应该维护法律权威，依法办事。

B选项正确。重视伦理和亲情作为我国传统文化的重要内容，也是属于中华法律文化精华的内容，是可以被现代法治建设所借鉴的。

C选项错误。孟子认为，舜放弃天子之位、与父亲隐居到偏远之地，恰恰是因为考虑到法律的存在，并不是没有顾及法律。

D选项正确。情与法的冲突源自现实生活，始终存在。就世界各民族的多样化的法律文化和传统来看，如何处理情与法的冲突正体现了其中的差异性，不同法律传统对情与法的矛盾会有不同的处理方式。但现代社会任何国家都不可能只有法律或道德一种治理手段，全面推进依法治国必须坚持依法治国和以德治国相结合。

4. 【答案】C

【解析】《中共中央关于全面推进依法治国若干重大问题的决定》指出，国家和社会治理需要法律和道德共同发挥作用。必须一手抓法治，一手抓德治，既重视法律的规范作用，又重视发挥道德的教化作用，实现法律和道德相辅相成、法治和德治相得益彰。在法治国家，道德通过内在信念影响外部行为，使得人们自觉信仰法律、遵守法律；但是，法律的有效实施或实现并不总是依赖于道德，对于违反法律的行为，有时必须要通过国家强制力，通过法律制裁的方式使法律得到有效实施。因此，A选项错误。

弘扬中华传统美德，并非对中国传统所有的道德都要弘扬，我们认同“和为贵”，但并不赞同“忍为高”，在自己权益受到侵害时，公民有权利依靠法律手段维护自己的利益。因此，B选项错误。

以法治体现道德理念、强化法律对道德建设的促进作用，以道德滋养法治精神、强化道德对法治文化的支撑作用。良好的道德氛围有助于促进法治文化的成长，有助于依法治国的实现。因此，C选项正确。

近代以前的法在内容上和道德的重合度较高，立法倾向于尽可能把道德义务转化为法律义务；近现代立法注意法律和道德调整范围的区别，倾向于只将最低限度的道德要求转化为法律义务。在某些情况下，可以把一些道德义务转化为法律义务，也可以把一些法律要求变为道德要求，但不能通过立法把道德义务全部转化为法律义务。D选项错误。

5. 【答案】C

【解析】A选项和B选项正确。国家和社会治理需要法律和道德共同发挥作用。从这个核心点出发，法律对人们的行为起到规范作用，道德对人们内心的道德伦理、是非善恶进行教化，因此，道德可以提高社会文明程度，可以滋养和支撑法治。故A、B选项正确。

C选项前半句正确，后半句“更要强调发挥道德的教化作用”错误。全面推进依法治国，要强调法律在解决纠纷中的权威地位。故C选项错误。

D选项正确。道德教化可以培养人们的规则意识，是道德滋养法治的具体表现。

第四节　新时代深化依法治国实践的主要任务

【答案】ACD

【解析】总目标是建设中国特色社会主义法治体系，建设社会主义法治国家。是“法治”而非“法制”。故A错误。

主要任务提出，深化司法体制综合配套改革，全面落实司法责任制，努力让人民群众在每一个司法案件中感受到公平正义。选项B正确。

全面推进依法治国必须坚持依法治国、依法执政、依法行政共同推进，坚持法治国家、法治政府、法治社会一体建设，实现科学立法、严格执法、公正司法、全民守法。故C选项错误。

加强宪法实施和监督，推进合宪性审查工作，维护宪法权威。我国已有宪法实施和监督机制，现在的主要任务是“完善”“加强”，而非“建立”。故D选项错误。

第二章　法治工作的基本格局

第一节　完善中国特色社会主义法律体系，加强宪法实施

【考点】加强宪法实施和监督

【考点点拨】加强宪法实施，重点措施包括：完善宪法解释程序机制、加强备案审查、设立宪法日、建立宪法宣誓制度。

备案审查是宪法监督的重要内容和环节。根据中国特色社会主义法治理论有关要求和《立法法》规定，对该项制度的理解，下列哪些表述是正确的？（　　）（2015－1－52，多选）

A. 建立规范性文件备案审查机制，要把所有规范性文件纳入审查范围

B. 地方性法规和地方政府规章应纳入全国人大常委会的备案审查范围

C. 全国人大常委会有权依法撤销和纠正违宪违法的规范性文件

D. 提升备案审查能力，有助于提高备案审查的制度执行力和约束力

【考点】完善中国特色社会主义法律体系

【考点点拨】完善法律体系，即完善立法。当前立法的最大问题是立法质量不高，因此，立法的关键是提高立法质量，具体内容包括：坚持党的领导、完善立法体制、坚持科学民主立法、推进重点领域立法。

1. 党的十八届四中全会《决定》明确指出："完善以宪法为核心的中国特色社会主义法律体系。"据此，下列哪些做法是正确的？（　　）（2015－1－66，多选）

A. 建立全国人大及其常委会宪法监督制度，健全宪法解释程序机制

B. 健全有立法权的人大主导立法工作的体制，规范和减少政府立法活动

C. 探索委托第三方起草法律法规草案，加强立法后评估，引入第三方评估

D. 加快建立生态文明法律制度，强化生产者环境保护的法律责任

2. 全面依法治国要求加强和改进立法工作，完善立法体制。下列哪一做法不符合上述要求？（　　）（2016－1－3，单选）

A. 改进法律起草机制，重要的法律草案由有关部门组织全国人大专门委员会、全国人大常委会法工委起草

B. 完善立法协调沟通机制，对于部门间争议较大的重要立法事项，引入第三方评估

C. 完善法规、规章制定程序和公众参与政府立法机制

D. 加强法律解释工作，及时明确法律规定含义和适用法律依据

3. 我国于2015年公布了全面实施一对夫妇可生育两个孩子的政策，《人口与计划生育法》随即作出修改。对此，下列哪些说法是正确的？（　　）（2016－1－51，多选）

A. 在我国，政策与法律具有共同的指导思想和社会目标

B. 立法在实践中总是滞后的，只能"亡羊补牢"而无法适度超越和引领社会发展

C. 越强调法治，越要提高立法质量，通过立法解决改革发展中的问题

D. 修改《人口与计划生育法》有助于缓解人口老龄化对我国社会发展的压力

4. 完善以宪法为核心的中国特色社会主义法律体系，要求推进科学立法和民主立法。下列

哪一做法没有体现这一要求？（　　）（2015—1—3，单选）

A. 在《大气污染防治法》修改中，立法部门就处罚幅度听取政府部门和专家学者意见

B. 在《种子法》修改中，全国人大农委调研组赴基层调研，征求果农、种子企业意见

C. 甲市人大常委会在某社区建立了立法联系点，推进立法精细化

D. 乙市人大常委会在环境保护地方性法规制定中发挥主导作用，表决通过后直接由其公布施行

5. 有研究表明，在实施行贿犯罪的企业中，有一部分企业是由于担心竞争对手提前行贿，自己不行贿就会“输在起跑线上”，才实施了行贿行为。对此，下列哪些说法是正确的？（　　）（2017—1—51，多选）

A. 市场环境不良是企业行贿的诱因，应适当减轻对此类犯罪的处罚

B. 应健全以公平为核心的市场法律制度，维护公平竞争的市场秩序

C. 应加快反腐败立法，从源头上堵塞企业行贿的漏洞

D. 必须强化对公权力的制约，核心是正确处理政府和市场的关系

6. 程某利用私家车从事网约车服务，遭客管中心查处。执法人员认为程某的行为属于以“黑车”非法营运，遂依该省《道路运输条例》对其处以2万元罚款。对此，下列哪些说法是正确的？（　　）（2017—1—55，多选）

A. 当新经营模式出现时，不应一概将其排斥在市场之外

B. 程某受到处罚，体现了“法无授权不可为”的法治原则

C. 科学技术的进步对治理体系和治理能力提出了更高要求

D. 对新事物以禁代管、以罚代管，这是缺乏法治思维的表现

7. 十二届全国人大作出了制定二十余部新法律、修改四十余部法律的立法规划，将为经济、政治等各领域一系列重大改革提供法律依据。关于加强重点领域立法，下列哪些观点是正确的？（　　）（2015—1—53，多选）

A. 修订《促进科技成果转化法》，能够为科技成果产业化提供法治保障

B. 推进反腐败立法，是完善惩治和预防腐败的有效机制

C. 为了激发社会组织活力，加快实施政社分开，应当加快社会组织立法

D. 用严格的法律制度保护生态环境，大幅度提高环境违法成本，会对经济发展带来不利影响

第二节　深入推进依法行政，加快法治政府建设

【考点】执法：深入推进依法行政，加强法治政府建设

【考点点拨】本节是考试的重点章节。全面推进依法治国在执法上重点要求深入推进依法行政、加快法治政府建设，具体包括六个方面：（1）原则：全面履行政府职能，即合法行政原则，重点体现为政府权力清单；（2）决策：依法决策；（3）体制：行政执法体制改革；（4）过程：严格规范公正文明；（5）程序：政务公开；（6）监督。

1. 推进依法行政、转变政府职能要求健全透明预算制度。修改后的《预算法》规定，经本级人大或者常委会批准的政府预算、预算调整和决算，应及时向社会公开，部门预算、决算及报表也应向社会公开。对此，下列哪一说法是错误的？（　　）（2017—1—2，单选）

A. 依法行政要求对不适应法治政府建设需要的法律及时进行修改和废止

B. 透明预算制度有利于避免财政预算的部门化倾向

C. 立法对政府职能转变具有规范作用，能为法治政府建设扫清障碍

D. 立法要适应政府职能转变的要求，但立法总是滞后于改革措施

2. 孙某是某部热播电视剧中的人物，在剧中的角色是一级政府部门的主要负责人。孙某每天按时上下班，一刻不耽误；不贪污，也不怎么干事。其座右铭是“无私者无畏”：只要不贪不占，就没什么好害怕的。对此，下列哪些说法是正确的？（ ）（2017—1—52，多选）

A. 官员应依法全面履行职责，既不能乱作为，也不能不作为

B. 对不能依法办事，经批评教育仍不改正的官员应调离领导岗位

C. “庸官”即使不贪不占，其“懒政”也可能造成严重的社会后果

D. 官员不能仅满足于不腐败，而应积极为人民谋福利

3. 法治政府建设要求行政部门不得任意扩权、与民争利，避免造成“有利争着管、无利都不管”的现象。下列哪些做法有助于避免此现象的发生？（ ）（2016—1—52，多选）

A. 某省政府统筹全省基本公共服务均等化职能，破除地方保护主义

B. 某市要求行政审批部门与中介服务机构脱钩，放宽中介服务机构准入条件

C. 某区依法纠正行政不作为、乱作为，坚决惩处失职、渎职人员

D. 某县注重提高行政效能，缩短行政审批流程，减少行政审批环节

4. 建设法治政府必然要求建立权责统一、权威高效的依法行政体制。关于建设法治政府，下列哪一观点是正确的？（ ）（2015—1—4，单选）

A. 明晰各级政府事权配置的着力点，强化市县政府宏观管理的职责

B. 明确地方事权，必要时可以适当牺牲其他地区利益

C. 政府权力清单制度是促进全面履行政府职能、厘清权责、提高效率的有效制度

D. 推行政府法律顾问制度的主要目的是帮助行政机关摆脱具体行政事务，加强宏观管理

5. 某市建立并推行“重大决策合法性审查”制度，将其作为市委、市政府重大决策的前置程序。对此，下列哪一说法是错误的？（ ）（2017—1—3，单选）

A. 有利于确保决策的科学性和正当性 B. 是健全依法决策的重要措施

C. 是以法治方式推动发展的一种表现 D. 可以代替公众参与和集体讨论

6. 深入推进依法行政，要求健全依法决策机制。下列哪一做法不符合上述要求？（ ）（2016—1—4，单选）

A. 甲省推行“重大决策风险评估”制度，将风险评估作为省政府决策的法定程序

B. 乙市聘请当地知名律师担任政府法律顾问，对重大决策进行事前合法性审查

C. 丙区因发改局长立下“军令状”保证某重大项目不出问题，遂直接批准项目上马

D. 丁县教育局网上征求对学区调整、学校撤并等与群众切身利益相关事项的意见

7. 全面推进依法治国，要求深入推进依法行政，加快建设法治政府。下列做法符合该要求的是（ ）。（2015—1—86，不定项）

A. 为打击医药购销领域商业贿赂，某省对列入不良记录逾期不改的药品生产企业，取消所有产品的网上采购资格

B. 某市建立行政机关内部重大决策合法性审查机制，未经审查的，不得提交讨论

C. 某省交管部门开展校车整治行动时，坚持以人为本，允许家长租用私自改装的社会运营车辆接送学生

D. 某市推进综合执法，为减少市县两级政府执法队伍种类，要求无条件在所有领域实现跨部门综合执法

第三节 保证公正司法，提高司法公信力

本节是考试的重点章节。全面推进依法治国在司法上要求必须保证公正司法、提高司法公信力。具体措施包括：（1）独立司法；（2）严格司法；（3）民主司法；（4）体制改革；（5）保障人权；（6）司法监督。

【考点】独立司法

【考点点拨】独立司法：要想保证司法机关独立司法，必须避免内、外干扰。外部：要求党政机关及其领导干部不能干预司法，要解决“行政诉讼难”的问题；内部：要建立健全司法人员履行法定职责保护机制。

1. 某检察院改革内部管理体制，将原有的多个内设处（室）统一整合，消除内部职能行政化、碎片化的弊端。关于上述改革，下列说法正确的是（　　）。（2016－1－87，不定项）

   A. 完善内部管理体制有利于保证司法公正，提高检察机关公信力

   B. 检察官独立行使检察权不应受任何组织和个人的监督

   C. 将检察官等同于一般公务员的管理体制不利于提高检察官的专业素质和办案质量

   D. 内部管理体制改革为完善检察官职业保障体系创造了条件

2. 对领导干部干预司法活动、插手具体案件处理的行为作出禁止性规定，是保证公正司法的重要举措。对此，下列哪一说法是错误的？（　　）（2015－1－5，单选）

   A. 任何党政机关让司法机关做违反法定职责、有碍司法公正的事情，均属于干预司法的行为

   B. 任何司法机关不接受对司法活动的干预，可以确保依法独立行使审判权和检察权

   C. 任何领导干部在职务活动中均不得了解案件信息，以免干扰独立办案

   D. 对非法干预司法机关办案，应给予党纪政纪处分，造成严重后果的依法追究刑事责任

【考点】严格司法

【考点点拨】严格司法，就是要以事实为根据，以法律为准绳。

1. 某法院推行办案责任制后，直接由独任法官、合议庭裁判的案件比例达到99.9%，提交审委会讨论的案件仅占0.1%。对此，下列说法正确的是（　　）。（2017－1－87，不定项）

   A. 对提交审委会讨论的案件，法官、合议庭也可以不执行审委会的决定

   B. 办案责任制体现了“让审理者裁判、让裁判者负责”的精神

   C. 提交审委会讨论的案件应以审委会的名义发布裁判文书

   D. 法庭审理对于查明事实和公正裁判具有决定性作用

2. 推进严格司法，应统一法律适用标准，规范流程，建立责任制，确保实现司法公正。据此，下列哪一说法是错误的？（　　）（2015－1－6，单选）

   A. 最高法院加强司法解释和案例指导，有利于统一法律适用标准

   B. 全面贯彻证据裁判规则，可以促进法庭审理程序在查明事实、认定证据中发挥决定性作用

   C. 在司法活动中，要严格遵循依法收集、保存、审查、运用证据，完善证人、鉴定人出庭制度

   D. 司法人员办案质量终身负责制，是指司法人员仅在任职期间对所办理的一切错案承担责任

【考点】民主司法

【考点点拨】民主司法：要保障人民群众充分参与司法，构建阳光司法机制，推动司法统一上网。

某法院完善人民陪审员选任方式，在增加陪审员数量的基础上建立“陪审员库”，随机抽选陪审员参与案件审理。关于人民陪审员制度，下列哪一说法是错误的？（ ）（2016—1—5，单选）

A. 应避免陪审员选任的过度“精英化”

B. 若少数陪审员成为常驻法院的“专审员”，将影响人民陪审员制度的公信力

C. 完善人民陪审员制度的主要目的是让人民群众通过参与司法养成守法习惯

D. 陪审员的大众思维和朴素观念能够弥补法官职业思维的局限性

【考点】保障人权

【考点点拨】保障人权：保障诉讼当事人和其他诉讼参与人的知情权、陈述权、辩护辩论权、申请权、申诉权；刑事诉讼重点解决冤假错案；民事诉讼重点解决执行难。

全面依法治国要求加强人权的司法保障，下列哪些做法体现了这一要求？（ ）（2016—1—53，多选）

A. 最高法院、公安部规定在押刑事被告人、上诉人应穿着正装或便装出庭受审

B. 某省扩大法律援助的覆盖面，将与民生密切相关的事项纳入援助范围

C. 某中级法院加大对生效判决的执行力度，确保当事人的胜诉权益及时兑现

D. 某基层法院设立“少年法庭”，对开庭审理时不满16周岁的未成年人刑事案件一律不公开审理

【考点】优化司法职权配置

【考点点拨】体制改革：要优化司法职权配置，从体制上解决司法机关职能不清、“受理难”“审理难”“执行难”“结案难”等突出问题。

2015年1月，最高法院巡回法庭先后在深圳、沈阳正式设立，负责审理跨行政区域重大行政和民商事案件。关于设立巡回法庭的意义，下列哪些理解是正确的？（ ）（2015—1—54，多选）

A. 有利于保证公正司法和提高司法公信力

B. 有助于消除审判权运行的行政化问题

C. 有助于节约当事人诉讼成本，体现了司法为民的原则

D. 有利于就地化解纠纷，减轻最高法院本部办案压力

【考点】加强司法监督

【考点点拨】司法监督：加强对司法机关及其工作人员的监督。

1. 某市律师协会与法院签订协议，选派10名实习律师到法院从事审判辅助工作6个月，法院为他们分别指定一名资深法官担任导师。对此，下列哪一说法是正确的？（ ）（2017—1—7，单选）

A. 法官与律师具有完全相同的职业理想和职业道德

B. 是对法院审判活动进行监督的一种新途径

C. 有助于加深律师和法官相互的了解和信任

D. 是从律师中招录法官、充实法官队伍的一种方式

2. 保证公正司法，提高司法公信力，一个重要的方面是加强对司法活动的监督。下列哪一

做法属于司法机关内部监督？（　　）（2015－1－45，单选）

A. 建立生效法律文书统一上网和公开查询制度

B. 逐步实行人民陪审员只参与审理事实认定、不再审理法律适用问题

C. 检察院办案中主动听取并重视律师意见

D. 完善法官、检察官办案责任制，落实谁办案谁负责

第四节　增强全民法治观念，推进法治社会建设

全面推进依法治国在守法上的要求就是要增强全民法治观念，推进法治社会建设。这部分内容的考察重点是通过社会和法治生活中的具体实践事例进行考察，复习时不能死记硬背，要重点理解。

【考点】推动全社会树立法治意识

【考点点拨】推动全社会树立法治意识。重点内容是通过普法，实现守法，树立“权利、义务、责任”相统一的法治观念，加强道德建设。

1. 梁某欲将儿子转到离家较近的学校上小学，学校要求其提供无违法犯罪记录证明。梁某找到户籍地派出所，民警告之，公安机关已不再出具无违法犯罪记录证明等18类证明。考虑到梁某的难处，民警仍出具了证明，并附言一句：“请问学校，难道父母有犯罪记录，就可以剥夺小孩读书的权利吗？”对此，下列哪一说法是正确的？（　　）（2017－1－4，单选）

   A. 公安机关不再出具无违法犯罪记录证明，将减损公民合法权益

   B. 民警的附言客观上起到了普法作用，符合“谁执法谁普法”的要求

   C. 派出所对学校的要求提出质疑，不符合文明执法的要求

   D. 梁某要求派出所出具已明令不再出具的证明，其法治意识不强

2. 某法院在网络、微信等平台上公布失信被执行人名单以督促其履行义务，不少失信被执行人迫于“面子”和舆论压力主动找到法院配合执行。对此，下列哪一理解是正确的？（　　）（2017－1－5，单选）

   A. 道德问题的有效解决总是必须依赖法律的强制手段

   B. 公布失信被执行人名单有助于形成守法光荣、违法可耻的社会氛围

   C. 法律的有效实施总是必须诉诸道德谴责和舆论压力

   D. 法律与道德具有概念上的必然关系，法律其实就是道德

3. 增强全民法治观念，推进法治社会建设，使人民群众内心拥护法律，需要健全普法宣传教育机制。某市的下列哪一做法没有体现这一要求？（　　）（2015－1－7，单选）

   A. 通过《法在身边》电视节目、微信公众号等平台开展以案释法，进行普法教育

   B. 印发法治宣传教育工作责任表，把普法工作全部委托给人民团体

   C. 通过举办法治讲座、警示教育报告会等方式促进领导干部带头学法、模范守法

   D. 在暑期组织“预防未成年人违法犯罪模拟法庭巡演”，向青少年宣传《未成年人保护法》

【考点】推进多层次多领域依法治理

【考点点拨】推进多层次多领域依法治理。重点是坚持综合治理，提高治理的法治化水平。

1. 某村通过修订村规民约改变“男尊女卑”“男娶女嫁”的老习惯、老传统，创造出“女娶

男”的婚礼形式，以解决上门女婿的村民待遇问题。关于村规民约，下列哪些说法是正确的？（　　）（2016—1—54，多选）

A. 是完善村民自治、建设基层法治社会的有力抓手

B. 是乡村普法宣传教育的重要媒介，有助于在村民中培育规则意识

C. 具有“移风易俗”功能，既传承老传统，也创造新风尚

D. 可直接作为法院裁判上门女婿的村民待遇纠纷案件的法律依据

2. 某县医院在两个月内连续发生5起“医闹”事件，当地公安部门开展了“打击医闹专项行动”，共处理涉嫌违法、犯罪人员24人，但“医闹”仍时有发生。之后，该县政府倡导发挥相对独立的第三方医患调处组织的作用，以政府购买服务的形式来解决问题。对此，下列哪一说法是正确的？（　　）（2017—1—6，单选）

A. 第三方医患调处组织的处理决定具有国家强制力

B. “医闹”的解决依赖源头治理，国家机关不应介入

C. “医闹”的存在说明法律在矛盾化解中的权威地位仍待加强

D. 政府购买第三方服务不利于公正地解决医患矛盾

【考点】建设完备的法律服务体系

【考点点拨】建设完备的法律服务体系。重点是完善法律援助，发展律师、公证事业，健全统一司法鉴定管理体制。

全面依法治国，要求推进覆盖城乡居民的公共法律服务体系建设。下列哪些做法体现了上述要求？（　　）（2017—1—54，多选）

A. 甲市整合政府和社会调解资源，建立“一站式”纠纷解决平台

B. 乙社区设置法律服务机器人，存储海量法律法规和专业信息供居民查询

C. 丙省建立法律服务志愿者微信群，打通服务群众的“最后一米”

D. 丁县推行“一村一律师”，律师结对贫困村，为村民提供免费法律咨询

【考点】健全依法维权和化解纠纷机制

【考点点拨】健全依法维权和化解纠纷机制。重点是：法律在纠纷解决中居于权威地位，信访要法治化、多元化纠纷解决体制。

1. 鹿某为引起政府对其利益诉求的重视，以生产、生活和科研需要为由，在两年内向十几个行政机关提起近百次与其实际利益诉求无关的政府信息公开申请，在接到公开答复后又反复提起行政复议和行政诉讼，向相关部门施加压力。对此，下列哪些说法是正确的？（　　）（2017—1—53，多选）

A. 鹿某为向相关部门施压而恶意提起政府信息公开申请的做法不符合法治精神

B. 滥用知情权和诉权造成了行政和司法资源的浪费

C. 法治国家以权利为本位，公民行使权利时不受任何限制

D. 诉求即使合理合法，也应按照法律规定和程序寻求解决

2. 法治社会建设要求健全依法维权和化解纠纷机制，杜绝“大闹大解决、小闹小解决、不闹不解决”现象。下列哪一做法无助于消除此现象？（　　）（2016—1—7，单选）

A. 甲市将信访纳入法治轨道，承诺对合理合法的诉求依法及时处理

B. 乙区通过举办“群众吐槽会”建立群众利益沟通机制

C. 丙县通过地方戏等形式普及“即使有理也要守法”观念

D. 丁市律协要求律师不得代理群体性纠纷案件

参考答案及解析

第一节　完善中国特色社会主义法律体系，加强宪法实施

【考点】加强宪法实施和监督

【答案】ACD

【解析】《决定》明确指出："加强备案审查制度和能力建设，把所有规范性文件纳入备案审查范围。"A选项正确。

根据《立法法》第98条第4项，地方政府规章不纳入全国人大常委会的备案审查范围，故B错误。

根据《宪法》第67条关于全国人大常委会职权的规定，以及《立法法》第97条关于改变或撤销法律等规范性文件之权限的规定，可知全国人大常委会有权依法撤销和纠正违宪违法的规范性文件。故C正确。

加强备案审查制度和能力建设，必然能够提高备案审查的制度执行力和约束力，D选项正确。

【考点】完善中国特色社会主义法律体系

1. 【答案】CD

【解析】党的十八届四中全会《决定》明确提出"健全宪法实施和监督制度"，但A选项的问题在于"建立"宪法监督机制，我国现行宪法中明确授予全国人大及其常委会"监督宪法实施"的职权，所以，不存在"建立"的问题，准确说法应该是"完善"全国人大及其常委会宪法监督制度，健全宪法解释程序机制，因此A选项错误。

《决定》中明确提出："健全有立法权的人大主导立法工作的体制机制。"但坚持人大在立法工作中的主导作用，与政府立法本身并不矛盾，因此，"规范"政府立法活动是正确的，而"减少"政府立法活动是不正确的，因此B选项错误。

"探索委托第三方起草法律法规草案"和"引入第三方评估"都是明确写进《决定》之中的，而新修改的《立法法》第63条规定："全国人民代表大会有关的专门委员会、常务委员会工作机构可以组织对有关法律或者法律中有关规定进行立法后评估。"可见，"加强立法后评估"亦有法律依据，C选项正确。

《决定》中指出："用严格的法律制度保护生态环境，加快建立有效约束开发行为和促进绿色发展、循环发展、低碳发展的生态文明法律制度，强化生产者环境保护的法律责任，大幅度提高违法成本。"据此，D选项正确。

2. 【答案】A

【解析】《中共中央关于全面推进依法治国若干重大问题的决定》明确提出，健全有立法权的人大主导立法工作的体制机制，发挥人大及其常委会在立法中的主导作用。其中，要求建立由全国人大相关专门委员会、全国人大常委会法制工作委员会（简称"法工委"）组织有关部门参与起草综合性、全局性、基础性等重要法律草案制度。因此，A选项中由有关部门组织全国人大专门委员会、全国人大常委会法工委起草重要法律草案的表述是错误的，违反了人大主导立法的原则。B、C、D选项的内容在《决定》中均有明确规定，均是正确的。

3. 【答案】ACD

【解析】 在我国，中国共产党的政策属于法的非正式渊源。中国共产党是执政党，宪法以及各种法律、法规中规定的诸多原则是我国国家政策的体现，有的政策内容甚至成为宪法、法律和法规本身的有机组成部分。法律和政策具有共同的指导思想和社会目标。A选项正确。

法律是社会发展到一定阶段而出现的，法律的变迁也与社会的发展进程基本一致。立法既可以稍微超前于社会发展（超前立法），也可能稍微滞后于社会发展（立法滞后）。B选项错误。

全面推进依法治国要求，要求必须坚持立法先行，发挥立法的引领和推动作用，抓住提高立法质量这个关键。实现立法和改革决策相衔接，做到重大改革于法有据、立法主动适应改革和经济社会发展需要。我国当前人口老龄化严重，修改《人口与计划生育法》，实施一对夫妇可生育两个孩子的政策，可以缓解人口老龄化对社会发展的压力。C、D选项正确。

4. **【答案】** D

【解析】 A选项正确，体现了科学立法的要求。深入推进科学立法、民主立法，核心点是由人大加强对立法工作的组织协调，由人大组织社会团体以及专家学者对立法中涉及的重大利益调整论证咨询机制。

B选项正确，全国人大专门机构赴基层调研征求意见的做法，符合民主立法中拓宽公民有序参与的要求。

C选项正确。科学立法和民主立法要求建立基层立法联系点制度，推进立法精细化。在某社区设立立法联系点，就是建立了基层的立法联系点，是推进立法精细化的要求。

D选项不正确。根据《立法法》的规定，乙市人大常委会制定的环境保护地方性法规需要报省级人大常委会批准后才能实施，因此表决后直接公布施行的做法是错误的。

5. **【答案】** BCD

【解析】 A选项错误。虽然市场环境不良是企业行贿的诱因，但仍然应该依法打击此类犯罪行为，净化市场环境。对犯罪处罚的减轻，应该坚持罪刑法定原则。

B选项正确。《中共中央关于全面推进依法治国若干重大问题的决定》提出，健全以公平为核心的市场法律制度，维护公平竞争的市场秩序，使市场在资源配置中起决定性作用和更好发挥政府作用。

C选项正确。加快推进反腐败国家立法，完善惩治和预防腐败体系，形成不敢腐、不能腐、不想腐的有效机制，坚决遏制和预防腐败现象，这样才能从源头上遏制腐败，净化市场环境。

D选项正确。企业行贿的动因是希望借助公权力介入市场竞争，获得更大利益。因此制约公权力、禁止公权力的滥用，禁止公权力不当干预市场经济的正常运作，其核心就是处理好政府和市场之间的关系。

这类题目不是单纯考查考生的识记能力，在复习时必须对知识点理解记忆，灵活掌握。

6. **【答案】** ACD

【解析】 A选项正确。网约车作为共享经济的一种形式，节约资源，方便群众出行，对其不应一概排斥，而应及时立法加以规制。

B选项错误。在现代法治社会，公民的行为应遵循“法不禁止即自由”原则，“法无授权不可为”针对的是行政机关公权力的行使。

C选项正确。科学技术的进步拓展了新的社会治理领域，对政府的治理体系和治理能力相应提出了更高要求。

D选项正确。依法行政应以保障人民根本权益为出发点和落脚点，对于方便广大民众出行的网约车，不能一禁了之，而应因势利导，加强行政管理的立法和监管。

7. **【答案】** ABC

【解析】 A选项正确。加强重点领域立法首先需要加强市场经济立法，通过制定《促进科技成果转化法》，促进科技成果转化，为科技成果产业化提供法治保障。

B选项正确。在政治立法方面，加快推进反腐败国家立法、完善惩治和预防腐败体系是立法重点。

C选项正确。加快社会组织立法是社会立法的重点内容，规范和引导各类社会组织健康发展。

D选项不正确。当前，应该用严格的法律制度保护生态环境，通过强化生产者环境保护的法律责任、大幅度提高违法成本，才能有效遏制破坏生态环境的行为。

第二节　深入推进依法行政，加快法治政府建设

【考点】执法：深入推进依法行政，加强法治政府建设

1. **【答案】** D

【解析】 本题考查全面履行政府职能原则。

A选项正确。随着我国依法行政、建设社会主义法治国家的有序推进，法治政府建设也取得了重大进展，某些法律的部分内容已经不适应法治政府建设的要求，需要及时修改和废止。《预算法》是1994年3月由全国人大通过的，2014年8月由全国人大常委会修改，于2015年1月1日起施行，就体现了这一立法精神。

B选项正确。政府财政预算部门化倾向的实质就是权力部门化、部门利益化的结果，透明预算制度有利于避免财政预算的部门化倾向。

C选项正确。发挥规范性法律文件的规范和引导作用，指引政府依法行政，是推动政府职能转变的有效途径。

D选项错误。相对于不断发展变化的社会生活，法律的确具有一定的滞后性，但通过深入了解社会运行的基本规律，在把握社会发展方向的基础上，可以通过提高立法技术而使立法具有超前性和前瞻性，使立法能够引领和规范改革和社会发展。

2. **【答案】** ABCD

【解析】 本题考查全面履行政府职能原则。

A选项正确。依法全面履行政府职能，既包括应纠正违反法律法规规定的乱作为，也包括违反法律法规规定的不作为，因此，应坚持合法行政原则，坚决纠正不作为、乱作为，坚决克服懒政、怠政。

作为一名国家的公职人员，应该在其位谋其政、尽其责、有作为。孙某最多只能说他做到了廉政，但没有做到勤政，而国家对公务员的要求，既要廉政也要勤政。官员不能仅满足于不腐败，而应积极为人民谋福利。因此B、D选项正确。

C选项正确。孙某以懒政、怠政为主要表现形式，这是一种“为官不为”，其“懒政”也可能造成严重的社会后果。

3. **【答案】** ABCD

【解析】本题考查全面履行政府职能原则。

《中共中央关于全面推进依法治国若干重大问题的决定》提出，要推进各级政府事权规范化、法律化，完善不同层级政府特别是中央和地方政府事权法律制度，强化中央政府宏观管理、制度设定职责和必要的执法权，强化省级政府统筹推进区域内基本公共服务均等化职责，强化市县政府执行职责。某省政府统筹全省基本公共服务均等化职能，有利于破除地方保护主义，使更多人民群众享受国家改革发展的成果。A选项正确。

某市要求行政审批部门与中介服务机构脱钩，放宽中介服务机构准入条件，有利于促进行政机关依法全面履行政府职能。完善行政组织和行政程序法律制度，推进机构、职能、权限、程序、责任法定化。同时，有利于消除行政机关利用权力设租寻租的空间。B选项正确。

《决定》提出，行政机关要坚持法定职责必须为、法无授权不可为，勇于负责、敢于担当，坚决纠正不作为、乱作为，坚决克服懒政、怠政，坚决惩处失职、渎职。C选项正确。

《决定》提出，行政机关不得法外设定权力，没有法律法规依据不得作出减损公民、法人和其他组织合法权益或者增加其义务的决定。某县注重提高行政效能，缩短行政审批流程，减少行政审批环节，有利于建立廉洁高效、守法诚信的法治政府。D选项正确。

4. 【答案】C

【解析】本题考查全面履行政府职能原则。

建设法治政府，推进各级政府事权规范化、法律化。中央政府需强化宏观管理和制度设定职责，省一级政府强化统筹推进本辖区内基本公共服务均等化，强化市县级政府的执行职责。A选项不正确。统筹推进本辖区内基本公共服务均等化，是为了更强调公平，不能以牺牲其他地区利益为前提。B选项错误。政府的权责统一、权威高效，必须建立在权力界限清晰的基础上，推行政府权力清单，消除权力寻租空间，是建设法治政府的必然要求。C选项正确。政府法律顾问制度的推行，是为了让法律顾问在重大行政决策的过程中做好风险评估和合法性审查，保证行政决策的科学合理。D选项错误。

5. 【答案】D

【解析】本题考查依法决策。

建立行政机关内部重大决策合法性审查机制是深入推进依法行政、加快建设法治政府的重要举措，是科学决策的保障，有利于确保决策合法、正当和合理。A选项正确。

《决定》指出："把公众参与、专家论证、风险评估、合法性审查、集体讨论决定确定为重大行政决策法定程序，确保决策制度科学、程序正当、过程公开、责任明确"，由此可见，合法性审查是确保依法决策的重要措施。B选项正确。

以法治方式推动社会发展，指的是以稳定性和规范性更强的规范性法律文件的制定和实施（而不是政策、习惯或宗教等其他社会规范）来推动社会的发展，重大决策的合法性审查就是以规范性法律文件为基准，对行政机关的行政决策进行是否合法的检验和审查，符合法治精神。C选项正确。

《决定》把公众参与、集体讨论作为与合法性审查并列的方式以确保决策的科学化、正当化、公开化和民主化，合法性审查不能替代公众参与和集体讨论。D选项错误。

6. 【答案】C

【解析】本题考查依法决策。

《决定》提出，健全政府依法决策机制，把公众参与、专家论证、风险评估、合法性审查、集体讨论决定确定为重大行政决策法定程序。因此，A选项是风险评估的体现，D选项是公众参与的体现，二者均体现了依法决策的要求。同时，要求建立行政机关内部重大决策合法性审查机制，未经合法性审查或经审查不合法的，不得提交讨论。积极推行政府法律顾问制度，建立政府法制机构人员为主体、吸收专家和律师参加的法律顾问队伍，保证法律顾问在制定重大行政决策、推进依法行政中发挥积极作用。因此，B选项符合合法性审查和政府建立法律顾问制度的要求。C选项中，某重大项目既未经过内部重大决策合法性审查机制，也未经过重大行政决策法定程序，违反了依法决策机制。

7. 【答案】AB

【解析】A选项正确。依法行政意味着依法惩处各类违法行为，特别是要加大关系群众切身利益的重点领域执法力度。A选项是执法“严格、规范、公正、文明”中“严格”的体现。符合依法行政的要求。

B选项正确。本选项涉及重大行政决策的法定程序问题。重大行政决策必须经合法性审查，否则不能提交集体讨论。

C选项不正确。校车关系到学生安全，是涉及民众切身利益的重点执法领域。校车应当是按照国家标准设计和制造的专用车，必须加大执法力度，严禁家长或学校租用经过改造的社会车辆接送学生。

D选项不正确。深化行政执法体制改革的要求是，在重点领域，如食品药品安全、交通运输等等，推行综合执法，有条件的可以推行跨部门综合执法，不能无条件强推跨部门综合执法。

第三节　保证公正司法，提高司法公信力

【考点】独立司法

1. 【答案】ACD

【解析】检察权独立行使原则，是指检察机关依法独立行使检察权，只服从法律，不受行政机关、社会团体和个人的干涉。一方面，是检察机关而不是检察官独立行使检察权；另一方面，检察机关独立行使检察权，要接受法律监督和社会监督。B选项错误。其他选项均正确。

2. 【答案】C

【解析】A、B项正确。任何党政机关、领导干部不得让司法机关做违反法定职责、有碍司法公正的事情，任何司法机关均不得执行党政机关和领导干部违法干预司法活动的要求，因此A选项和B选项正确。负责领导和监督职责的领导干部在职务活动中需要了解案件信息的，并不是干扰独立办案。C选项错误。D选项正确。对干预司法机关办案的，给予党纪政纪处分；造成冤假错案或者其他严重后果的，依法追究刑事责任。

【考点】严格司法

1. 【答案】BD

【解析】A选项错误。审判委员会是人民法院内部对审判工作实行集体领导的组织形式，审委会作出的决定，须经审判委员会全体委员半数以上通过，合议庭应当执行。

B选项正确。根据《决定》的内容，为明确司法机关内部各层级权限，健全内部监督制约机制，应完善主审法官、合议庭、主任检察官、主办侦查员办案责任制，落实“谁办

案谁负责”的精神。

C选项错误。审判委员会讨论决定的案件的判决书和裁定书应当以审理该案件的合议庭成员的名义发布。

D选项正确。根据《决定》中有关司法体制改革的内容，推进以审判为中心的诉讼制度改革，确保侦查、审查起诉的案件事实证据经得起法律的检验。其基本宗旨就是要保证庭审在查明事实、认定证据、保护诉权、公正裁判中发挥决定性作用。

2.【答案】D

【解析】加强和规范司法解释和案例指导，统一法律适用标准，能够提高司法公信力。A选项正确。庭审在查明事实、认定证据中发挥决定性作用，需要全面贯彻证据裁判规则。B选项正确。完善证人、鉴定人出庭制度，能够发挥庭审在查明事实、认定证据中的决定性作用。C选项正确。办案质量终身负责制是指法官对办理的案件承担的法定责任，从办案之日起一直延续终身，一旦出现冤假错案，就要循着案件办理的全过程，查找造成冤假错案的原因，追究有关办案人员的责任，而不是仅指在任职期间对所办理的错案承担责任。D选项错误。

【考点】民主司法

【答案】C

【解析】我国原有的陪审制度对陪审员的资格要求较高，如大专以上学历等。2015年最高人民法院、司法部印发《人民陪审员制度改革试点方案》，试点陪审员制度改革，其中明确提出，增加选任的广泛性和专业性，建立和完善人民陪审员随机抽选机制，提高选任工作透明度和公信度，避免陪审员选任的过度“精英化”和过度“专业化”。因此，A和B选项内容正确。

完善人民陪审员制度，一定程度上有利于促进人民群众通过参与司法养成守法习惯，但主要目的是为了保障人民群众参与司法，提高陪审制度的公信度，让人民群众通过参与司法，促进司法公正，相信司法，而不是养成守法习惯。因此，C选项错误。

陪审员作为普通大众的组成，其思维不同于法官的专业化、职业化思维，而是更多从普通民众的观念出发，强调普通人的观念，在一定程度上可以弥补法官职业思维的局限性。因此，D选项正确。

需要注意的是，2018年4月通过的《人民陪审员法》第21、22条规定，人民陪审员参加三人合议庭审判案件，对事实认定、法律适用，独立发表意见，行使表决权；参加七人合议庭审判的社会影响重大的案件，对事实认定，独立发表意见，并与法官共同表决；对法律适用，可以发表意见，但不参加表决。

【考点】保障人权

【答案】ABCD

【解析】《决定》提出，为加强人权司法保障，需要强化诉讼过程中当事人和其他诉讼参与人的知情权、陈述权、辩护辩论权、申请权、申诉权的制度保障。《最高人民法院关于全面深化人民法院改革的意见——人民法院第四个五年改革纲要（2014—2018）》明确提出，为强化人权司法保障机制，彰显现代司法文明，禁止让刑事在押被告人或上诉人穿着识别服、马甲、囚服等具有监管机构标识的服装出庭受审。A选项正确。

《决定》提出，为加强人权司法保障，需要落实终审和诉讼终结制度，实行诉访分离，保障当事人依法行使申诉权利。对不服司法机关生效裁判、决定的申诉，逐步实行由律师代理制度。对聘不起律师的申诉人，纳入法律援助范围。B选项正确。

《决定》提出，为加强人权司法保障，需要切实解决执行难，制定强制执行法，规范查封、扣押、冻结、处理涉案财物的司法程序。加快建立失信被执行人信用监督、威慑和惩戒法律制度。依法保障胜诉当事人及时实现权益。C选项正确。

我国《刑事诉讼法》第274条规定："审判的时候被告人不满十八周岁的案件，不公开审理。但是经未成年被告人及其法定代理人同意，未成年被告人所在学校和未成年人保护组织可以派代表到场。"某基层法院设立"少年法庭"，对开庭审理时不满16周岁的未成年人刑事案件一律不公开审理，有助于保护未成年人的合法权益，加强人权保障。D选项正确。

【考点】优化司法职权配置

【答案】ABCD

【解析】司法改革的目的是为了保证公正司法，提高司法公信力。A选项正确。设立巡回法庭，负责审理跨行政区域重大行政和民商事案件，有利于保证公正司法，能够减少或消除行政区域内的行政机关对司法机关办理案件的不利影响，消除审判权运行的行政化问题。B正确。巡回法庭，从空间上距离当事人更近，有利于就地化解纠纷，有助于节约当事人诉讼成本，又减轻最高法院本部的办案压力。C、D选项正确。

【考点】加强司法监督

1. 【答案】C

【解析】A选项错误。法官和律师在法律职业共同体中的分工不同，职能不同，具有不同的法律职业道德。

B选项错误。本题中，实习律师被选入法院担任审判辅助工作，在资深法官的指导下实际参与审判，能够帮助实习律师培养法律思维和法律实务能力，了解法官审理案件的思维和推理过程，增进律师和法官之间的沟通交流，并不是对审判活动进行监督。

C选项正确。法官和律师在法律职业共同体中的分工不同，履行的职能不同，所扮演角色也会有所不同。实习律师在资深法官指导下，通过承担审判辅助工作，深入了解法官的法律推理和法律解释的一般过程，这一做法有助于加深律师和法官之间的了解与信任。

D选项错误。我国司法体制改革的方向是完善法官选任制度，初任法官首先到基层人民法院任职，上级法院法官原则上从基层法院遴选产生，法官不可能直接从律师中招取。

2. 【答案】D

【解析】生效裁判法律文书统一上网和公开查询制度是确保公众监督司法机关的有力举措，但其属于司法机关外部监督，A选项错误。根据《决定》的规定，完善人民陪审员制度属于保障人民群众参与司法的重要内容，改革人民陪审员制度也是对司法机关外部监督机制的完善，故B不选。检察机关办案过程中听取律师的意见，有助于促进检察院规范司法，实现律师对检察院办案的监督，确保司法公正，但律师并不属于司法机关内部成员，故属于对司法机关的外部监督，C不选。法官、检察官都属于司法机关内部成员，完善法官、检察官办案责任制即对司法机关的内部监督。

第四节　增强全民法治观念，推进法治社会建设

【考点】推动全社会树立法治意识

1. 【答案】B

【解析】根据2015年公安部在其官方微博公布的18项不该由公安机关出具的证明清单，公民犯罪记录是公安机关内部掌握的公民个人信息，除国家行政、司法机关政审、调查或企事业单位重要岗位人员任用需要调查了解的，应由需要单位派人持有效证件及单位介绍信申请派出所出具证明，对个人一律不予以出具。这一做法不仅无损于公民合法利益，而且有利于保护公民的个人隐私。A选项错误。

民警的附言既批评了学校要求父母出具无犯罪记录证明的不合法要求，也解释了子女受教育权受法律保护，父母犯罪记录与其子女的受教育权无直接关联，符合“谁执法谁普法”的原则。B选项正确。

派出所作为基层行政执法机关，有权拒绝辖区内的社会组织、企事业单位、社会团体和公民个人不合法的要求。本题中，民警体谅到梁某的为难处境，出具了证明，同时批评了学校的不合法要求，并进行法制宣传教育，正体现了文明执法的要求。C选项错误。

本题中法治意识不强的应是学校。梁某的儿子正处于义务教育阶段，其依法享有的受教育权，不受父母是否犯罪的影响，学校要求家长出具这一证明于法无据。D选项错误。

2. 【答案】B

【解析】A选项错误。现代法治社会，法律并不是万能的，对于属于私生活、情感和道德领域的社会关系，如友谊、恋爱等社会关系，法律并不能直接调整。因此，法律并不能介入所有道德问题，道德问题的有效解决也不能总是依赖法律的强制手段。法院公布失信人名单，已经不单单是不守诚信的道德问题，因其不执行已生效判决，已经是违法行为。

B选项正确。公布失信人名单，对不执行法院生效判决的人形成一种负面的舆论氛围，由此形成社会压力迫使失信人执行判决，体现了社会治理需要法律和道德共同发挥作用，强化道德对法治文化的支撑作用。

C选项错误。“总是”的表述过于绝对。法律的有效实施离不开良好的道德环境和尊法守法的社会氛围，但主要是依靠社会团体、企事业单位和公民个人主动自觉遵守法律。对于违法行为，有时诉诸道德谴责和舆论压力可以奏效，但很多情况下需要发挥法律的强制作用予以惩罚。

D选项错误。这句话明显是错误的。

3. 【答案】B

【解析】A选项正确。体现了健全媒体公益普法制度、加强新媒体新技术在普法中的运用。B选项错误。加强各级党委和政府对普法工作的领导，实行国家机关“谁执法谁普法”的普法责任制，同时发挥宣传、文化、教育部门和人民团体在普法教育中的作用，不能把普法工作全部委托给人民团体。C选项正确。树立法治意识的重点在于树立法律的权威。通过举办法治讲座、警示教育报告会等方式促进领导干部带头学法、模范守法，将会在全社会形成尊法重法的社会风气。D选项正确。青少年法治意识的培养关系到依法治国的长远目标，向青少年宣传法制体现了法治教育从青少年抓起的精神，是正确的。

【考点】推进多层次多领域依法治理

1. 【答案】ABC

【解析】根据我国《村民委员会组织法》的规定，村规民约是由村民会议制定和修改的体现村民自治意愿的自治规则，它有利于促进村民自治，宣传法制，在村民中培育规则意识，建设基层法治社会；同时，村规民约也有利于促进村庄传承优良传统，发展新风尚、新习俗。因此，A、B、C选项是正确的。党的十九大报告明确提出“加强农村基层基础工作，健全自治、法治、德治相结合的乡村治理体系。”因此，应该充分发挥村规民约在乡村治理中的重要作用。村规民约是我国的非正式法律渊源，在法院判决中可以被援引作为法律依据。但是，非正式法律渊源由于只有法律说服力，并没有明文规定的法律效力，法院在把村规民约作为裁判依据时，不能“直接”适用，而要间接适用，即要在判决中论证其在本案中的有效性。D选项错误。

2. 【答案】C

【解析】A选项错误。对于医患纠纷，政府采取的措施是购买第三方的调解服务，用公开、透明、公正的方式，帮助医患双方解决纠纷。相对独立的第三方医患调处组织属于社会组织，其处理决定不具有国家强制力。

B选项错误。医闹的解决需要政府与全社会采取多种措施，多管齐下，综合治理。从源头治理医闹既需要改善医疗服务条件，也需要引入法治手段。在这一过程中，仍需强化对医患纠纷中违法行为的打击，发挥政府的引导作用和对正常医疗秩序的保障作用。

C选项正确。医闹的存在首先说明我国现有法律制度体系对医患纠纷缺乏有效的法律规制，其次说明患者及家属在发生医患纠纷后不愿依据法律规定来解决纠纷，甚至个别患者及家属希望通过“闹”来满足其不合理要求。这两方面均反映出在社会矛盾纠纷化解中，法律的权威作用确实有待加强。

D选项错误。第三方社会组织处于“医”与“患”之间的中间地带，在利益关系上处于中立地位，三者之间是一种平等关系，由第三方社会组织出面有利于在矛盾直接冲突的医、患双方间斡旋、调解，有助于公正地解决医患矛盾。

【考点】建设完备的法律服务体系

【答案】ABCD

【解析】A选项正确。推进覆盖城乡居民的公共法律服务体系建设需要加强民生领域法律服务，建立“一站式”纠纷解决平台的作法符合这一要求。

B选项正确。B项的措施有利于保证人民群众在遇到法律问题或者权利受到侵害时获得及时有效法律帮助，符合推进覆盖城乡居民的公共法律服务体系建设的要求。

C选项正确。建立法律服务志愿者微信群，可以实现法律服务志愿者与群众的无缝对接，使法律服务工作真正落到实处，“打通服务群众的‘最后一米’”，符合推进覆盖城乡居民的公共法律服务体系建设的要求。

D选项正确，这一做法符合推进覆盖城乡居民的公共法律服务体系建设的要求。

【考点】健全依法维权和化解纠纷机制

1. 【答案】ABD

【解析】A选项正确。政府信息公开的目的是为提高政府工作透明度，促进依法行政，充分发挥政府信息对人民群众生产、生活和经济社会活动的服务作用，本题中，鹿某的行为已经构成恶意诉讼和无理缠诉，是违法行为。

B选项正确。鹿某的行为是一种滥用知情权和诉权的行为，干扰了正常的行政管理秩序和行政诉讼秩序，造成了行政和司法资源的浪费。

C选项错误。法治国家依法保障公民权利，公民行使权利也必须受到法律法规的限制，而不是不受任何限制。

D选项正确。必须增强全社会学法尊法守法用法意识，法律既是保障自身权利有力武器，也是必须遵守的行为规范，诉求即使合理合法，也应按照法律规定和程序寻求解决。

2. **【答案】** D

【解析】《决定》提出，把信访纳入法治化轨道，保障合理合法诉求，依照法律规定和程序就能得到合理合法的结果。因此，A选项内容正确。

《决定》提出，构建对维护群众利益具有重大作用的制度体系，建立健全社会矛盾预警机制、利益表达机制、协商沟通机制、救济救助机制，畅通群众利益协调、权益保障法律渠道。因此，B选项内容正确。

《决定》提出，强化法律在维护群众权益、化解社会矛盾中的权威地位，引导和支持人们理性表达诉求、依法维护权益，解决好群众最关心最直接最现实的利益问题。C选项符合"引导和支持人们理性表达诉求、依法维护权益"的要求，内容正确。

D选项，丁市律协的做法是一种违法行为，也不利于我国当前健全依法维权和化解纠纷机制。

第三章　法治工作的重要保障

第一节　加强法治工作队伍建设

法治工作队伍主要包括三类人才：法治专门队伍、法律服务队伍、法学理论人才队伍。同时，对法治专门和法律服务队伍又有政治素养、业务能力、职业道德上的要求。

【考点】建设高素质法治专门队伍

【考点点拨】(1)法治专门队伍，主要是指立法、执法、司法人员；(2)对法治专门和法律服务队伍又有政治素养、业务能力、职业道德上的要求。

培养高素质的法治专门队伍，旨在为建设社会主义法治国家提供强有力的组织和人才保障。下列哪些举措体现了这一要求？(　　)(2015—1—55，多选)

A. 从符合条件的律师中招录立法工作者、法官、检察官

B. 实行招录人才的便捷机制，在特定地区，政法专业毕业生可直接担任法官

C. 建立检察官逐级遴选制度，初任检察官由省级检察院统一招录，一律在基层检察院任职

D. 将善于运用法治思维和法治方式推动工作的人员优先选拔至领导岗位

【考点】法律服务队伍建设

【考点点拨】法律服务队伍，主要包括律师、公证员、基层法律服务工作者、调解员、法律志愿者等；对法律服务队伍有政治素养、业务能力、职业道德上的要求。

1. 人民调解制度是我国的创举，被西方国家誉为法治的“东方经验”。关于人民调解，下列哪些说法是正确的？(　　)(2016—1—55，多选)

A. 人民调解员不属于法治工作队伍，但仍然在法治建设中起着重要作用

B. 法院应当重视已确认效力的调解协议的执行，防止调解过的纠纷再次涌入法院

C. 人民调解制度能够缓解群众日益增长的司法需求与国家司法资源不足之间的矛盾

D. 人民调解组织化解纠纷的主要优势是不拘泥于法律规定，不依赖专业法律知识

2. 根据中国特色社会主义法治理论有关内容，关于加强法治工作队伍建设，下列哪些表述是正确的？(　　)(2015—1—83，多选)

A. 全面推进依法治国，必须大力提高法治工作队伍思想政治素质、业务工作能力、职业道德水准

B. 建立法律职业人员统一职前培训制度，有利于他们形成共同的法律信仰、职业操守和提高业务素质、职业技能

C. 加强律师职业道德建设，需要进一步健全完善律师职业道德规范制度体系、教育培训及考核机制

D. 为推动法律服务志愿者队伍建设和鼓励志愿者发挥作用，可采取自愿无偿和最低成本方式提供社会法律服务

第二节　加强和改进党对全面依法治国的领导

【考点】坚持党的领导

【考点点拨】坚持党的领导，既是全面推进依法治国的基本原则之一，也是我国法治工

作的重要保障。本节综合了这两方面的内容。学习时需要重点掌握两点：(1) 为什么法治工作必须坚持党的领导？(2) 如何在法治工作中坚持党的领导？

近年来，一些党员领导干部利用手中权力和职务便利收受巨额贿赂，根据党内法规和法律被开除党籍和公职，并依法移送司法机关处理。对此，下列哪一说法是错误的？(　　)(2015－1－8，单选)

A. 这表明党员领导干部在行使权力、履行职责时要牢记法律底线不可触碰

B. 依照党内法规惩治腐败，有利于督促党员领导干部运用法治思维依法办事

C. 要注重将党内法规与国家法律进行有效衔接和协调，以作为对党员违法犯罪行为进行法律制裁的依据

D. 党规党纪严于国家法律，对违反者必须严肃处理

参考答案及解析

第一节　加强法治工作队伍建设

【考点】 建设高素质法治专门队伍

【答案】 ACD

【解析】《决定》提出，“建立从符合条件的律师、法学专家中招录立法工作者、法官、检察官制度”，因此A选项正确。

根据《法官法》的规定，初任法官从通过国家统一司法考试取得资格，并具备法官条件的人员中择优提出人选。政法专业毕业生可直接担任法官的做法与《法官法》的规定相抵触。因此B错误。

按照《决定》，我国将建立检察官逐级遴选制度。初任检察官由市级人民检察院统一招录，一律在基层检察院任职。上级人民检察院的检察官一般从下一级人民检察院的优秀检察官中遴选。故C选项正确。

《决定》指出：抓住立法、执法、司法机关各级领导班子建设这个关键，突出政治标准，把善于运用法治思维和法治方式推动工作的人选拔到领导岗位上来。这是建设高素质法治专门队伍的关键。因此D选项正确。

【考点】 法律服务队伍建设

1. **【答案】** BC

【解析】 根据《决定》，我国社会主义法治工作队伍包括法治专门队伍（立法队伍、执法队伍、司法队伍），法律服务队伍（律师队伍、公证员队伍、基层法律服务工作者队伍、人民调解员队伍、法律服务志愿者队伍），法治人才队伍（涉外法治人才队伍、法学专家和教师队伍）等，因此人民调解员也属于法治工作队伍的组成部分，在我国社会主义法治建设中发挥重要作用。A选项错误。

《人民调解法》第31条第1款规定，经人民调解委员会调解达成的调解协议，具有法律约束力，当事人应当按照约定履行。调解协议有法律约束力，如果调解后的案件再涌入法院，会极大浪费资源，影响社会秩序。B选项正确。

人民调解是人民群众自我管理、自我教育的好形式，它对增进人民团结，维护社会安定，减少纠纷，预防犯罪有着重要作用。相对于通过诉讼方式解决纠纷，其效率较高，成本较低，有利于缓解群众日益增长的司法需求与国家司法资源不足之间的矛盾。C选项

正确。

根据《人民调解法》，人民调解，是指在人民调解委员会主持下，以国家法律、法规、规章和社会公德规范为依据，对民间纠纷双方当事人进行调解、劝说，促使他们互相谅解、平等协商，自愿达成协议，消除纷争的活动。调解也要根据法律进行调解，不能违反法律规定。D选项错误。

2. 【答案】ABC

【解析】A项正确。《决定》明确指出："全面推进依法治国，必须大力提高法治工作队伍思想政治素质、业务工作能力、职业道德水准，着力建设一支忠于党、忠于国家、忠于人民、忠于法律的社会主义法治工作队伍，为加快建设社会主义法治国家提供强有力的组织和人才保障。"

B项正确。《中共中央关于全面推进依法治国若干重大问题的决定》明确指出："推进法治专门队伍正规化、专业化、职业化，提高职业素养和专业水平。完善法律职业准入制度，健全国家统一法律职业资格考试制度，建立法律职业人员统一职前培训制度。"

C项正确。律师职业道德建设，必须要进一步健全完善律师职业道德规范制度体系、教育培训及考核机制。

《决定》提出："推动法律服务志愿者队伍建设。建立激励法律服务人才跨区域流动机制，逐步解决基层和欠发达地区法律服务资源不足和高端人才匮乏问题。"法律服务人才跨区域流动激励机制离不开必要的财政支持，故D错误。

第二节　加强和改进党对全面依法治国的领导

【考点】坚持党的领导

【答案】C

【解析】依法执政，既要求党依据宪法法律治国理政，也要求党依据党内法规管党治党，党员领导干部必须在宪法和法律的范围内行使权力、履行职责，不能突破法律的底线。A选项正确。惩治腐败，既是法律的要求，也是党内法规的要求，两者具有内在的统一性。严格按党内法规办事，也就是在培养法治思维。故B选项正确。党内法规是作为对党员必须遵守的行为准则，但不是对党员违法犯罪行为进行法律制裁的依据，对违法犯罪行为的法律制裁只能依法进行，因此C选项错误。法律是对一般的社会成员的要求，党员领导干部应从严要求自己，党内法规对党员的要求比法律更加严格，故D选项正确。

第二编

法理学

第一章　法的本体

第一节　法的概念

【考点】法的概念

【考点点拨】本节须重点需要掌握“实证主义法学”与“非实证主义法学”的区别；分析实证法学、社会法学、自然法学和第三条道路的核心定义要素。

关于实证主义法学和非实证主义法学，下列说法不正确的是：（　　）（2013—1—88，不定项）

A. 实证主义法学认为，在“实际上是怎样的法”与“应该是怎样的法”之间不存在概念上的必然联系

B. 非实证主义法学在定义法的概念时并不必然排除社会实效性要素和权威性制定要素

C. 所有的非实证主义法学都可以被看作是古典自然法学

D. 仅根据社会实效性要素，并不能将实证主义法学派、非实证主义法学派和其他法学派（比如社会法学派）在法定义上的观点区别开来

第二节　法的本质和特征

【考点】法的本质

【考点点拨】法的本质，是指马克思主义关于法的本质的基本观点，包括：法的国家性、法的阶级性和法的社会性。

1. 马克思曾说：“社会不是以法律为基础，那是法学家的幻想。相反，法律应该以社会为基础。法律应该是社会共同的，由一定的物质生产方式所产生的利益需要的表现，而不是单个人的恣意横行。”根据这段话所表达马克思主义法学原理，下列哪些选项正确？

   A. 法律是体现统治阶级意志的唯一方式

   B. 法律在本质上是社会共同体意志的体现

   C. 法的物质制约性和阶级意志性是法的不同层次的本质属性

   D. 特定时空下的特定国家的法律都是由一定的社会物质生活条件所决定的

2. 下列有关“国法”的理解，哪些是不正确的？（　　）（2012—1—54，多选）

   A. “国法”是国家法的另一种说法

   B. “国法”仅指国家立法机关创制的法律

   C. 只有“国法”才有强制性

   D. 无论自然法学派，还是实证主义法学派，都可能把“国法”看作实在法

【考点】法的特征

【考点点拨】法的特征包括：规范性、国家意志性、国家强制性、普遍性、程序性和可诉性。

法是以国家强制力为后盾，通过法律程序保证实现的社会规范。关于法的这一特征，下列哪些说法是正确的？（　　）（2013—1—55，多选）

A. 法律具有保证自己得以实现的力量

B. 法律具有程序性，这是区别于其他社会规范的重要特征

C. 按照马克思主义法学的观点，法律主要依靠国家暴力作为外在强制的力量

D. 自然力本质上属于法的强制力之组成部分

第三节 法的作用

【考点】法的规范作用和社会作用

【考点点拨】法作为一种社会规范，具有社会作用和规范作用。法的社会作用主要发挥阶级统治和维护社会公共秩序两种职能。法的规范作用包括指引（自己）、评价（他人）、教育（大多数人）、预测（你我他之间）、强制（违法犯罪者）五种。其中，指引作用又可分为规范性指引和个别性指引、确定性指引和选择性指引。法的规范作用的辨别，是考试的重点。

1. 关于法的规范作用，下列哪一说法是正确的？（　　）（2014—1—10，单选）

A. 陈法官依据诉讼法规定主动申请回避，体现了法的教育作用

B. 法院判决王某行为构成盗窃罪，体现了法的指引作用

C. 林某参加法律培训后开始重视所经营企业的法律风险防控，反映了法的保护自由价值的作用

D. 王某因散布谣言被罚款300元，体现了法的强制作用

2. 2011年7月5日，某公司高经理与员工在饭店喝酒聚餐后表示：别开车了，“酒驾”已入刑，咱把车推回去。随后，高经理在车内掌控方向盘，其他人推车缓行。记者从交警部门了解到，如机动车未发动，只操纵方向盘，由人力或其他车辆牵引，不属于酒后驾车。但交警部门指出，路上推车既会造成后方车辆行驶障碍，也会构成对推车人的安全威胁，建议酒后将车置于安全地点，或找人代驾。鉴于我国对“酒后代驾”缺乏明确规定，高经理起草了一份《酒后代驾服务规则》，包括总则、代驾人、被代驾人、权利与义务、代为驾驶服务合同、法律责任等共六章二十一条邮寄给国家立法机关。关于高经理和公司员工拒绝“酒驾”所体现的法的作用，下列说法正确的是。（　　）（2011—1—89，不定项）

A. 法的指引作用　　B. 法的评价作用

C. 法的预测作用　　D. 法的强制作用

第四节 法的价值

【考点】法的价值的种类

【考点点拨】法的价值属于常考点。法的价值的种类：（1）基本价值包括自由、正义、秩序、人权四类；（2）一般价值包括利益、效率等。考生应能准确判断出法律规定、事件或行为体现或违反了哪一个价值。

1. 在小说《悲惨世界》中，心地善良的冉阿让因偷一块面包被判刑，他认为法律不公并屡次越狱，最终被加刑至19年。他出狱后逃离指定居住地，虽隐姓埋名却仍遭警探沙威穷追不舍。沙威冷酷无情，笃信法律就是法律，对冉阿让舍己救人、扶危济困的善举视而不见，直到被冉阿让冒死相救，才因法律信仰崩溃而投河自尽。对此，下列说法正确的是（　　）（2017—1—88，不定项）

A. 如果认为不公正的法律不是法律，则可能得出冉阿让并未犯罪的结论

B. 沙威“笃信法律就是法律”表达了非实证主义的法律观

C. 冉阿让强调法律的正义价值，沙威强调法律的秩序价值

D. 法律的权威源自人们的拥护和信仰，缺乏道德支撑的法律无法得到人们自觉地遵守

2. “法律只是在自由的无意识的自然规律变成有意识的国家法律时，才成为真正的法律。哪里法律成为实际的法律，即成为自由的存在，哪里法律就成为人的实际的自由存在。”关于该段话，下列说法正确的是：（　　）（2016－1－88，不定项）

A. 从自由与必然的关系上讲，规律是自由的，但却是无意识的，法律永远是不自由的，但却是有意识的

B. 法律是“人的实际的自由存在”的条件

C. 国家法律须尊重自然规律

D. 自由是评价法律进步与否的标准

【考点】法的价值冲突

【考点点拨】法的价值冲突的解决原则包括价值位阶原则、比例原则。

1. 张林遗嘱中载明：我去世后，家中三间平房归我妻王珍所有，如我妻今后嫁人，则归我侄子张超所有。张林去世后王珍再婚，张超诉至法院主张平房所有权。法院审理后认为，婚姻自由是宪法基本权利，该遗嘱所附条件侵犯了王珍的婚姻自由，违反《婚姻法》规定，因此无效，判决张超败诉。对于此案，下列哪一说法是错误的？（　　）（2014－1－13，单选）

A. 婚姻自由作为基本权利，其行使不受任何法律限制

B. 本案反映了遗嘱自由与婚姻自由之间的冲突

C. 法官运用了合宪性解释方法

D. 张林遗嘱处分的是其财产权利而非其妻的婚姻自由权利

2. 宽严相济是我国的基本刑事政策，要求法院对于危害国家安全、恐怖组织犯罪、“黑恶”势力犯罪等严重危害社会秩序和人民生命财产安全的犯罪分子，尤其对于极端仇视国家和社会，以不特定人为侵害对象，所犯罪行特别严重的犯罪分子，该依法重判的坚决重判，该依法判处死刑立即执行的绝不手软。对于解决公共秩序、社会安全、犯罪分子生命之间存在的法律价值冲突，该政策遵循下列哪一原则？（　　）（2011－1－13 改，单选）

A. 功利主义原则　　B. 比例原则

C. 价值位阶原则　　D. 自由裁量原则

【考点】事实判断与价值判断

秦某以虚构言论、合成图片的手段在网上传播多条“警察打人”的信息，造成恶劣影响，县公安局对其处以行政拘留 8 日的处罚。秦某认为自己是在行使言论自由权，遂诉至法院。法院认为，原告捏造、散布虚假事实的行为不属于言论自由，为法律所明文禁止，应承担法律责任。对此，下列哪一说法是正确的？（　　）（2017－1－8 改，单选）

A. 相对于自由价值，秩序价值处于法的价值的顶端

B. 法官在该案中运用了比例原则解决法的价值冲突

C. “原告捏造、散布虚假事实的行为不属于言论自由”仅是对案件客观事实的陈述

D. 言论自由作为人权，既是道德权利又是法律权利

第五节　法的要素

【考点点拨】法的要素是常考点，包括：（1）法律规则。需要掌握：法律规则的逻辑结

构、法律规则的分类、法律规则与语言的关系、法律规则与法律条文的关系；（2）法律原则。需要掌握：（与法律规则相比较）法律原则的特点、法律原则的适用条件；（3）法律概念。

【考点】法律规则的逻辑结构和分类

【考点点拨】（1）法律规则的逻辑结构包括：假定条件、行为模式、法律后果；（2）按照不同的标准，法律规则可分为：授权性规则/义务性规则，确定性规则/委任性规则/准用性规则，强行性规则/任意性规则。

1. 《民法总则》第187条规定："民事主体因同一行为应当承担民事责任、行政责任和刑事责任的，承担行政责任或者刑事责任不影响承担民事责任；民事主体的财产不足以支付的，优先用于承担民事责任。"关于该条文，下列哪些说法是正确的？（　　）（2017－1－9改，多选）

   A. 表达的是委任性规则　　B. 表达的是义务性规则

   C. 表达的是强行性规则　　D. 表达的是法律责任的竞合

2. 《治安管理处罚法》第115条规定："公安机关依法实施罚款处罚，应当依照有关法律、行政法规的规定，实行罚款决定与罚款收缴分离；收缴的罚款应当全部上缴国库。"关于该条文，下列说法是正确的是？（　　）（2016－1－8改，单选）

   A. 表达的是禁止性规则　　B. 表达的是强行性规则

   C. 规定了行政机关的积极义务　　D. 表达了法律规则中的法律后果

3. 《老年人权益保障法》第18条第1款规定："家庭成员应当关心老年人的精神需求，不得忽视、冷落老年人。"关于该条款，下列哪些说法是正确的？（　　）（2013－1－54，多选）

   A. 规定的是确定性规则，也是义务性规则

   B. 是用"规范语句"表述的

   C. 规定了否定式的法律后果

   D. 规定了家庭成员对待老年人之行为的"应为模式"和"勿为模式"

4. 关于法律要素，下列哪一说法是错误的？（　　）（2011－1－9，单选）

   A. 《反垄断法》第三十七条："行政机关不得滥用行政权力，制定含有排除、限制竞争内容的规定。"这属于义务性规则

   B. 《行政处罚法》第三十七条第三款："执法人员与当事人有直接利害关系的，应当回避。"这既不属于法律原则，也不属于法律规则

   C. 《政府信息公开条例》第三十七条："教育、医疗卫生、计划生育、供水、供电、供气、供热、环保、公共交通等与人民群众利益密切相关的公共企事业单位在提供社会公共服务过程中制作、获取的信息的公开，参照本条例执行，具体办法由国务院有关主管部门或机构制定。"这属于委任性规则

   D. 《婚姻法》第二十二条："子女可以随父姓，可以随母姓。"这属于确定性规则

【考点】法律规则、法律条文与法律语言

【考点点拨】（1）法律语句包括规范语句和陈述语句；（2）法律条文包括：规范性法律条文和非规范性法律条文。

1. 关于法律规则、法律条文与语言的表述，下列哪些选项是正确的？（　　）（2010－1－51，多选）

   A. 法律规则以"规范语句"的形式表达

B. 所有法律规则都具语言依赖性，在此意义上，法律规则就是法律条文

C. 所有表述法律规则的语句都可以带有道义助动词

D.《中华人民共和国民法通则》第十五条规定："公民以他的户籍所在地的居住地为住所，经常居住地与住所不一致的，经常居住地视为住所。"从语式上看，该条文表达的并非一个法律规则

2.《中华人民共和国畜禽遗传资源进出境和对外合作研究利用审批办法》第三条规定："本办法所称畜禽，是指列入依照《中华人民共和国畜牧法》第十一条规定公布的畜禽遗传资源目录的畜禽。本办法所称畜禽遗传资源，是指畜禽及其卵子（蛋）、胚胎、精液、基因物质等遗传材料。"对此，下列哪些表述是错误的？（　　）（2010—1—56，多选）

A.《中华人民共和国畜牧法》是《中华人民共和国畜禽遗传资源进出境和对外合作研究利用审批办法》的上位法

B.《中华人民共和国畜牧法》和《中华人民共和国畜禽遗传资源进出境和对外合作研究利用审批办法》均属于行政法规

C. 该条款内容属于技术规范

D. 该条款规定属于任意性规则

【考点】法律原则

【考点点拨】（1）与法律规则相比，法律原则的特点；（2）法律原则的适用条件。

1. 甲公司派员工伪装成客户，设法取得乙公司盗版销售其所开发软件的证据并诉至法院。审理中，被告认为原告的"陷阱取证"方式违法。法院认为，虽然非法取得的证据不能采信，但法律未对非法取证行为穷尽式列举，特殊情形仍需依据法律原则具体判断。原告取证目的并无不当，也未损害社会公共利益和他人合法权益，且该取证方式有利于遏制侵权行为，应认定合法。对此，下列哪些说法是正确的？（　　）（2017—1—58，多选）

A. 采用穷尽式列举有助于提高法的可预测性

B. 法官判断原告取证是否违法时做了利益衡量

C. 违法取得的证据不得采信，这说明法官认定的裁判事实可能同客观事实不一致

D. 与法律规则相比，法律原则应优先适用

2. 全兆公司利用提供互联网接入服务的便利，在搜索引擎讯集公司网站的搜索结果页面上强行增加广告，被讯集公司诉至法院。法院认为，全兆公司行为违反诚实信用原则和公认的商业道德，构成不正当竞争。关于该案，下列哪一说法是正确的？（　　）（2016—1—9，单选）

A. 诚实信用原则一般不通过"法律语句"的语句形式表达出来

B. 与法律规则相比，法律原则能最大限度实现法的确定性和可预测性

C. 法律原则的着眼点不仅限于行为及条件的共性，而且关注它们的个别性和特殊性

D. 法律原则是以"全有或全无"的方式适用于个案当中

3. 法律格言云："不确定性在法律中受到非难，但极度的确定性反而有损确定性"。对此，下列哪些说法是正确的？（　　）（2017—1—59，多选）

A. 在法律中允许有内容本身不确定，而是可以援引其他相关内容规定的规范

B. 借助法律推理和法律解释，可提高法律的确定性

C. 通过法律原则、概括条款，可增强法律的适应性

D. 凡规定义务的，即属于极度确定的；凡规定权利的，即属于不确定的

第六节　法的渊源

【考点】法的正式渊源

【考点点拨】法的渊源包括法的正式渊源和法的非正式渊源。法的正式渊源，是指具有明文规定的法律效力且直接作为法律人的法律决定大前提的规范来源的那些资料；不同国家或地区的法律渊源的种类是不同的；当代中国的正式渊源主要是各种制定法，包括宪法、法律、行政法规、地方性法规、经济特区法规、自治条例和单行条例、规章等，以及国际条约和习惯。

1. 某区质监局以甲公司未依《食品安全法》取得许可从事食品生产为由，对其处以行政处罚。甲公司认为，依特别法优先于一般法原则，应适用国务院《工业产品生产许可证管理条例》（以下简称《条例》）而非《食品安全法》，遂提起行政诉讼。对此，下列哪些说法是正确的？（　　）（2017－1－56，多选）

A.《条例》不是《食品安全法》的特别法，甲公司说法不成立

B.《食品安全法》中规定食品生产经营许可的法律规范属于公法

C. 若《条例》与《食品安全法》抵触，法院有权直接撤销

D.《条例》与《食品安全法》都属于当代中国法的正式渊源中的“法律”

2. 关于我国立法和法的渊源的表述，下列选项不正确的是：（　　）（2013－1－87，不定项）

A. 从法的正式渊源上看，“法律”仅指全国人大及其常委会制定的规范性文件

B. 公布后的所有法律、法规均以在《国务院公报》上刊登的文本为标准文本

C. 行政法规和地方性法规均可采取“条例”“规定”“办法”等名称

D. 所有法律议案（法律案）都须交由全国人大常委会审议、表决和通过

【考点】法的非正式渊源

【考点点拨】法的非正式渊源，是指不具有明文规定的法律效力，但具有法律说服力并能够作为法律人法律决定大前提的准则来源的那些资料。当代中国的非正式渊源主要包括习惯、判例、政策。

1. 赵某与陈女订婚，付其5000元彩礼，赵母另付其1000元“见面礼”。双方后因性格不合解除婚约，赵某诉请陈女返还该6000元费用。法官根据《婚姻法》和最高法院《关于适用〈婚姻法〉若干问题的解释（二）》的相关规定，认定该现金属彩礼范畴，按照习俗要求返还不违反法律规定，遂判决陈女返还。对此，下列哪一说法是正确的？（　　）（2013－1－12，单选）

A. 法官所提及的“习俗”在我国可作为法的正式渊源

B. 在本案中，法官主要运用了归纳推理技术

C. 从法理上看，该判决不符合《婚姻法》第19条“夫妻可以约定婚姻关系存续期间所得的财产”之规定

D.《婚姻法》和《关于适用〈婚姻法〉若干问题的解释（二）》均属于规范性法律文件

2. 李某因热水器漏电受伤，经鉴定为重伤，遂诉至法院要求厂家赔偿损失，其中包括精神损害赔偿。庭审时被告代理律师辩称，一年前该法院在审理一起类似案件时并未判决给予精神损害赔偿，本案也应作相同处理。但法院援引最新颁布的司法解释，支持了李某

的诉讼请求。关于此案，下列认识正确的是：(　　)(2015—1—89，不定项)

A.“经鉴定为重伤”是价值判断而非事实判断

B. 此案表明判例不是我国正式的法的渊源

C. 被告律师运用了类比推理

D. 法院生效的判决具有普遍约束力

3. 甲法官处理一起伤害赔偿案件，耐心向被告乙解释计算赔偿数额的法律依据，并将最高法院指导性案例提供乙参考。乙接受甲法官建议，在民事调解书上签字赔偿了原告损失。关于本案，下列哪一判断是正确的？(　　)(2011—1—14 改，单选)

A. 法院已生效同类判决具有普遍约束力

B. 甲法官在该案调解时适用了判例法

C. 甲法官提供的指导性案例具有说服力

D. 民事调解书经乙签署后即具有行政强制执行力

第七节　法的效力

【考点】法的效力；归责与免责

【考点点拨】法的效力是指法的生效范围或适用范围，即法对什么人、什么事、什么地方和什么时间有约束力。我国法对人的效力以属地主义为主，与属人主义、保护主义相结合。

本节知识的复习，可结合刑法有关法的效力的内容进行。

1. 赵某因涉嫌走私国家禁止出口的文物被立案侦查，在此期间逃往 A 国并一直滞留于该国。对此，下列哪一说法是正确的？(　　)(2015—1—13，单选)

A. 该案涉及法对人的效力和空间效力问题

B. 根据我国法律的相关原则，赵某不在中国，故不能适用中国法律

C. 该案的处理与法的溯及力相关

D. 如果赵某长期滞留在 A 国，应当适用时效免责

2.《中华人民共和国刑法》第 8 条规定：“外国人在中华人民共和国领域外对中华人民共和国国家或者公民犯罪，而按本法规定的最低刑为三年以上有期徒刑的，可以适用本法，但是按照犯罪地的法律不受处罚的除外。”关于该条文，下列哪些判断是正确的？(　　)(2012—1—52，多选)

A. 规定的是法的溯及力　　B. 规定的是法对人的效力

C. 体现的是保护主义原则　　D. 体现的是属人主义原则

3. 有法谚云：“法律为未来作规定，法官为过去作判决”。关于该法谚，下列哪一说法是正确的？(　　)(2016—1—11，单选)

A. 法律的内容规定总是超前的，法官的判决根据总是滞后的

B. 法官只考虑已经发生的事实，故判案时一律选择适用旧法

C. 法律绝对禁止溯及既往

D. 即使案件事实发生在过去，但“为未来作规定”的法律仍然可以作为其认定的根据

第八节　法律关系

本部分的复习，可以结合民法中有关“民事法律关系”的相关内容学习。

【考点】法律关系的产生、变更和消灭

【考点点拨】法律关系的产生、变更和消灭。法律关系的产生、变更和消灭需要具备两个基本条件：一是法律规范；二是法律事实。依照是否以当事人主观意志为转移为标准，法律事实分为法律事件和法律行为。前者不以当事人意志为转移；后者以当事人意志为转移。法律事件又可分为自然事件和社会事件；法律行为可分为合法行为和违法行为。

1. 王某恋爱期间承担了男友刘某的开销计 20 万元。后刘某提出分手，王某要求刘某返还开销费用。经过协商，刘某自愿将该费用转为借款并出具了借条，不久刘某反悔，以不存在真实有效借款关系为由拒绝还款，王某诉至法院。法院认为，“刘某出具该借条系本人自愿，且并未违反法律强制性规定”，遂判决刘某还款。对此，下列哪些说法是正确的？（　　）（2014－1－53，多选）

A. “刘某出具该借条系本人自愿，且并未违反法律强制性规定”是对案件事实的认定

B. 出具借条是导致王某与刘某产生借款合同法律关系的法律事实之一

C. 因王某起诉产生的民事诉讼法律关系是第二性法律关系

D. 本案的裁判是以法律事件的发生为根据作出的

2. 张某因其妻王某私自堕胎，遂以侵犯生育权为由诉至法院请求损害赔偿，但未获支持。张某又请求离婚，法官调解无效后依照《婚姻法》中“其他导致夫妻感情破裂的情形”的规定判决准予离婚。对此，下列选项中正确的是：（　　）（2015－1－88，不定项）

A. 王某与张某婚姻关系的消灭是由法律事件引起的

B. 张某主张的生育权属于相对权

C. 法院未支持张某的损害赔偿诉求，违反了“有侵害则有救济”的法律原则

D. “其他导致夫妻感情破裂的情形”属于概括性立法，有利于提高法律的适应性

3. 韩某与刘某婚后购买住房一套，并签订协议：“刘某应忠诚于韩某，如因其婚外情离婚，该住房归韩某所有。”后韩某以刘某与第三者的 QQ 聊天记录为证据，诉其违反忠诚协议。法官认为，该协议系双方自愿签订，不违反法律禁止性规定，故合法有效。经调解，两人离婚，住房归韩某。关于此案，下列哪一说法是不正确的？（　　）（2013－1－11，单选）

A. 该协议仅具有道德上的约束力

B. 当事人的意思表示不能仅被看作是一种内心活动，而应首先被视为可能在法律上产生后果的行为

C. 法律禁止的行为或不禁止的行为，均可导致法律关系的产生

D. 法官对协议的解释符合“法伦理性的原则”

【考点】法律关系的分类

法律关系的分类。根据不同的标准，法律关系可分为调整性法律关系/保护性法律关系，横向（平权性）法律关系/纵向（隶属性）法律关系，主（第一性）法律关系/从（第二性）法律关系，单向法律关系/双向法律关系/多向法律关系。

1. 张某到某市公交公司办理公交卡退卡手续时，被告知：根据本公司公布施行的《某市公交卡使用须知》，退卡时应将卡内 200 元余额用完，否则不能退卡，张某遂提起诉讼。法院认为，公交公司依据《某市公交卡使用须知》拒绝张某要求，侵犯了张某自主选择服务方式的权利，该条款应属无效，遂判决公交公司退还卡中余额。关于此案，下列哪一说法是正确的？（　　）（2015－1－12，单选）

A. 张某、公交公司之间的服务合同法律关系属于纵向法律关系

B. 该案中的诉讼法律关系是主法律关系

C. 公交公司的权利能力和行为能力是同时产生和同时消灭的

D.《某市公交卡使用须知》属于地方规章

2. 甲、乙分别为某有限责任公司的自然人股东，后甲在乙知情但不同意的情况下，为帮助妹妹获取贷款，将自有股份质押给银行，乙以甲侵犯其股东权利为由向法院提起诉讼。关于本案，下列哪一判断是正确的？（　　）（2011—1—12，单选）

A. 担保关系是债权关系的保护性法律关系

B. 债权关系是质押关系的第一性法律关系

C. 诉讼关系是股权关系的隶属性法律关系

D. 债权关系是质押关系的调整性法律关系

【考点】法律关系的要素：主体

2012年，潘桂花、李大响老夫妇处置房产时，发现房产证产权人由潘桂花变成其子李能。原来，早在七年前李能就利用其母不识字骗其母签订合同，将房屋作价过户到自己名下。二老怒将李能诉至法院。法院查明，潘桂花因精神障碍，被鉴定为限制民事行为能力人。据此，法院认定该合同无效。对此，下列哪一说法是不正确的？（　　）（2013—1—14，单选）

A. 李能的行为违反了物权的取得应当遵守法律、尊重公德、不损害他人合法权益的法律规定

B. 从法理上看，法院主要根据“法律家长主义”原则（即，法律对于当事人“不真实反映其意志的危险选择”应进行限制，使之免于自我伤害）对李能的意志行为进行判断，从而否定了他的做法

C. 潘桂花被鉴定为限制民事行为能力人是对法律关系主体构成资格的一种认定

D. 从诉讼“争点”理论看，本案争执的焦点不在李能是否利用其母不识字骗其母签订合同，而在于合同转让的效力如何认定

【考点】法律关系的要素：法律权利与法律义务

1. 许某与妻子林某协议离婚，约定8岁的儿子小虎由许某抚养，林某可随时行使对儿子的探望权，许某有协助的义务。离婚后两年间林某从未探望过儿子，小虎诉至法院，要求判令林某每月探视自己不少于4天。对此，下列说法正确的是：（　　）（2017—1—89，不定项）

A. 依情理林某应探望儿子，故从法理上看，法院可判决强制其行使探望权

B. 从理论上讲，权利的行使与义务的履行均具有其界限

C. 林某的探望权是林某必须履行一定作为或不作为的法律约束

D. 许某的协助义务同时包括积极义务和消极义务

2. 甲和乙系夫妻，因外出打工将女儿小琳交由甲母照顾两年，但从未支付过抚养费。后甲与乙闹离婚且均不愿抚养小琳。甲母将甲和乙告上法庭，要求支付抚养费2万元。法院认为，甲母对孙女无法定或约定的抚养义务，判决甲和乙支付甲母抚养费。关于该案，下列哪一选项是正确的？（　　）（2016—1—10，单选）

A. 判决是规范性法律文件

B. 甲和乙对小琳的抚养义务是相对义务

C. 判决在原被告间不形成法律权利和义务关系

D. 小琳是民事诉讼法律关系的主体之一

第九节 法律责任

【考点】法律责任竞合

【考点点拨】法律责任部分知识点包括：(1) 法律责任概念。法律责任是行为人由于违法、违约行为或法律规定而应承受的不利的法律后果。(2) 法律责任竞合。同一主体的一个行为产生数个法律责任，数个责任之间彼此冲突，不能同时追究，即为法律责任竞合。(3) 免责：法律责任免除，主要有时效、协议、履行不能、不可抗力、正当防卫、紧急避险、自首、立功免责等。

李某向王某借款200万元，由赵某担保。后李某因涉嫌非法吸收公众存款罪被立案。王某将李某和赵某诉至法院，要求偿还借款。赵某认为，若李某罪名成立，则借款合同因违反法律的强制性规定而无效，赵某无需承担担保责任。法院认为，借款合同并不因李某犯罪而无效，判决李某和赵某承担还款和担保责任。关于该案，下列哪些说法是正确的？（ ）(2016—1—59，多选)

A. 若李某罪名成立，则出现民事责任和刑事责任的竞合

B. 李某与王某间的借款合同法律关系属于调整性法律关系

C. 王某的起诉是引起民事诉讼法律关系产生的唯一法律事实

D. 王某可以免除李某的部分民事责任

参考答案及解析

第一节 法的概念

【考点】法的概念

【答案】C

【解析】依据对法与道德的关系的不同主张，区分为实证主义法学和非实证主义法学。实证主义法学认为，法和道德是分离的，在法与道德之间，在法律命令什么与正义要求什么之间，在“实际上是怎样的法”与“应该是怎样的法”之间不存在概念上、本质上的必然联系。与此相反，所有的非实证主义理论都主张，法与道德是相互联结的，二者在概念上、本质上具有必然的联系。根据上述阐释，A项正确。

法实证主义者是以下列两个要素定义法的概念的：权威性制定和社会实效。非实证主义者以内容的正确性作为法的概念的一个必要的定义要素。这就意味着这类法的概念中不排除社会实效性要素和权威性制定要素。也就是说，非实证主义的法的概念中不仅以内容的正确性作为定义要素，同时可以包括社会实效性要素和权威性制定要素。因此，非实证主义的法的概念中有三个要素，而且这三个要素可以进行不同的联结与解释。根据上述阐释，B、D项正确。

非实证主义的法的概念分为两类：一是以传统的自然法理论为代表，主张以内容正确性作为法的概念的唯一定义要素；一是超越自然法与法实证主义之争的所谓第三条道路的法学理论，主张以内容正确性与权威性制定或社会实效性要素同时作为法的概念的定义要素。因此，C项错误。

第二节 法的本质和特征

【考点】法的本质

1. 【答案】CD

【解析】法律在本质上是统治阶级意志的体现，这表明了法的阶级性。但体现统治阶级意志的并非只有法律一种形式，中国共产党是我国的执政党，党的政策也是体现统治阶级意志的方式。A 错误。

统治阶级的意志，不是社会共同体的意志，也不是全体社会成员的意志，或某一个阶层的意志，当然也不是每一个社会成员共同意志的简单相加，而是一个抽象的、反映统治阶级中大多数的意志。因此，B 选项错误。

在法的三个本质属性国家性、阶级性（阶级意志性）和社会性（物质制约性）中，起到最终决定性作用的是社会性。三者彼此之间的关系是：社会性决定阶级性，阶级性决定国家性，社会性当然也决定国家性。因此，社会性和国家性、阶级性之间都是属于法的不同层次的本质属性。C 正确。

特定时空下的特定国家的法律都是由一定的社会物质生活条件所决定的，反映了法的社会性。法律作为上层建筑，都是由一定社会的经济基础决定的。D 正确。

2. 【答案】ABC

【解析】任何特定国家的法律人在其工作过程中都必须以该国家现行有效的法律作为处理法律问题的出发点和前提。“国法”就是指特定国家现行有效的法，其外延包括：(1) 国家专门机关（立法机关）制定的“法”（成文法）；(2) 法院或法官在判决中创制的规则（判例法）；故 B 项说法错误。当选。(3) 国家通过一定方式认可的习惯法（不成文法）；(4) 其他执行国法职能的法（如教会法）。故 A、B 的说法错误。法律、道德与宗教都具有强制性，只有法律具有国家强制性，故 C 项说法错误。实在法一般是指现实存在的制定法或判例法。自然法学派认为，只要“国法”的内容不违背道德，就承认其有效性，就是实在法；实证主义法学派认为，如果“国法”具有“权威性制定”或“社会实效”特点，也是实在法。故 D 项说法正确。

【考点】法的特征

【答案】ABC

【解析】法是以国家强制力为后盾，通过法律程序保证实现的社会规范，故 A 项正确。法律强制是一种国家强制，而非“自然力”，故 D 项错误。法律强制，是以军队、宪兵、警察、法官、监狱等国家暴力为后盾的强制，故 C 项正确。因此，法律就一般情况而言是一种最具有外在强制性的社会规范。同时，国家暴力还是一种“合法的”暴力。所谓“合法的”一般意味着“有根据的”，而且，也意味着国家权力必须合法行使，包括符合实体法和程序法两个方面的要求。法律的制定和实施都必须遵守法律程序，法律职业者必须在程序范围内思考、处理和解决问题。法的程序性是法区别于其他社会规范的重要特征，故 B 项正确。

第三节　法的作用

【考点】法的规范作用和社会作用

1. 【答案】D

【解析】A 选项错误。陈法官根据诉讼法的规定主动申请回避，这是法的指引作用。B 选项错误，法院判决王某行为构成盗窃罪，体现的是对王某行为的评价，体现了法的评价作用。C 选项错误，林某通过参加法律培训后开始重视自身行为，是法对本人行为的指引，体现了法的指引作用。D选项正确，对散布谣言的违法行为罚款，体现了法的强制作用。

2. **【答案】** A

【解析】 法的作用分为指引、评价、预测、强制和教育作用。法的指引作用是指法律通过规定权利义务，指引行为者本人的行为。法的评价作用是指法律对他人的行为是否合法或违法及其程度，予以判断。法的预测作用是指人们可以根据法律规范的规定事先估计到当事人双方或多方将如何行为及行为的法律后果，也就是说，预测作用的对象是人们相互之间的行为。法的强制作用是指法为保障自己得以实现而运用国家强制力制裁、惩罚违法行为的作用。法的教育作用是指通过法律的实施，法律规范对人们今后的行为发生直接或间接的诱导影响，也就是说，法的教育作用针对的是一般人的行为。例如，通过对违法行为实施法律制裁不仅对违法者本人起到警示、警戒的作用，而且也对一般人产生了教育性影响。本案中，因法律禁止“酒驾”，故高经理和公司员工拒绝“酒驾”的行为，表明其行为受到法律的指引，体现了法的指引作用，没有体现法的评价、预测和强制作用。正确答案为A。

第四节　法的价值

【考点】 法的价值的种类

1. **【答案】** ACD

【解析】 A选项正确。如果强调法的内容的正确性，强调法的内容与道德的善的必然联系，那么不公正的法律就不是法律，即所谓“恶法非法”，由此可以推导出冉阿让并未犯罪的结论。B选项错误。沙威笃信“法律就是法律”，将法的效力与法的内容的正确性分离，是一种典型的实证主义法学观。C选项正确。冉阿让和沙威的法律观体现了法的正义价值和秩序价值的冲突。D选项正确。根据实证主义法学的基本观点，法的效力可以与法的内容的正确性相分离，但法并非与道德无关，有道德支撑的法律往往更容易获得人们的认同，并切实得到自觉地遵守。

2. **【答案】** BCD

【解析】 马克思的这句话认为，国家法律只有尊重和体现人类理性的自然规律，才能成为真正的法律。这种真正的法律是体现自由、保障自由的。当国家制定的法律和人类理性的自然规律相一致时，法律既是人类有意识创造的产物，也是符合自由的。A选项错误。从价值上看，自由是法的价值之一，法律是自由的保障。如果国家法律是体现自由、保障自由的，那么法律的存在是实现“人的实际的自由存在”的条件，就有利于人的自由的实现。B选项正确。因此，当公民服从国家法律时，其实质上就是在服从他自己的理性，即人类理性的自然规律。此时，法律真正得到实现，也是人的自由真正实现。所以，国家法律必须要尊重自然规律。C选项正确。在此意义上，任何违背自由的法律，都不是真正意义上的法律。因此，自由是评价法律进步与否的一个标准。D选项正确。

自由是人的本质，法体现自由，保障人的自由的实现，同时也对人的自由进行限制。法限制人的自由，主要基于三个原则：(1) 伤害原则：自由的行使不能伤害他人的权利或利益，例如不能杀人、伤害等；(2) 家长主义原则：为了保护人们避免因自身认识不足而有可能遭受的损害，国家可限制人们的自由，例如《交通安全法》要求驾驶人必须要系好安全带；(3) 道德主义：如果一个行为违背了特定社会人们的一般道德，国家可以禁止或限制该行为，例如刑法中禁止“聚众淫乱”行为等。

【考点】法的价值冲突

1. 【答案】A

【解析】A选项错误。婚姻自由作为基本权利必须依法行使，并非不受任何法律限制。自由和权利的行使必须在法律的范围之内进行。

B选项正确。张林在遗嘱中限制了王珍的婚姻自由，因此，张林的遗嘱自由与王珍的婚姻自由发生了价值冲突。

C选项正确。婚姻自由是宪法的基本权利，在解决遗嘱自由和婚姻自由的价值冲突中，法官运用了合宪性解释方法。需要注意的是，如果本题中问法官在处理遗嘱自由和婚姻自由之间发生的价值冲突是采用了何种价值平衡原则，则答案应为价值位阶原则。价值位阶原则，是指在不考虑具体案件情境下，司法者要考虑现有立法中的各个价值之间的优先性关系，包括整个法律体系中、法律部门中、具体法中的价值位阶的高低。从整个法律体系看，宪法中保护的基本权利和自由应优先于一般权利和自由。婚姻自由高于遗嘱自由。

D选项正确。张林的遗嘱处分的是其房屋所有权，并非处分其妻的婚姻自由权利。

2. 【答案】C

【解析】法的价值冲突，是指法的各种价值之间有时发生矛盾，从而导致价值之间相互冲突。处理法的价值冲突的方法包括价值位阶原则和比例原则。价值位阶原则，是指在不考虑具体案件情境下，司法者要考虑现有立法中的各个价值之间的优先性关系，包括整个法律体系中、法律部门中、具体法中的价值位阶的高低。

本题中，对罪大恶极的犯罪分子，该重判重判，该判死刑的判死刑，公共秩序和社会安全所体现的法的秩序价值高于犯罪分子的生命所体现的自由价值，适用的是价值位阶原则。选项A错误，选项C正确。比例原则，指为保护某种较为优越的法益须侵及一种法益时，不得逾越此目的所必要的程度。换句话说，即使某种价值的实现必然会以其他价值的损害为代价，也应当使被损害的价值减低到最小限度。本题中，“该依法重判的坚决重判，该依法判处死刑立即执行的绝不手软”，完全牺牲了犯罪分子生命，没有体现比例原则。B选项错误。法的价值冲突的解决中没有自由裁量原则。选项D错误。

【考点】事实判断与价值判断

【答案】D

【解析】秩序是法的基本价值，是法的其他价值，如自由、平等、效率等法的价值的前提与条件。同时，现代社会所言的“秩序”还必须接受自由、正义价值的规制。换言之，这种秩序必须是符合自由、正义，有利于保护人权的。在法的价值中，其最本质的价值是“自由”，自由价值是法的价值的顶端。A选项错误。

秦某捏造、散布虚假事实的行为是法律明文禁止的违法行为，破坏了社会秩序，应予以惩罚。这体现了价值位阶的冲突解决原则。B选项错误。

对事物本身事实的描述和陈述判断称为事实判断，如“张三杀了李四”；对主客体之间价值关系的肯定或否定性判断称为价值判断，如“张三杀了李四，这是违法的”。事实判断陈述的内容是对陈述对象本身的了解，因而都是描述性的判断。价值判断所表达的却是陈述者自己对事物的态度，因而多是规范性判断。本题中，“原告捏造、散布虚假事实”是对案件客观事实的陈述，是事实判断，而“原告捏造、散布虚假事实的行为不属于言论自由”则属于价值判断，是对秦某行为性质的确定，C选项错误。

人权既可以作为道德权利而存在也可以作为法律权利而存在。在根本上，人权是一种道德权利。为了保障人权的实现，必须被法律化，即把一部分道德权利通过法律的形式肯定承认予以保护。D选项正确。

第五节 法的要素

【考点】法律规则的逻辑结构和分类

1. 【答案】BC

【解析】法律规则分为三类：(1) 按照规定的内容不同，可以分为授权性规则和义务性规则。授权性规则，是指规定人们有权做一定行为或不做一定行为的规则，行为模式为“可为”。它又可分为权利性规则和职权性规则。义务性规则，是指在内容上规定人们的法律义务，即有关人们应当作出或不作出某种行为的规则。它也分为两种：命令性规则与禁止性规则。命令性规则，是指规定人们的积极义务，即人们必须或应当作出某种行为的规则。命令性规则的行为模式为“应为”。禁止性规则，是指规定人们的消极义务（不作为义务），即禁止人们作出一定行为的规则。禁止性规则的行为模式为“勿为”。(2) 按照规则内容确定性程度不同，可以分为确定性规则、委任性规则和准用性规则。确定性规则，是指内容本已明确具体，无须再援引或参照其他规则来确定其内容的法律规则。在法律条文中规定的绝大多数法律规则属于此种规则。委任性规则，是指没有明确具体的内容规定，而只规定某种概括性指示，由相应国家机关通过相应途径或程序加以确定的法律规则。其特点可总结为“无法，委托（其他机关）另外制定法”。例如：我国《选举法》第44条规定，省、自治区、直辖市的人民代表大会常务委员会根据本法可以制定选举法实施细则，报全国人民代表大会常务委员会备案。此规定即属委任性规则。因为，在《选举法》颁行的时候并无明确具体的选举法实施细则，因此规定由省级的人大常委会来制定。准用性规则，是指虽然没有直接规定的内容，但是明确指出在这个问题上可以适用其他法律条文或法律文件中某一规定的规则。其特点可概括为“**有法不在本法，援引其它法**”。例如：我国《商业银行法》第17条规定，商业银行的组织形式、组织机构适用《中华人民共和国公司法》的规定。此规定即属准用性规则。因为，虽然有明确具体关于商业银行组织形式、组织机构的法律规定，但这个规定不在《商业银行法》中，而在《公司法》中，必须要援引《公司法》，才能知道明确具体的规定。(3) 按照规则强制性程度不同，分为强行性规则和任意性规则。强行性规则，是指内容规定具有强制性质，不允许人们随便加以更改的法律规则。义务性规则、职权性规则属于强行性规则。任意性规则，是指规定在一定范围内，允许人们自行选择或协商确定为与不为、为的方式以及法律关系中的权利义务内容的法律规则。任意性规则的行为模式为“可为”。

本题中《民法总则》第187条规定的是确定性规则，而非委任性规则。虽然法律条文中未明确出现“应当”等道义助动词，但本法律规则的行为模式为“应为”，表达的是强行性规则，是一种义务性规则，不能随便加以更改。B、C选项正确。法律责任的竞合，是指由于某种法律事实的出现，导致两种或两种以上的法律责任产生，而这些责任之间相互冲突的，不能同时追究，只能追究其一。本条文规定，“承担行政责任或者刑事责任不影响承担民事责任”，表明行政责任、刑事责任与民事责任并未冲突，因此不是法律责任的竞合。D选项错误。

2. 【答案】BC

【解析】《治安管理处罚法》第115条规定的法律规则的行为模式是“应为”，从法律规则的分类看，该法律规则属于义务性法律规则中的命令性法律规则，是确定性法律规则，是强行性法律规则。因此，A选项内容错误，B选项内容正确。积极义务是要求人们作出某种行为的义务，消极义务是禁止人们作出某种行为的义务。本题《治安管理处罚法》第115条规定的是积极义务。C正确。

法律规则的逻辑结构包括假定条件、行为模式和法律后果三部分。假定条件是指法律规则中有关适用该规则的条件和情况的部分，行为模式指法律规则中规定人们如何具体行为之方式或范型的部分，法律后果是指法律规则中规定人们在作出符合或不符合行为模式的要求时应承担相应结果的部分。本题中“公安机关依法实施罚款处罚”是假定条件，“实行罚款决定与罚款收缴分离；收缴的罚款应当全部上缴国库”是行为模式，没有规定法律后果。因此，D选项内容错误。

3. 【答案】ABD

【解析】该条款规定的内容明确肯定，无须再援引或参照其他规则来确定其内容的法律规则，是确定性规则。该条款“应当”“不得”的规定，其行为模式是“应为”，为法律义务的规定，故A、D项正确。表达法律规则的特定语句往往是一种规范语句，但也可用陈述语句来表达。所谓规范语句，是指使用“应当”（或“必须”）、“不得”（或“禁止”）或者“可以”等道义助动词的语句。该条款使用了“应当”“不得”等道义助动词，故B项正确。法律规则的逻辑结构包括假定条件、行为模式和法律后果三个部分。《老年人权益保障法》第18条第1款，仅规定了假定条件和行为模式，不存在法律后果的规定，故C项错误。

4. 【答案】B

【解析】《反垄断法》第三十七条所规定的法律规则的行为模式为“应为”，属于义务性规则、确定性规则和强行性规则。选项A说法正确。《行政处罚法》第三十七条第三款规定了一个法律规则，行为模式为“应为”，属于义务性规则、确定性规则和强行性规则。B选项错误。《政府信息公开条例》第三十七条规定的“具体办法由国务院有关主管部门或机构制定”属于委任性规则。C选项正确。确定性规则是指内容已经明确规定人们具体的行为模式，无须再援引或者参照其他规则来确定其内容的法律规则。《婚姻法》第二十二条可直接适用，属于确定性规则。只是由于其行为模式是“可为”，所以属于授权性规则、任意性规则。选项D说法正确。

【考点】法律规则、法律条文与法律语言

1. 【答案】AC

【解析】A选项，表达法律规则的特定语句往往是一种规范语句。但是并不意味着所有法律规则的表达都是以规范语句的形式表达，还可以用陈述语气或陈述句表达。A项正确。一切法律规范都必须以作为“法律语言”的语句形式表达出来，具有语言的依赖性，故B项前半句话正确，但是法律规则和法律条文是有区别的，法律规则是法律条文的内容，法律条文是法律规则的表现形式，故二者不等同，故B项后半句说法错误。

根据规范语句所运用的助动词的不同，规范语句可以被区分命令句和允许句，都可以使用道义助动词，虽然有的法律规则不是用规范语句表达，但能被改写为规范性语句表达，故所有表述法律规则的语句都可以带有道义助动词是正确的，C项正确。

根据《中华人民共和国民法通则》第十五条规定："公民以他的户籍所在地的居住地为住所，经常居住地与住所不一致的，经常居住地视为住所。"从语式上看，它是一个用规范语句表达的命令性规则，故D项错误。

2. 【答案】BCD

【解析】全国人大常委会制定的《中华人民共和国畜牧法》属于"法律"范畴，国务院制定的《中华人民共和国畜禽遗传资源进出境和对外合作研究利用审批办法》属于"行政法规"范畴，法律的效力高于行政法规，A项正确，B项错误。该条款规定了一个法律概念，既不是法律规则，也不是法律原则，就不可能是任意性规则，故D项错误。

该条款的内容属于法律概念、法律术语界定，是法律条文中的技术性规范，而不属于技术规范（警惕技术规范和技术性规范，两者概念不同）。**法律条文可分为规范性条文和非规范性条文。规范性条文**是直接表述法律规范（法律规则和法律原则）的条文；**非规范性条文**是指不直接规定规范，而规定某些法律技术内容（如专门法律术语的界定、公布机关和时间、生效日期）的条文。规定技术性内容的条款属于技术性规范。人类社会的规范有三种：自然法则、技术规范、社会规范。(1) 自然法则是调整自然与自然之间关系的规律，由自然力保证实施；(2) 技术规范是调整人与自然之间关系的规范；有时，需要把技术规范上升为法律规范，强迫人们遵守。这种由技术规范构成的法，被称为**"技术规范"**。(3) 社会规范是调整人与人之间关系的规范。法律规范、道德规范、宗教规范、习俗、纪律等都属于社会规范。故C项错误。

【考点】法律原则

1. 【答案】ABC

【解析】采用穷尽式列举的优点使法律的规定非常清晰，能够提高法的可预测性。A选项正确。

法官在审理中认为，原告的取证目的正当，并未损害社会公共利益和他人合法权益，且该取证方式有利于遏制侵权行为，这些论证都是一种利益衡量。B选项正确。

法律人查明和确认案件事实的过程并不是一个纯粹的事实判断过程，而是一个在法律规范与事实之间的循环过程，法律人要想将一定的规范适用在特定的案件中，就必须要把当事人向他叙述的生活事实转化为"法律事实"。在此过程中，法律人必须要对生活事实进行整理、选择、判断，而证明这一事实的证据是否合法取得就是他选择和判断的一个标准。因此，最终，法律人查明的案件事实和客观事实很有可能并不一致。C选项正确。

由于法律原则内涵高度抽象，外延宽泛，不像法律规则那样对假定条件和行为模式有具体明确的规定，所以当法律原则直接作为裁判案件的标准发挥作用时，会赋予法官较大的自由裁量权，从而不能完全保证法律的确定性和可预测性。因此，必须优选适用法律规则，穷尽法律规则方得适用法律原则。D选项错误。

2. 【答案】C

【解析】在制定法为主的国家，法律规范（法律规则和法律原则）主要通过规范语句形式进行表达。我国《民法总则》第七条规定："民事主体从事民事活动，应当遵循诚信原则，秉持诚实，恪守承诺。"这是通过"法律语句"的方式来表达诚实信用原则。A选项错误。法律原则是能够为法律规则提供某种基础性或本源的综合性的、指导性的原理或价值准则，可以为相关的法律规则提供正当化基础。法律原则与法律规则相比较，(1) 在内容上，法律规则规定的明确具体，而法律原则规定得比较笼统、模糊。因此，与法律原则相比，法律规则能最大限度实现法的确定性和可预测性。B选项错误。(2) 在适用范围上，法律规则由于内容明确具体，它们只能适用于某一类型的行为，更关注行为和条件的共性；法律原则由于是从社会生活或社会关系中概括出来的某一类行为、某一法律部门甚至全部法律体系均通用的价值准则，对人的行为及其条件有更大的覆盖面和抽象性，它们不仅关注行为及条件的个性，而且关注它们的个别性和特殊性。选项C选项正确。(3) 在适用方式上，法律规则是以“全有或全无的方式”应用于个案之中，而法律原则则不是。D选项错误。(4) 在性质上，法律规则是一种“应该做”的规范，即要求规范主体做某种行为；法律原则是一种“应该是”的规范，不直接要求主体做某种行为，而是要求主体的行为或结果符合某种性质或实现某个目标。

3. 【答案】ABC

【解析】A选项正确。在法律中允许有内容本身不确定，而是可以援引其他相关内容规定的规范，这就是准用性规则。

B选项正确。法律推理就是指法律人遵循一定的推论规则从一定的前提推导出法律决定的过程；特定国家的法律是以日常语言或借助日常语言而发展出来的术语表达的，这些用语具有歧义性和模糊性，一定的人、组织以及国家机关在法律运用或实施过程中对表达法律的语言的意义的揭示、说明和选择。这两种法律人特有的思维方式均能有效增强法律规则的确定性。

C选项正确。法律原则以及法律规则的概括性条款，可以克服法律规则的僵硬性缺陷，弥补法律漏洞，保证个案正义，在一定程度上缓解了规范与事实之间的缝隙，从而能够使法律更好地与社会相协调一致。

D选项错误。本选项前半句正确，后半句错误。义务性规则，是指在内容上规定人们的法律义务，即有关人们应当作出或不作出某种行为的规则。它也分为两种：(1) 命令性规则，是指规定人们的积极义务，即人们必须或应当作出某种行为的规则。(2) 禁止性规则，是指规定人们的消极义务（不作为义务），即禁止人们作出一定行为的规则。无论是命令或禁止，均不允许义务人按照自己意志进行选择，必须按照法律的规定做或不做某事，因此是极度确定的规则。所谓授权性规则，是指规定人们有权做一定行为或不做一定行为的规则，即规定人们的“可为模式”的规则。授权性规则虽可由行为人作出“为”与“不为”的选择，但其规则的内容即权利和义务也是确定的，因此本选项后半句错误。

第六节 法的渊源

【考点】法的正式渊源

1. 【答案】AB

【解析】《条例》由国务院制订，属于正式的法的渊源中的行政法规，其效力低于《食品安全法》，甲公司的说法不成立。A选项正确。

古罗马法学家乌尔比安最早提出公法和私法的划分，“公法是关于罗马国家的法律，私法是关于个人利益的法律。”公法是调整国家公权力关系的法律规范的总称，宪法、行政法、诉讼法等，私法是调整私人之间法律关系的法律规范的总称，如民法、商法等。二十世纪以来，随着公法和私法的不断融合，又出现了第三部门法，主要表现为劳动保障法和环境保护法。食品生活经营许可属于行政许可的范围，属于公法法律规范。B选项正确。

行政法规与法律相抵触，我国法院无权直接撤销，根据《立法法》第99条的规定，应上报最高人民法院，由最高人民法院书面提请全国人大常委会进行审查，由全国人大常委会审查后向制定机关提出意见。C选项错误。

中国正式渊源中的“法律”，包括由全国人大和全国人大常委会制定的法律。而《条例》由国务院制定，属于行政法规。D选项错误。

2. **【答案】** BD

【解析】《立法法》第7条第2款规定：“全国人民代表大会制定和修改刑事、民事、国家机构的和其他的基本法律。”第3款规定：“全国人民代表大会常务委员会制定和修改除应当由全国人民代表大会制定的法律以外的其他法律；在全国人民代表大会闭会期间，对全国人民代表大会制定的法律进行部分补充和修改，但是不得同该法律的基本原则相抵触。”据此，法律只能由全国人大及其常委会制定，故A项正确。

《立法法》第52条规定：“签署公布法律的主席令载明该法律的制定机关、通过和施行日期。”“法律签署公布后，及时在全国人民代表大会常务委员会公报和在全国范围内发行的报纸上刊登。”“在常务委员会公报上刊登的法律文本为标准文本。”第62条规定：“行政法规签署公布后，及时在国务院公报和在全国范围内发行的报纸上刊登。”“在国务院公报上刊登的行政法规文本为标准文本。”第70条规定：“地方性法规、自治区的自治条例和单行条例公布后，及时在本级人民代表大会常务委员会公报和在本行政区域范围内发行的报纸上刊登。”“在常务委员会公报上刊登的地方性法规、自治条例和单行条例文本为标准文本。”据此，在全国人大常委会公报上刊登的法律文本、在国务院公报上刊登的行政法规文本、在省级或较大的市常委会公报上刊登的地方性法规、自治条例和单行条例文本为标准文本。故B项表述错误，应选。

国务院《行政法规制定程序条例》第4条第1款规定：“行政法规的名称一般称‘条例’，也可以称‘规定’‘办法’等。国务院根据全国人民代表大会及其常务委员会的授权决定制定的行政法规，称‘暂行条例’或者‘暂行规定’。”地方性法规也可采取“条例”“规定”“办法”等名称，故C项表述正确。

《立法法》第22条规定：“法律草案修改稿经各代表团审议，由法律委员会根据各代表团的审议意见进行修改，提出法律草案表决稿，由主席团提请大会全体会议表决，由全体代表的过半数通过。”第40条规定：“法律草案修改稿经常务委员会会议审议，由法律委员会根据常务委员会组成人员的审议意见进行修改，提出法律草案表决稿，由委员长会议提请常务委员会全体会议表决，由常务委员会全体组成人员的过半数通过。”据此，法律案由全国人大或其常委会审议、表决和通过，故D项表述错误，应选。

【考点】 法的非正式渊源

1. **【答案】** D

【解析】“习俗”在我国仅可作为法的非正式渊源。故A项错误。在本案中，法官主要运用了演绎推理，故B项错误。赵某与陈女并未结婚，仅仅订婚而已，故本案不能适用《婚姻法》第19条规定，故C项错误。规范性法律文件是以规范化的成文形式表现出来的各种法的形式的总称，具有两个特点：适用主体的不确定性、适用效力上的反复适用性。我国的正式法律渊源均是规范性法律文件。非规范性法律文件是规范性法律文件适用的结果，其主体是特定的、效力上是一次的，如判决书、裁定书、结婚证等。《婚姻法》属于法律，《关于适用〈婚姻法〉若干问题的解释（二）》属于司法解释，均属于规范性法律文件，故D项正确。

2. 【答案】BC

【解析】"经鉴定为重伤"属于查明和确认案件事实，因此属于事实判断不是价值判断，故A错误。我国是实行成文法的国家，判例在我国不是正式的法律渊源。B选项正确。类比推理是从个别到个别的推论，根据两个或两类事物在某些属性上是相似的，从而推导出它们在另一个或另一些属性上也是相似的。题干中被告律师提出一年前的案例和当前案件类似，当前案件应做相同处理，是类比推理。C选项正确。规范性法律文件具有普遍的约束力，在一定的时间内可以被反复适用。而非规范性法律文件，如判决书、调解书等，不具有普遍约束力，仅针对具体人或事，不能被反复适用。因此D错误。

3. 【答案】C

【解析】我国是成文法国家，判例具有参考价值，但其本身不是法律规范，法院已生效的同类判决书没有普遍约束力。选项A错误。

判例法，指基于法院的判决而形成的具有法律效力的判定，这种判定对以后的判决具有法律规范效力，能够作为法院判案的法律依据。判例法是英美法系国家的主要法律渊源，它是相对于大陆法系国家的成文法或制定法而言的。判例法的来源不是专门的立法机构，而是法官对案件的审理结果，它不是立法者创造的，而是司法者创造的，因此，判例法又称为法官法或普通法。我国是成文法国家，立法权由立法机关行使，法官没有立法权，在法律体系中不存在判例法。选项B错误。

在我国，指导性案例只能由最高人民法院发布。指导性案例，具有很强的权威性与指导性，具有最高的司法效力，下级人民法院应当参照。选项C正确。

民事调解书经签署后即具有"司法强制执行力"而非"行政强制执行力"，由法院执行而非行政机关执行。选项D错误。

第七节　法的效力

【考点】法的效力；归责与免责

1. 【答案】A

【解析】对中国公民赵某的犯罪行为适用中国刑法予以处罚，涉及到法律对人的效力问题。赵某逃往A国还能否适用中国法律，涉及到中国法律的空间效力问题。A选项正确。

我国《刑法》第6条规定："凡在中华人民共和国领域内犯罪的，除法律有特别规定的以外，都适用本法。凡在中华人民共和国船舶或者航空器内犯罪的，也适用本法。犯罪的行为或者结果有一项发生在中华人民共和国领域内的，就认为是在中华人民共和国领域内犯罪。"赵某系中国公民，犯罪行为发生在中国领域内，并不因为赵某潜逃至国外而不再适用中国法律，故B选项错误。

法的溯及力，也称法溯及既往的效力，是指法对其生效以前的事件和行为是否适用。该案的处理并不涉及溯及力的问题，故C错误。

根据我国《刑法》第88条规定，在人民检察院、公安机关、国家安全机关立案侦查或者在人民法院受理案件以后，逃避侦查或者审判的，不受追诉期限的限制。本案不能适用时效免责，故D错误。

2. 【答案】BC

【解析】法的效力，即法的约束力，指人们应当按照法律规定的行为模式来行为，必须予以服从的一种法律之力，分为法对人的效力、空间效力和时间效力。

法对人的效力，指法律对谁有效力，适用于哪些人。在世界各国的法律实践中先后采用过四种对人的效力的原则：(1) 属人主义，即法律只适用于本国公民，不论其身在国内还是国外；非本国公民即便身在该国领域内也不适用。(2) 属地主义，法律适用于该国管辖地区内的所有人，不论是否本国公民，都受法律约束和法律保护；本国公民不在本国，则不受本国法律的约束和保护。(3) 保护主义，即以维护本国利益作为是否适用本国法律的依据；任何侵害了本国利益的人，不论其国籍和所在地域，都要受该国法律的追究。(4) 以属地主义为主，与属人主义、保护主义相结合。我国采取这一原则。

法的空间效力，指法在哪些地域有效力，适用于哪些地区。一般来说，一国法律适用于该国主权范围所及全部领域，包括领土、领水及其底土和领空。根据国际条约的规定，一国的法律也可以适用于本国驻外使馆、境外飞行器和停泊在外的船舶。

法的时间效力，指法何时生效、何时失效以及法对其生效之前的事件和行为有无溯及力。法的溯及力也称法溯及既往的效力，是指法对其生效以前的事件和行为是否适用。如果适用，就具有溯及力；如果不适用，就没有溯及力。

该条文不涉及法律时间效力的问题，A 错误。该条体现了保护主义原则而没有属人主义原则。B、C 正确，D 错误。

3. 【答案】D

【解析】社会是法的基础和前提，法是社会的产物。法律是社会发展到一定阶段而出现的，法律的变迁也与社会的发展进程基本一致，但并非完全一致。法律的内容既可能稍微超前于社会发展（超前立法），也可以稍微滞后于社会发展（立法滞后）。同样的，法官的判决能够顺应甚至推动社会发展，如果法官对社会隔膜较深，也有可能其判决滞后或阻碍社会发展。因此，A 选项错误。

“法律为未来作规定”是指法律一般情况下主要适用于法律生效后的事件或行为；法官判案时，当新法和旧法发生冲突时，究竟是适用新法还是旧法，要根据具体的法律规定。目前各国采用的通例是“从旧兼从轻”原则，即新法原则上不溯及既往，但是新法不认为犯罪或处刑较轻的，适用新法。但是，在某些有关民事权利的法律中，法律有溯及力，可以溯及既往。因此，B、C 选项均错误。

“法官为过去作判决”，是指法官判决时以法律认定的过去发生的案件事实为根据，以法律为准绳，作出判决。案件事实的认定只能根据现在有效的法律。因此，D 选项正确。

第八节　法律关系

【考点】法律关系的产生、变更和消灭

1. 【答案】ABC

【解析】法律关系产生的条件：一是法律规范，二是法律事实。所谓法律事实，就是法律规范所规定的、能够引起法律关系产生、变更和消灭的客观情况或现象。法院认定案件事实的依据标准是法律事实，对“是否自愿”以及“是否违反法律强制规定”属于对案件事实的认定。A 选项正确。

出具借条的行为直接导致了借款合同法律关系的发生。B 选项正确。

按照相关的法律关系作用和地位的不同，可分为第一性法律关系和第二性法律关系。在实体和程序法律关系中，实体法律关系是第一性法律关系，由此产生的程序法律关系（诉讼法律关系）是第二性法律关系。C选项正确。

依照是否以人们的意志为转移作标准，可以将法律事实大体上分为两类，即法律事件和法律行为。法律事件是法律规定的、不以当事人的意志为转移而引起法律关系产生、变更或消灭的客观事实。法律行为是以当事人意志为转移的、引起法律关系产生、变更或消灭的人的行为。本案裁判的依据是当事人之间意志自由且不违背法律强制性规定的法律行为，而不是法律事件。选项D错误。

2. 【答案】BD

【解析】本题中，法官依据《婚姻法》"其他导致夫妻感情破裂的情形"认定张某和王某的感情破裂，判决准予离婚，这是法官意志的体现，是一种法律行为而非法律事件。A选项错误。

相对权利和义务又称"对人权利"和"对人义务"，是对应特定的法律主体的权利和义务，"相对权利"对应特定的义务人；"相对义务"对应特定的权利人。张某主张的生育权的义务人只能是其妻子王某，B选项正确。

夫妻生育权在1992年颁布的《妇女权益保障法》中第一次规定。2002年9月1日生效的《人口与计划生育法》第17条明确了夫妻双方享有生育权。2011年8月13日开始施行的最高人民法院《关于适用〈中华人民共和国婚姻法〉若干问题的解释（三）》首次对生育权有了明确的规定，其中第9条规定："夫以妻擅自终止妊娠侵犯其生育权为由请求损害赔偿的，人民法院不予支持；夫妻双方因是否生育发生纠纷，致使感情确已破裂，一方请求离婚的，人民法院经调解无效，应依照婚姻法第32条第3款第（5）项的规定处理。"之所以作此认定，是因为虽然夫妻双方互为生育权利义务方，共同拥有生育决定权，但在怀孕至生产这一阶段，女方事实上承担了更大的培育责任并享有更大的支配权，为确保男方对胎儿出生的期待权不被侵害，流产应该以夫妻双方同意为前提条件。但若夫妻双方就生育达不成一致意见的"计划外怀孕"，女方由于在孕育过程中承担了更大责任，由此决定了她拥有更大的决定权，这种情况下不构成对丈夫的侵权。法院的判决并未违反"有侵害则有救济"的法律原则。C选项错误。

法律规范总体上落后于社会生活，这是法的滞后性的体现。概括性立法可以增加法律规范的外延，使其覆盖面更加宽泛，增加对复杂多变的社会生活的适应性。D选项正确。

3. 【答案】A

【解析】韩某与刘某签订的协议，不仅具有道德上的约束力，也具有法律上的约束力，可直接作为法官判案的事实根据，故A项错误。

意思表示是行为能力适格者将意欲实现的法律效果发表的行为。意思存于内心，不能发生法律效果。当事人要使自己的内心意思产生法律效果，就必须将意思表现于外部，即将意思发表。发表则须借助语言、文字或者表意的形体语汇。意思表示所发表的意思，不是寻常意思，而是体现法律效果的意思，亦即关于权利义务取得、丧失及变更的意思。综上所述，B项正确。

导致法律关系形成、变更和消灭的法律行为，可以是善意行为、合法行为（比如婚姻登记），也可以是恶意行为、违法行为（比如犯罪行为）。故C项正确。

法伦理性原则的基础是实质正义，在我国民法中表现为平等、自愿、公平、诚实信用、公序良俗原则等。“法官认为，该协议系双方自愿签订，不违反法律禁止性规定，故合法有效。”法官的该解释显然符合“法伦理性的原则”，故D项正确。

【考点】法律关系的分类

1. 【答案】C

【解析】按照法律主体在法律关系中的地位不同，可以分为纵向（隶属性）法律关系和横向（平权性）法律关系。前者是指主体双方地位平等的法律关系，后者的主体双方地位不平等。张某与公交公司之间的服务合同法律关系属于民事法律关系，是横向法律关系，A选项错误。

按照相关的法律关系作用和地位的不同，可分为第一性法律关系和第二性法律关系。第一性法律关系（主法律关系），是人们之间依法建立的不依赖其他法律关系而独立存在的或在多向法律关系中居于支配地位的法律关系。由此而产生的、居于从属地位的法律关系，就是第二性法律关系或从法律关系。在实体和程序法律关系中，实体法律关系是第一性法律关系，由此产生程序法律关系（诉讼法律关系）是第二性法律关系。本题中的诉讼法律关系是由张某与公交公司之间的服务合同法律关系（主法律关系）产生的，居于从属地位，属于从法律关系，B选项错误。

法人的行为能力和权利能力是同时产生和同时消灭的。法人一经依法成立，就同时具有权利能力和行为能力；法人一经依法撤销，其权利能力和行为能力也就同时消灭。公交公司属于法人，C选项正确。

行政规章包括两大类：部门规章和地方政府规章。部门规章是由国务院各部委或具有行政管理职能的部门单独或联合制定的；地方政府规章是由省级或设区市政府制定的。某市公交公司没有地方规章制定权，《某市公交卡使用须知》并非地方规章，D选项错误。

2. 【答案】B

【解析】按照法律关系产生的依据和实现规范的内容不同，可以分为调整性法律关系和保护性法律关系。调整性法律关系是由合法事实引起的，不需要适用法律制裁，如各种依法建立的民事法律关系、行政合同关系等。保护性法律关系是由违法行为引起的，一方主体（国家）适用法律制裁，另一方主体（通常是违法者）必须接受这种制裁，如刑事法律关系。担保关系属于民事法律关系，是调整性的法律关系，而非保护性法律关系。选项A错误。

按照相关的法律关系作用和地位的不同，可以分为第一性法律关系（主法律关系）和第二性法律关系（从法律关系）。质押关系是以债权关系的存在为基础的，属于从法律关系，而债权关系是质押关系的第一性法律关系。选项B正确。

按照法律主体在法律关系中的地位不同，可以分为纵向（隶属）的法律关系和横向（平权）的法律关系。纵向（隶属）的法律关系是指在不平等的法律主体之间所建立的法律关系。横向法律关系是指平权法律关系主体之间的权利义务关系。无论是诉讼关系，还是股权关系，当事人双方的法律地位都是平等的，不是隶属性法律关系。法律上只有说“谁是谁的主法律关系或从法律关系”，不存在谁是谁的隶属关系，也不存在谁是谁的调整性或保护性关系的说法。选项C、D错误。

【考点】法律关系的要素：主体

【答案】B

【解析】《物权法》第7条规定：“物权的取得和行使，应当遵守法律，尊重社会公德，不得损害公共利益和他人合法权益。”李能利用其母不识字，采取欺骗手段，将房屋作价过户到自己名下，显然违反该条规定，故A项正确。

在本题，“法院查明，潘桂花因精神障碍，被鉴定为限制民事行为能力人。据此，法院认定该合同无效。”很显然，法院是基于潘桂花为限制民事行为能力人而否认转让合同效力，而非“对李能的意志行为进行判断，从而否定了他的做法”，故B项错误。

根据《合同法》第47条，限制民事行为能力人订立的房产转让合同是效力待定的合同，经法定代理人追认后才有效。公民和法人要能够成为法律关系的主体，享有权利和承担义务，就必须法律关系主体构成的资格。对潘桂花行为能力的鉴定是认定其法律关系主体构成资格，故C项正确。

二老怒将李能诉至法院，是为解决房产究竟谁享有所有权的争议。而该争议的解决，关键点就在于转让合同的效力如何，故D项正确。

【考点】法律关系的要素：法律权利与法律义务

1. **【答案】** BD

【解析】 法律并未明文规定探望权，探望行为是依情理从父母子女关系中延伸出来的，林某作为孩子的母亲可随时行使探望权，但法院不能直接判决强制其行使。A选项错误。

权利的行使和义务的履行均有一定的界限和范围。我国宪法第51条规定：“中华人民共和国公民在行使自由和权利的时候，不得损害国家的、社会的、集体的利益和其他公民的合法的自由和权利。”根据权利和义务的紧密关联性，义务的履行同样也要遵循这一原则。B选项正确。

探望权在我国现有的法律体系中并未明文规定，其内容内含于父母子女关系中，但父母可以选择放弃对子女的探望。它不是一项义务，不是必须作为或不作为的法律约束。C选项错误。

根据义务的不同，义务可分为积极义务和消极义务。义务人必须根据权利的内容作出一定的行为，在法学上被称作“作为义务”或“积极义务”（如赡养父母、抚养子女、纳税、服兵役等）。义务人不得作出一定行为的义务，被称为“不作为义务”或“消极义务”。本题中，许某与林某的协议中约定，许某对林某的探望权有协助的义务，这是积极义务；同时，该协助义务还包括不妨碍林某探望孩子的行为，这是消极义务。D选项正确。

2. **【答案】** B

【解析】 法律文件包括规范性法律文件和非规范性法律文件，二者表述的内容均是法，区别在于：(1) 适用主体不同。规范性法律文件的适用主体是不特定，而规范性法律文件适用的主体是特定；(2) 法律效力不同。规范性法律文件具有普遍效力，可以在不同案件中反复适用，而非规范性法律文件只对特定主体有效，不具有普遍约束力。判决书、裁定书、逮捕证、许可证、合同等均是非规范性法律文件。因此，A选项错误。

根据相对应的主体范围，法律义务可分为绝对义务和相对义务。绝对义务又称“对世义务”，其对应的是不特定的主体（权利人），而相对义务又称“对人义务”，其对应的是特定的主体（权利人）。B选项中，甲和乙对小琳的抚养义务对应的权利人是小琳，所以该义务是相对义务。因此，B选项正确。

本案中，判决是法律事实，在原被告之间形成了特定的法律关系，即双方之间的法律权利义务关系。甲和乙有支付抚养费的法律义务，甲母有要求甲和乙支付抚养费的法律权利。因此，C选项错误。

原告（甲母）、被告（甲和乙）和法院均是民事诉讼法律关系的主体，但小琳不是民事诉讼法律关系的主体。因此，D选项错误。

第九节　法律责任

【考点】法律责任竞合

【答案】BD

【解析】法律责任竞合，是指由于某种法律事实的出现，导致两种或两种以上的法律责任的出现，这些责任之间相互冲突，而又不能同时追究，只能追究其一。本案中，若李某罪名成立，其既要承担民事责任，又要承担刑事责任，两个责任可以同时存在，因此不存在法律责任的竞合。A选项错误。

本案中，李某与王某间的借款合同法律关系是基于二人之间的借款行为，借款行为是一种合法行为。因此，二人之间的借款合同法律关系属于调整性法律关系。B选项正确。

一个法律事实可以引起多种法律关系的产生、变更或消灭。有时，两个或两个以上的法律事实引起同一个法律关系的产生、变更或消灭。在法学上，人们常常把两个或两个以上的法律事实构成的一个相关的整体，称为“事实构成”。本案中，王某的起诉和法院的受理均是引起民事诉讼法律关系产生的法律事实。C选项错误。

法律责任的免除，也称免责，是指法律责任由于出现法定条件被部分或全部地免除。我国法律规定和实践中，有时效免责、不诉及协议免责、自首和立功免责、因履行不能免责等几种免责。本案中，王某可以在法律允许的范围内和李某协商免除其部分责任。此为协议免责。D选项正确。

第二章 法的运行

第一节 立法

【考点】立法原则

【考点点拨】立法原则：法治原则（合宪合法性原则）、民主原则、科学原则（从实际出发、原则性与灵活性相结合）。

某市政府为缓解拥堵，经充分征求广大市民意见，做出车辆限号行驶的规定。但同时明确，接送高考考生、急病送医等特殊情况未按号行驶的，可不予处罚。关于该免责规定体现的立法基本原则，下列哪一选项是不准确的？（ ）（2011—1—10，单选）

A. 实事求是、从实际出发　　B. 民主立法

C. 注重效率　　D. 原则性与灵活性相结合

【考点】立法程序

【考点点拨】全国人大及其常委会的立法程序主要包括以下四个步骤：提案、审议、表决通过、公布。

1. 根据《宪法》和《立法法》规定，关于法律案的审议，下列哪些选项是正确的？（ ）（2017—1—63。多选）
   A. 列入全国人大会议议程的法律案，由法律委员会根据各代表团和有关专门委员会的审议意见，对法律案进行统一审议，向主席团提出审议结果报告和法律草案修改稿
   B. 列入全国人大会议议程的法律案，在交付表决前，提案人要求撤回的，应说明理由，经主席团同意并向大会报告，对法律案的审议即行终止
   C. 列入全国人大常委会会议议程的法律案，因调整事项较为单一，各方面意见比较一致的，也可经一次常委会会议审议即交付表决
   D. 列入全国人大常委会会议议程的法律案，因暂不付表决经过两年没有再次列入常委会会议议程审议的，由委员长会议向常委会报告，该法律案终止审议
2. 根据《宪法》和法律的规定，关于立法权权限和立法程序，下列选项正确的是：（ ）（2013—1—89，不定项）
   A. 全国人大常委会在人大闭会期间，可以对全国人大制定的法律进行部分补充和修改，但不得同该法律的基本原则相抵触
   B. 全国人大通过的法律由全国人民代表大会主席团予以公布
   C. 全国人大法律委员会审议法律案时，应邀请有关专门委员会的成员列席会议，发表意见
   D. 列入全国人大常委会会议议程的法律案，除特殊情况外，应当在举行会议七日前将草案发给常委会组成人员
3. 根据《宪法》和《立法法》规定，关于全国人大常委会委员长会议，下列哪些选项是正确的？（ ）（2011—1—61，多选）
   A. 委员长会议可以向常委会提出法律案
   B. 列入常委会会议议程的法律案，一般应当经 3 次委员长会议审议后再交付常委会表决
   C. 经委员长会议决定，可以将列入常委会会议议程的法律案草案公布，征求意见

D. 专门委员会之间对法律草案的重要问题意见不一致时，应当向委员长会议报告

第二节 法的实施

法的实施包括：执法（法的执行）、司法（法的适用）、守法（法的遵守）和法律监督。

【考点】司法

1. 卡尔·马克思说："法官是法律世界的国王，法官除了法律没有别的上司。"对于这句话，下列哪一理解是正确的？（　　）（2015－1－14，单选）

A. 法官的法律世界与其他社会领域（政治、经济、文化等）没有关系

B. 法官的裁判权不受制约

C. 法官是法律世界的国王，但必须是法律的奴仆

D. 在法律世界中（包括在立法领域），法官永远是其他一切法律主体（或机构）的上司

2. 近年来，我国部分地区基层法院在民事审判中试点"小额速裁"，对法律关系单一、事实清楚、争议标的额不足1万元的民事案件，实行一审终审制度。关于该审判方式改革体现出的价值取向，下列哪些说法是正确的？（　　）（2011－1－54，多选）

A. 节约司法成本　　B. 促进司法民主

C. 提高司法效率　　D. 推行司法公开

【考点】法律监督

律师潘某认为《母婴保健法》与《婚姻登记条例》关于婚前检查的规定存在冲突，遂向全国人大常委会书面提出了进行审查的建议。对此，下列哪一说法是错误的？（　　）（2015－1－11，单选）

A.《母婴保健法》的法律效力高于《婚姻登记条例》

B. 如全国人大常委会审查后认定存在冲突，则有权改变或撤销《婚姻登记条例》

C. 全国人大相关专门委员会和常务委员会工作机构需向潘某反馈审查研究情况

D. 潘某提出审查建议的行为属于社会监督

第三节 法适用的一般原理

【考点】法适用的目标

【考点点拨】法适用的最直接的目标是获得一个合理的法律决定，"合理的"包含具有可预测性（合法性）和正当性（合理性）两方面的含义。如果法律决定的可预测性与正当性之间发生冲突，法律人应努力在二者之间寻找一个最佳的结合点（尽可能兼顾二者）；在个案处理中，因为可预测性具有初始的优先性，决定者应首先坚持可预测性。

"法律人适用法律的最直接目标就是要获得一个合理的决定。在法治社会，所谓合理的法律决定就是指法律决定具有可预测性和正当性。"对于这一段话，下列说法正确的是（　　）（2014－1－92，不定项）

A. 正当性是实质法治的要求

B. 可预测性要求法律人必须将法律决定建立在既存的一般性的法律规范的基础上

C. 在历史上，法律人通常借助法律解释方法缓解可预测性与正当性之间的紧张关系

D. 在法治国家，法律决定的可预测性是理当崇尚的一个价值目标

【考点】法适用的步骤

【考点点拨】法适用的三步骤：大前提（法律规范）、小前提（案件事实）、结论。

1. 据《二刻拍案惊奇》，大儒朱熹做知县时专好锄强扶弱。一日有百姓诉称："有乡绅夺去祖先坟茔作了自家坟地"。朱熹知当地颇重风水，常有乡绅强占百姓风水吉地之事，遂亲往踏勘。但见坟地山环水绕，确是宝地，遂问之，但乡绅矢口否认。朱熹大怒，令掘坟取证，见青石一块，其上多有百姓祖先名字。朱熹遂将坟地断给百姓，并治乡绅强占田土之罪。殊不知青石是那百姓暗中埋下的，朱熹一片好心办了错案。对此，下列说法正确的是：（　　）（2017－1－90，不定项）

A. 青石上有百姓祖先名字的生活事实只能被建构为乡绅夺去百姓祖先坟茔的案件事实

B. "有乡绅夺去祖先坟茔作了自家坟地"是一个规范语句

C. 勘查现场是确定案件事实的必要条件，但并非充分条件

D. 裁判者自身的价值判断可能干扰其对案件事实的认定

2. 关于法的适用，下列哪一说法是正确的？（　　）（2015－1－15，单选）

A. 在法治社会，获得具有可预测性的法律决定是法的适用的唯一目标

B. 法律人查明和确认案件事实的过程是一个与规范认定无关的过程

C. 法的适用过程是一个为法律决定提供充足理由的法律证成过程

D. 法的适用过程仅仅是运用演绎推理的过程

【考点】法律证成

【考点点拨】法律证成包括内部证成和外部证成。内部证成，证明法律决定（结论）是按照推理规则逻辑推导出来的；外部证成，是对法律决定的大小前提所进行的证明。

1. 王某在未依法取得许可的情况下购买氰化钠并存储于车间内，被以非法买卖、存储危险物质罪提起公诉。法院认为，氰化钠对人体和环境具有极大毒害性，属于《刑法》第125条第2款规定的毒害性物质，王某未经许可购买氰化钠，虽只有购买行为，但刑法条文中的"非法买卖"并不要求兼有买进和卖出的行为，王某罪名成立。关于该案，下列说法正确的是：（　　）（2016－1－89，不定项）

A. 法官对"非法买卖"进行了目的解释

B. 查明和确认"王某非法买卖毒害性物质"的过程是一个与法律适用无关的过程

C. 对"非法买卖"的解释属于外部证成

D. 内部证成关涉的是从前提到结论之间的推论是否有效

2. 中学生小张课间打篮球时被同学小黄撞断锁骨，小张诉请中学和小黄赔偿1.4万余元。法院审理后认为，虽然2被告对原告受伤均没有过错，不应承担赔偿责任，但原告毕竟为小黄所撞伤，该校的不当行为也是伤害事故发生的诱因，且原告花费1.3万余元治疗后尚未完全康复，依据公平原则，法院酌定被告各补偿3000元。关于本案，下列哪一判断是正确的？（　　）（2012－1－12，单选）

A. 法院对被告实施了法律制裁

B. 法院对被告采取了不诉免责和协议免责的措施

C. 法院做出对被告有利的判决，在于对案件事实与规范间关系进行了证成

D. 被告承担法律责任主要不是因为行为与损害间存在因果关系

第四节　法律解释

【考点】法律解释的分类

【考点点拨】法律解释的分类：正式解释和非正式解释

某法院在一起疑难案件的判决书中援引了法学教授叶某的学说予以说理。对此，下列哪些说法是正确的？（ ）（2015－1－57，多选）

A. 法学学说在当代中国属于法律原则的一种

B. 在我国，法学学说中对法律条文的解释属于非正式解释

C. 一般而言，只能在民事案件中援引法学学说

D. 参考法学学说有助于对法律条文作出正确理解

【考点】法律解释方法

【考点点拨】法律解释的方法：文义解释、体系解释、主观目的解释、客观目的解释、历史解释、比较解释。

1. 张某出差途中突发疾病死亡，被市社会保障局认定为工伤。但张某所在单位认为依据《工伤保险条例》，只有"在工作时间和工作岗位突发疾病死亡"才属于工伤，遂诉至法院。法官认为，张某为完成单位分配任务，须经历从工作单位到达出差目的地这一过程，出差途中应视为工作时间和工作岗位，故构成工伤。关于此案，下列哪些说法是正确的？（ ）（2015－1－59，多选）

A. 解释法律时应首先运用文义解释方法

B. 法官对条文作了扩张解释

C. 对条文文义的扩张解释不应违背立法目的

D. 一般而言，只有在法律出现漏洞时才需要进行法律解释

2. 李某在某餐馆就餐时，被邻桌互殴的陌生人误伤。李某认为，依据《消费者权益保护法》第7条第1款中"消费者在购买、使用商品和接受服务时享有人身、财产安全不受损害的权利"的规定，餐馆应负赔偿责任，据此起诉。法官结合该法第7条第2款中"消费者有权要求经营者提供的商品和服务，符合保障人身、财产安全的要求"的规定来解释第7条第1款，认为餐馆对商品和服务之外的因素导致伤害不应承担责任，遂判决李某败诉。对此，下列哪一说法是不正确的？（ ）（2013－1－13，单选）

A. 李某的解释为非正式解释

B. 李某运用的是文义解释方法

C. 法官运用的是体系解释方法

D. 就不同解释方法之间的优先性而言，存在固定的位阶关系

3. 2003年7月，年过七旬的王某过世，之前立下一份"打油诗"遗嘱："本人已年过七旬，一旦病危莫抢救；人老病死本常事，古今无人寿长久；老伴子女莫悲愁，安乐停药助我休；不搞哀悼不奏乐，免得干扰邻和友；遗体器官若能用，解剖赠送我原求；病体器官无处要，育树肥花环境秀；我的一半财产权，交由老伴可拥有；上述遗愿能实现，我在地下乐悠悠。"
对于王某遗嘱中"我的一半财产权"所涉及的住房，指的是"整个房子的一半"，还是"属于父亲份额的一半"，家人之间有不同的理解。儿子认为，父亲所述应理解为母亲应该继承属于父亲那部分房产的一半，而不是整个房产的一半。王某老伴坚持认为，这套房子是其与丈夫的共同财产，自己应拥有整个房产（包括属于丈夫的另一半房产）。关于该案，下列哪一说法是正确的？（ ）（2012－1－11，单选）

A. 王某老伴与子女间的争议在于他们均享有正式的法律解释权

B. 王某老伴与子女对遗嘱的理解属于主观目的解释

C. 王某遗嘱符合意思表示真实、合法的要求

D. 遗嘱中的“我的一半财产权”首先应当进行历史解释

4. 法律解释是法律适用中的必经环节。关于法律解释及其方法，下列哪一说法是错误的？（　　）（2010－1－10，单选）

A. “欲寻词句义，应观上下文”，描述的是体系解释方法

B. 文义解释是首先考虑的解释方法，相对于其他解释方法具有优先性

C. 历史解释的对象主要是法律问题中的历史事实，与特定解决方案中的法律后果无关

D. 客观目的解释中，一些法伦理性的原则可以作为解释的根据

【考点】当代中国的法律解释体制

1. 《全国人民代表大会常务委员会关于〈中华人民共和国刑法〉第一百五十八条、第一百五十九条的解释》中规定：“刑法第一百五十八条、第一百五十九条的规定，只适用于依法实行注册资本实缴登记制的公司。”关于该解释，下列哪一说法是正确的？（　　）（2016－1－13，单选）

A. 效力低于《刑法》　　B. 全国人大常委会只能就《刑法》作法律解释

C. 对法律条文进行了限制解释　　D. 是学理解释

2. 关于我国司法解释，下列哪些说法是错误的？（　　）（2014－1－54，多选）

A. 林某认为某司法解释违背相关法律，遂向全国人大常委会提出审查建议，这属于社会监督的一种形式

B. 司法解释的对象是法律、行政法规和地方性法规

C. 司法解释仅指最高法院对审判工作中具体应用法律、法令问题的解释

D. 全国人大法律委员会和有关专门委员会经审查认为司法解释同法律规定相抵触的，可以直接撤销

3. 我国某省人大常委会制定了该省的《食品卫生条例》，关于该地方性法规，下列哪些选项是不正确的？（　　）（2010－1－8改，多选）

A. 该法规所规定的内容主要属于行政法部门

B. 该法规属于我国法律的正式渊源，法院审理相关案件时可直接适用

C. 该法规的具体应用问题，应由该省人大常委会进行解释

D. 该法规虽仅在该省范围适用，但从效力上看具有普遍性，属于行政解释

第五节　法律推理

【考点】法律推理的概念

【考点点拨】法律推理的概念。法律推理是以法律以及法学中的理由为基础的，要受现行法律的约束，其核心主要是为法律结论是否正确或妥当提供正当性理由。

2007年，张某请风水先生选了块墓地安葬亡父，下葬时却挖到十年前安葬的刘某父亲的棺木，张某将该棺木锯下一角，紧贴着安葬了自己父亲。后刘某发觉，以故意损害他人财物为由起诉张某，要求赔偿损失以及精神损害赔偿。对于此案，合议庭意见不一。法官甲认为，下葬棺木不属于民法上的物，本案不存在精神损害。法官乙认为，张某不仅要承担损毁他人财物的侵权责任，还要因其行为违背公序良俗而向刘某支付精神损害赔偿金。对此，下列哪些说法是正确的？（　　）（2010－1－53，多选）

A. 下葬棺木是否属于民法上的物，可以通过“解释学循环”进行判断

B. “入土为安，死者不受打扰”是中国大部分地区的传统，在一定程度上可以成为法律

推理的前提之一

C. “公序良俗”属伦理范畴，非法律规范，故法官乙推理不成立

D. 当地群众对该事件的一般看法，可成为判断刘某是否受到精神损害的因素之一

【考点】法律推理的种类

【考点点拨】法律推理的种类：演绎推理、归纳推理、类比推理、设证推理、反向推理、当然推理。法律推理的种类是考察的重点。

1. 某法院在审理一起合同纠纷案时，参照最高法院发布的第15号指导性案例所确定的“法人人格混同”标准作出了判决。对此，下列哪一说法是正确的？（ ）（2017－1－11，单选）

A. 在我国，指导性案例是正式的法的渊源

B. 判决是规范性法律文件

C. 法官在该案中运用了类比推理

D. 在我国，最高法院和各级法院均可发布指导性案例

2. 在宋代话本小说《错斩崔宁》中，刘贵之妾陈二姐因轻信刘贵欲将她休弃的戏言连夜回娘家，路遇年轻后生崔宁并与之结伴同行。当夜盗贼自刘贵家盗走15贯钱并杀死刘贵，邻居追赶盗贼遇到陈、崔二人，因见崔宁刚好携带15贯钱，遂将二人作为凶手捉拿送官。官府当庭拷讯二人，陈、崔屈打成招，后被处斩。关于该案，下列哪一说法是正确的？（ ）（2016－1－12，单选）

A. 话本小说《错斩崔宁》可视为一种法的非正式渊源

B. 邻居运用设证推理方法断定崔宁为凶手

C. “盗贼自刘贵家盗走15贯钱并杀死刘贵”所表述的是法律规则中的假定条件

D. 从生活事实向法律事实转化需要一个证成过程，从法治的角度看，官府的行为符合证成标准

3. 徐某被何某侮辱后一直寻机报复，某日携带尖刀到何某住所将其刺成重伤。经司法鉴定，徐某作案时辨认和控制能力存在，有完全的刑事责任能力。法院审理后以故意伤害罪判处徐某有期徒刑10年。关于该案，下列哪些说法是正确的？（ ）（2015－1－58，多选）

A. “徐某作案时辨认和控制能力存在，有完全的刑事责任能力”这句话包含对事实的法律认定

B. 法院判决体现了法的强制作用，但未体现评价作用

C. 该案中法官运用了演绎推理

D. “徐某被何某侮辱后一直寻机报复，某日携带尖刀到何某住所将其刺成重伤”是该案法官推理中的大前提

第六节 法律漏洞的填补

【考点】法律漏洞的概念和分类

【考点点拨】（1）**法律漏洞**，是指关于某个法律问题，法律依照其规范目的应该有明文规定，却未予规定。

（2）法律漏洞分类结构图

（一）是否完全规定	1. 全部漏洞：关于某法律问题，完全未规定，即“立法空白”
	2. 部分漏洞：法律有所规定，但规定不完整

续表

（二）漏洞的表现形态	1. 明显漏洞：应积极加以规定却未规定	
	2. 隐藏漏洞：应规定例外情况，却未规定	
（三）漏洞的产生时间	1. 自始漏洞（立法时就存在）	(1) 明知漏洞：立法者已知而故留
		(2) 不明知漏洞：立法者因主观而不知
	2. 嗣后漏洞：因社会发展而显现	

原告谢某星、赖某之子谢某超在被告太阳城公司游泳池游泳时，因游泳池管理不善，溺水而死，原告提起诉讼，要求赔偿损失。法院审理后，发现对于溺水死亡的赔偿标准，法律并无规定，认为应当参照《道路交通事故处理办法》的规定，分别赔偿死亡赔偿金、丧葬费、被扶养人生活补助费。被告对此予以认同。针对本案，下列说法中，错误的是（　　）

A. 法律对溺水死亡的赔偿标准未予规定，此为明显漏洞、嗣后漏洞、明知漏洞

B. 本案中，法官采用了类推方法弥补了法律漏洞

C. 本案中，法官采用了扩大解释的方法

D. 本案中，《道路交通事故处理办法》属于我国非正式的法律渊源

【考点】法律漏洞的填补

【考点点拨】目的论扩张弥补明显法律漏洞，目的论限缩弥补隐藏法律漏洞。

张某向民政局申请和自己亲表妹结婚而被拒绝，一怒之下，张某把民政局告上法庭。张某认为，婚姻法之所以禁止三代以内的旁系血亲结婚，主要是考虑到优生优育的生育政策，而自己已经做了绝育手术，民政局应该准许自己的结婚登记。法官甲认为，虽然法律明确规定"禁止三代以内旁系血亲结婚"，但该法律规定的目的主要是为了后代的优生优育，而张某已经做了绝育手术，允许其和表妹结婚并不违背法律的规范目的，判决民政局败诉。下列说法中，正确的是（　　）

A. 法官甲在本案中对《婚姻法》的解释属于正式的法律解释

B. 法官甲认为《婚姻法》有关"三代以内旁系血亲禁止结婚"规定存在法律明显漏洞

C. 法官甲采用了目的论限缩方法填补法律漏洞

D. 法官甲采用目的论限缩方法填补法律漏洞，主要是基于"同案同判"

参考答案及解析

第一节　立法

【考点】立法原则

【答案】C

【解析】立法原则是指导立法主体进行立法活动的基本准则，是立法过程中应当遵守的指导思想，包括（1）法治原则（即合宪性与合法性原则），是指立法活动应当遵循宪法，依照法定的权限和程序，从国家整体利益出发，维护社会主义法制的统一和尊严。（2）民主原则，是指立法应当体现人民意志和要求，保障人民通过各种途径参与立法，立法过程应当具有开放性、透明度，坚持人民群众路线。（3）科学原则，是指立法应当从实际出发，适应经济社会发展和全面深化改革的要求，根据客观情况立法，坚持立法中的原则性与灵活性结合原则。选项A说法正确。为治堵而限行，因特殊状况而免罚，反映了实事求是、从实际出发原则。

选项B说法正确。“经充分征求广大市民意见”体现了民主立法原则。

选项C说法错误。效率并非立法活动的原则，相对于效率来说，立法活动更注重公平。

选项D说法正确。本题中，市政府既以坚持车辆限号行驶的规定为原则，又以接送高考考生、急病送医等特殊情况未按号行驶的，可不予处罚为例外的灵活性规定为补充，充分体现了原则性与灵活性相结合的立法原则。

【考点】立法程序

1. 【答案】ABCD

【解析】A选项正确。根据《立法法》第20条规定，列入全国人大会议议程的法律案，由法律委员会根据各代表团和有关专门委员会的审议意见，对法律案进行统一审议，向主席团提出审议结果报告和法律草案修改稿。

B选项正确。根据《立法法》第22条规定，列入全国人大会议议程的法律案，在交付表决前，提案人要求撤回的，应说明理由，经主席团同意并向大会报告，对法律案的审议即行终止。

C选项正确。根据《立法法》第30条规定，列入全国人大常委会会议议程的法律案，因调整事项较为单一，各方面意见比较一致的，也可经一次常委会会议审议即交付表决。

D选项正确。根据《立法法》第42条规定，列入全国人大常委会会议议程的法律案，因暂不付表决经过两年没有再次列入常委会会议议程审议的，由委员长会议向常委会报告，该法律案终止审议。

2. 【答案】AD

【解析】《宪法》第67条规定：“全国人民代表大会常务委员会行使下列职权：在全国人民代表大会闭会期间，对全国人民代表大会制定的法律进行部分补充和修改，但是不得同该法律的基本原则相抵触。”据此，A项正确。

《宪法》第80条规定：“中华人民共和国主席根据全国人民代表大会的决定和全国人民代表大会常务委员会的决定，公布法律……”据此，全国人大及其常委会通过的法律均由国家主席予以公布，故B项的表述错误。根据我国的宪法惯例，宪法修正案一般由全国人大主席团予以公布。

《立法法》第31条第2款规定：“法律委员会审议法律案时，可以邀请有关的专门委员会的成员列席会议，发表意见。”据此，C项“应邀请”的表述错误。

《立法法》第26条规定：“列入常务委员会会议议程的法律案，除特殊情况外，应当在会议举行的七日前将法律草案发给常务委员会组成人员。”据此，D项正确。

3. 【答案】AD

【解析】选项A正确。《立法法》第二十四条第一款规定，委员长会议可以向常务委员会提出法律案，由常务委员会会议审议。

选项B错误。《立法法》第二十七条第一款规定，列入常务委员会会议议程的法律案，一般应当经三次常务委员会会议审议后再交付表决。据此可知，应当由常委会审议，而非委员长会议审议。

选项C错误。《立法法》第三十五条规定，列入常务委员会会议议程的重要的法律案，经委员长会议决定，可以将法律草案公布，征求意见。各机关、组织和公民提出的意见送常务委员会工作机构。据此可知，经委员长会议决定，可以将法律草案公布，征求意见的草案仅仅是列入常务委员会会议议程的重要的法律案。

选项D正确。《立法法》第三十三条规定，专门委员会之间对法律草案的重要问题意见不一致时，应当向委员长会议报告。

第二节 法的实施

【考点】司法

1. 【答案】C

【解析】法律适用是一个在事实和规范间来回循环考察的过程，法官必须把当事人向他描述的生活事实进行整理而转化为"法律事实"，因此，法官的法律世界与其他社会领域（政治、经济、文化等）必然是相互关联的，A选项错误。法官独立行使裁判权，但并不意味着不受制约，必须依法裁判。在我国依照宪法和法律规定，司法机关还要向权力机关负责，因此B选项错误。法官尽管是法律世界的国王，但必须服从法律，依法裁判，做法律的奴仆，因此C选项正确。在法律世界中，立法者、法官、检察官、律师等主体之间只是分工不同，法律职业共同体之间并无高低贵贱之分。法官在法律适用的过程中，相对于检察官和律师双方，其处于中立地位作出法律决定，但并不意味着他凌驾于法律之上，更不意味着他是其他一切法律主体（或机构）的上司。因此D选项错误。

2. 【答案】AC

【解析】选项A正确。司法效率，是指司法资源的投入与办结案件及质量之间的比例关系，是解决司法资源如何配置的问题。司法效率追求的是以尽可能合理、节约的司法资源（司法成本），谋取最大限度地对社会公平和正义的保障和对社会成员合法权益的保护。提高司法效率，就要求人民法院和人民法官履行职责时，在坚持司法公正的前提下，认真、及时、有效地工作，尽可能地缩短诉讼周期，降低诉讼成本，力求在法定期限内尽早结案，取得最大的法律效果和社会效果。实行"小额速裁"，一审终审，加快纠纷的解决，提高了司法效率，节约了司法成本。故选项A、C正确。

选项B错误。司法的民主性是指司法应充分体现人民的意志和利益，审判活动应体现民主性，并应受到人民的有效监督。本题涉及到司法成本与司法效率，没有提及司法民主。

选项D错误。审判公开，意味着让特定的人或者不特定的人了解司法活动的内容、过程，以及司法活动中的诉讼文书、证据材料，从而使司法活动在不同程度上为社会大众所知晓。本题涉及的是司法成本与司法效率的问题，没有提及审判公开。

【考点】法律监督

【答案】B

【解析】《母婴保健法》属于法律，而《婚姻登记条例》属于行政法规。根据法律高于行政法规的原则，《母婴保健法》效力高于《婚姻登记条例》，A选项正确。

根据《立法法》第100条，全国人大常委会审查后认定国务院制定的《婚姻登记条例》与《母婴保健法》存在冲突，可以向条例制定机关国务院提出书面审查意见、研究意见；国务院应当在两个月内研究提出是否修改，并向全国人大常委会反馈。如果国务院不予修改，全国人大法律委员会等机构应向委员长会议提出予以撤销的议案、建议，由委员长会议提请常务委员会会议审议。因此，全国人大常委会不能直接改变或撤销，B选项错误。

根据《立法法》第101条，全国人大相关专门委员会和常务委员会工作机构需向潘某反馈审查研究情况，C选项正确。

社会监督，即非国家机关的监督，指由各政党、各社会组织和公民依照宪法和有关法律，对各种法律活动的合法性所进行的监督。潘某提出审查建议的行为属于社会监督中的公民监督，D选项正确。

第三节 法适用的一般原理

【考点】 法适用的目标

【答案】 ABCD

【解析】 选项A正确。在法治社会，所谓“合理的法律决定”就是指法律决定具有可预测性和正当性。形式法治重视法的确定性和形式要件，即法的稳定性、明确性；实质法治不仅强调法的形式要件，也注重法律内容的正确性。可以说，法律决定的可预测性是形式法治的要求，它的正当性是实质法治的要求。

B、D选项正确。可预测性意味着做法律决定的人在做决定的过程中应该尽可能地避免武断和恣意。这就是要求必须将法律决定建立在既存的一般性的法律规范的基础上，而且必须要按照一定的方法适用法律规范。对在特定的一个时间段内的特定国家的法律人来说，法律决定的可预测性具有初始的优先性。因为对于特定国家的法律人来说，首先应当考虑的是法律的可预测性。

C选项正确。法律决定的可预测性与正当性之间存在着一定的紧张关系，实质上，这种紧张关系就是形式法治与实质法治之间的紧张关系的一种体现。实质法治概念与形式法治概念的根本区别就在于，前者不仅强调良法的形式标准，更为强调良法的实体标准和价值标准。法律人通过法律解释就是要对一般性法律规范和个别案件适用的缝隙进行缝合，就是要解决规范和事实之间的紧张关系，进而解决法的形式标准和法的正义价值之间的紧张关系。

【考点】 法适用的步骤

1. **【答案】** CD

【解析】 A选项错误。青石上有百姓祖先名字的生活事实，在办案人朱熹思维中被构建成为该坟地属于告状百姓的证据。

B选项错误。规范语句是含有道义助动词的句子，本题中的句子不含有规范助动词，是一个普通的陈述语句。

C选项正确。必要条件是指有结论必有前提，前提并不一定能得出结论。充分条件是指有前提必有结论。本题中，朱熹即使勘查了现场，仍然未能正确确定案件事实，说明勘查现场并不一定能正确办案，仅是正确办案的必要条件而非充分条件。

D选项正确。案件事实并非客观事实，而是由办案人主观建构起来的主观事实，因此其自身的价值判断，形成一种先入为主的成见，可能干扰其对案件事实的认定。

2. **【答案】** C

【解析】 法律人适用法律的最直接的目标就是要获得一个合理的法律决定，合理的法律决定包括可预测性和正当性两个方面。因此A选项错误。

在实际的法律活动中，法律人查明和确认案件事实的过程不是一个纯粹的事实归结过程，而是一个在法律规范与事实之间的循环过程，即目光在事实与规范之间来回穿梭。这是因为法律人要想将一定的规范适用在特定的案件中，就必须要把当事人向他叙述的纯粹生活事实转化为“法律事实”。在这个过程中，法律人必须要对当事人向他叙述的多姿多彩的芜杂的生活事实进行整理、选择、判断。因此，法律人查明和确认案件事实的过程与规范认定密切相关。B选项错误。

C选项正确。法律适用过程也是一个法律证成的过程。因为“证成”可以理解为“证明成立”，即给一个决定提供充足理由的活动或过程。

D选项错误。在法的适用过程中，经常运用的推理形式除了演绎推理之外，还有归纳推理、类比推理、设证推理等形式。

【考点】法律证成

1.【答案】ACD

【解析】目的解释包括主观目的解释和客观目的解释。主观目的解释，又称立法者目的解释，是指根据参与立法的人的意志或立法资料揭示某个法律规定的含义。本案中法官对“非法买卖”进行了主观目的解释。A选项正确。

法律适用过程包括三个步骤：首先，查明和确定案件事实，作为小前提；其次，选择和确定与上述案件事实相符合的法律规范，作为大前提；最后，以整个法律体系的目的为标准，从两个前提中推导出法律决定或判决。查明和确认“王某非法买卖毒害性物质”的过程是一个确定小前提的过程，属于法律适用的一部分。B选项错误。

法律适用过程是一个法律证成过程，包括外部证成和内部证成两个阶段。外部证成，是指对法律决定所依赖的前提的证成。外部证成关注的是前提是否合理。对“非法买卖”的解释属于外部证成。C选项正确。内部证成，是指法律决定必须按照一定的推理规则从相关前提中逻辑地推导出来，关注的是从前提到结论之间的推论是否有效。内部证成是给一个法律决定提供充足理由的活动。D选项正确。内部证成和外部证成密切联系，外部证成就其推理规则而言，也是一个内部证成；内部证成离不开外部证成。外部证成是将一个新的三段论附加在论证的链条中，这个新的三段论是用来支持内部证成中的前提。

2.【答案】C

【解析】法律制裁的前提是违法者不履行其法律责任而强制其履行，而在本案中，并没有到这一步，故A项说法不正确。

不诉及协议免责，是指如果受害人或有关当事人不向法院起诉要求追究行为人的法律责任，行为人的法律责任就实际上被免除，或者受害人与加害人在法律允许的范围内协商同意的免责。而在本案中却没有体现当事人的意志，是法院的直接判决，故B项错误。

法律决定都是法律证成的过程，证成需要目光在事实与规范来回穿梭。C项正确。

被告承担法律责任的主要原因是因为其撞击行为导致了原告的损失，因此存在因果关系，故D项错误。

第四节　法律解释

【考点】法律解释的分类

【答案】BD

【解析】A选项错误。法律原则，是为法律规则提供某种基础或本源的综合性的、指导性的原理或价值准则的一种法律规范。学者的法学学说是对法律现象进行的学理解释，只是一种学术见解，并非法律原则。

B选项正确。法律解释由于解释主体和解释效力的不同，可以分为正式解释与非正式解释。正式解释是由有解释权的人对法律作出的具有普遍约束力的解释；非正式解释，通常也叫学理解释，是由不具有解释权的人对法律作出的不具有普遍约束力的解释。在我国，法学学说只是学者观点，不具有法律约束力，所以法学学说中对法律条文的解释属于非正式解释。

C选项错误。法学学说是学术性或常识性的，不能直接用作执行法律的依据，但在法律适用中还是具有重要的意义和作用，民事、刑事和行政案件中均可以引用法学学说作为说理依据。

D选项正确。在法律条文需要解释时，通过参考法学学说有助于对法律条文作出正确的解释。

【考点】法律解释方法

1. 【答案】ABC

【解析】A选项正确。对于特定国家特定时期的法律人而言，法的可预测性具有初始的优先性。文义解释方法使法律人在作出法律决定时严格受限于制定法；相对于其他法律解释方法，文义解释能够最大限度保证法的确定性和可预测性。文义解释在法律解释中的位阶排在第一位，是法律解释中首先应该适用的方法。

B选项正确。扩张解释，是指在法律条文的字面含义显然比立法原意窄时，作出比字面含义较广的解释。缩小解释，是指在法律条文的字面含义显然比立法原意更宽时，作出比字面含义更窄的解释。本题中法官对“工作时间和工作岗位”作了较字面含义更广的解释，认为“出差途中”属于“工作时间和工作岗位”，因此“出差途中突发疾病”属于工伤，与市社保局的认定一致，做了扩张解释。

C选项正确。在运用文义解释的过程中，如需用到扩大字面含义，也应当符合立法者的立法目的，而不能随意进行扩张解释。

D选项错误。特定国家的法律是以日常语言或借助日常语言而发展出来的术语表达的，这些用语具有歧义性和模糊性，法律适用的过程就是一个法律解释的过程，并非只有在法律出现漏洞时才需要解释。D错误。

2. 【答案】D

【解析】非正式解释是指不具有解释权的人作出的不具有法律约束力的解释。李某的解释不具有法律约束力，故A项表述正确。文义解释，是指按照日常的、一般的或者法律的语言使用方式描述制定法的某个条款的内容。李某对《消费者权益保护法》第7条第1款的理解显然属于文义解释，故B项表述正确。体系解释，也称逻辑解释、系统解释。这是指将被解释的法律条文放在整部法律中乃至整个法律体系中，联系此法条与其他法条的相互关系来解释法律。法官结合第2款的规定来解释第1款，显然运用的是体系解释方法，故C项表述正确。不同法律解释方法之间存在一个位序或位阶关系。首先考虑的是文义解释，最后考虑的往往是客观目的解释。但该位阶关系是初步的，其所确定的各种方法之间的优先性关系是相对的、变化的，而不是绝对的、固定的。不过，法律人在推翻时，必须要充分地论证，提供更强的理由。故D项表述错误。

3. 【答案】C

【解析】根据我国《立法法》和全国人大常委会《关于加强法律解释工作的决议》，对“狭义的法律”有正式解释权的，只有全国人大常委会、最高院、最高检、国务院及其主管部门。A项中王某和子女都不享有法律解释权。A项错误。

主观目的解释又称为立法者目的解释，是根据法律制定时立法者的原意进行解释，B错误。

王某的遗嘱是在其意志自由、头脑清醒的前提下做出的意思表示，根据意思自治原则，应当予以保护，故C项说法正确，当选。

法律解释方法有多种，但对法律进行解释时，应首先采用文义解释，即是指按照日常的、一般的或法律的语言使用方式清晰地描述制定法的某个条款的内容。法律解释的一般顺序为：文义解释→体系解释→立法者目的解释→历史解释→比较解释→客观目的解释（**注意**：这种顺序不是绝对的、固定的，而是相对的、变化的）。D是错误的。

4. 【答案】C

【解析】体系解释是指将法律条文或者法律概念放在整个法律体系中来理解，从整个法律文件或者整个法律体系中来明晰某一具体法律规范或概念的含义，A项表述正确。

文义解释是按照日常的、一般的或法律的语言使用方式清晰地描述制定法的某个条款的内容，文义解释将焦点集中在语言上，而不顾及根据语言解释得出的结果是否公正、合理。文义解释相对于其他解释方法具有优先性，B项表述正确。

历史解释是指通过研究有关立法的历史资料或从新旧法律的对比中了解法律的含义。历史解释的具体内容主要有以下五个：第一，解决正在讨论的法律问题的特定方案在过去曾被实施过；第二，该方案导致了一个法律后果；第三，该法律后果是不合乎社会道德标准的；第四，过去与现在的情形的差异不能充分排除该法律后果在目前的情形下不会出现；第五，该解决方案在目前也许不被提倡。由此可知，历史解释“与特定解决方案中的法律后果”有关，C项表述错误。

客观目的解释，是指根据“理性的目的”或“在有效的法秩序的框架中客观上所指示的”对某个法律规定所作的解释。客观目的解释可以使法律决定与特定社会的伦理与道德要求相一致，从而使法律决定具有最大可能的正当性。故D项正确。主观目的解释关注立法者的意图，客观目的解释关注的是社会的理性目的。

【考点】当代中国的法律解释体制

1. 【答案】C

【解析】该解释是立法解释。立法解释是指全国人大常委会在法律规定需要进一步明确具体含义时，或者法律制定后出现新情况，需要明确法律适用依据时作出的解释。立法解释和所解释法律的效力相同。因此，A选项错误。

全国人大常委会有权对包括《刑法》在内的一切法律进行解释。法律解释草案表决稿由全国人大常委会全体组成人员过半数通过，由全国人大常务委员会公告予以公布。B选项错误。

文义解释，是指从法律条文所运用的语言的含义来说明法律规定的内容。根据解释尺度的不同，被分为字面解释、限制解释与扩大解释三种。字面解释是指严格按照字面意思进行解释；限制解释，又称“缩小解释”“限缩解释”，是当法律条文的字面含义广于立法原义时，作出比字面含义更为狭窄的解释。限制解释之所以必要，是因为有的法律条文的用词，其含义比立法者所要表达的含义范围要广泛，如不做限制解释，对这一法律条文的理解就不符合立法的意愿。该解释把《刑法》第158条和159条规定的虚报注册资本罪和虚假出资、抽逃出资罪限制于实行注册资本实缴登记制的公司，恰恰体现了立法的本意。因此，C选项正确。

本题中的解释是立法解释，是国家机关的解释，是正式解释。因此，D选项错误。

2. 【答案】BCD

【解析】法律监督体系分为国家法律监督体系和社会法律监督体系。国家机关的监督，包括国家权力机关、行政机关和司法机关的监督。社会监督，即非国家机关的监督，指由各政党、各社会组织和公民依照宪法和法律，对各种法律活动的合法性所进行的监督。《各级人民代表大会常务委员会监督法》第31条规定，最高人民法院、最高人民检察院作出的属于审判、检察工作中具体应用法律的解释，应当自公布之日起三十日内报全国人民代表大会常务委员会备案。国务院、中央军委、最高院、最高检、省级人大常委会认为司法解释违背相关法律，可向全国人大常委会提出书面审查的要求，其他国家机关和社会团体、企业事业组织以及公民认为司法解释同法律规定相抵触的，可以向全国人民代表大会常务委员会书面提出进行审查的建议，由常务委员会工作机构进行研究，必要时，送有关专门委员会进行审查、提出意见。因此，如果认为司法解释违背法律，公民个人也可以向全国人大常委会提出审查建议，该做法属于社会监督形式。因此选项A说法正确。

司法解释包括审判解释和检察解释。审判解释是由最高人民法院对凡属于法院审判工作中具体应用法律、法令的问题所作出的解释；检察解释是指由最高人民检察院对凡属于检察院检察工作中具体应用法律、法令的问题所作出的解释。司法解释的对象不包括行政法规和地方性法规。因此B、C选项说法错误。

《各级人民代表大会常务委员会监督法》第33条规定，全国人民代表大会法律委员会和有关专门委员会经审查认为最高人民法院或者最高人民检察院作出的具体应用法律的解释同法律规定相抵触，而最高人民法院或者最高人民检察院不予修改或者废止的，可以提出要求最高人民法院或者最高人民检察院予以修改、废止的议案，或者提出由全国人民代表大会常务委员会作出法律解释的议案，由委员长会议决定提请常务委员会审议。据此可知，全国人大法律委员会和有关专门委员会经审查认为司法解释同法律规定相抵触的，不可以直接撤销。D选项说法错误。

3. 【答案】CD

【解析】法律调整的对象上来看，当代中国的法律体系主要有七个法律部门组成：宪法，民商法学，刑法，行政法，经济法，社会法，诉讼与非诉讼程序法。《食品安全条例》主要是调整行政机关与行政相对人（食品的生产者经营者等）之间的管理关系，属于行政法领域，A项表述正确。

该省人大常委会制定的《食品卫生条例》是地方性法规，属于我国法的正式渊源，法院在审理相关案件时可以直接适用法的正式渊源。B项表述正确。

地方性法规条文本身需要进一步明确界限或作补充规定的，由制定法规的省级或设区市级人大常委会进行解释或作出规定。凡属于地方性法规如何具体应用的问题，由制定法规的同级人民政府主管部门进行解释。由此可知，本题中的地方性法规，其具体应用问题应由该省人民政府主管部门进行解释，C项表述错误。

地方性法规在该省范围内具有普遍适用性，但其并非行政解释。行政解释，是指国家行政机关在行政管理活动中，对有关法律法规如何具体应用贯彻的问题所作的说明。D项错误。

第五节 法律推理

【考点】法律推理的概念

【答案】ABD

【解析】法律解释活动会受到解释学循环规律和前理解的影响和制约。在解释法律条文时，可通过“解释学循环”来确定某些词语的意义，即整体只有通过理解它的部分才得到理解，而对部分的理解又只能通过对整体的理解才能达到。因此，在解释下葬棺木是否属于民法上的物，可以通过“解释学循环”进行判断，A项正确。

“入土为安，死者不受打扰”是中国大部分地区的传统，属于一种风俗习惯，属于法的非正式渊源，在一定程度上可以成为法律推理的前提，B项正确。

《民法总则》第八条规定，民事主体从事民事活动，不得违反法律，不得违背公序良俗。可见公序良俗已经从伦理规范上升到法律规范，C项错误。

刘某是否受到精神损害，属于一般人的标准，取决于当地群众对该事件的一般看法，如果当地群众的一般看法是刘某不孝无能等等，则会很大程度上影响刘某的精神状态，故D项正确。

【考点】法律推理的种类

1. 【答案】C

【解析】我国正式的法的渊源包括宪法、法律和国际条约等，指导性案例是法的非正式渊源。最高人民法院发布的指导性案例，地方各级人民院应当参照。A选项错误。

规范性法律文件针对不特定的一类人或一类事，可以被反复适用。判决针对特定的人与事，不能被反复适用，是非规范性法律文件。B选项错误。

法律类比推理，是根据两个案例在法律事实方面具有某些相似性，从而将其中一个案例的法律后果也适用于另一个案件的推论。简称类推、类比。它是以关于两个事物某些属性相同的判断为前提，推出两个事物的其他属性相同的结论的推理。法官参照指导性案例，从指导性案例与在审中的合同纠纷存在的相似性出发，推导出在审案件可以适用指导性案例的“法人人格混同”标准，这正是类比推理的过程。C选项正确。

在我国只有最高人民法院可以发布指导性案例。D选项错误。

2. 【答案】B

【解析】话本小说《错斩崔宁》只记述了一个案例，不能作为法官判决的依据或大前提，不是一种法的渊源。因此，A选项错误。

设证推理是对从所有能够解释事实的假设中优先选择一个假设的推论。其推理的一般形式是：(1) 如果M为真，那么N是当然的结果；(2) 现在，存在N；(3) 所以，M是真实的。本案中，邻居的推理形式如下：(1) 盗贼自刘贵家盗走15贯钱并杀死刘贵；(2) 崔宁刚好携带15贯钱；(3) 崔宁是盗贼和凶手。某种程度上，设证推理是根据已经发生的结果，“反推”原因。因此，B选项正确的。

C选项中“盗贼自刘贵家盗走15贯钱并杀死刘贵”所表述的是案件事实，并不是法律规则，更不可能是法律规则中的假定条件。所以，C选项错误。

从生活事实向法律事实转化需要一个证成过程，但是，从现代法治的角度看，本案中，官府并非通过合适的推理过程和相关证据，而是通过刑讯逼供的方式，证明崔宁盗窃刘贵15贯钱并杀害了刘贵的行为。这种行为违反了证成的标准。D选项错误。

3. 【答案】AC

【解析】A选项正确。徐某做案时的年龄和精神状况既是一种客观事实和生活事实，同时这一客观事实又必须被纳入到法律认定的框架之中。本题中，法院作出“徐某作案时辨认和控制能力存在，有完全的刑事责任能力”的法律判断，已经将生活事实转化为了一种“法律事实”。因此，A选项正确。

法的规范作用可以分为规范、评价、指引、预测和强制五种。法院判决徐某行为构成故意伤害罪，体现了法的评价作用．法院判处徐某十年有期徒刑，体现了法的强制作用，故B错误。

演绎推理又称三段论推理，是由两个前提和一个结论组成，大前提是一般原理（规律）；小前提是指个别对象。这是从一般到个别的推理，从这个推理，然后得出结论。演绎推理正确的条件：若大、小前提正确，则结论正确；若大前提或小前提错误，则结论错误。法官运用的是演绎推理。C选项正确。

“徐某被何某侮辱后怀恨在心并寻机报复，某日徐某携带尖刀到何某住所将其刺成重伤”是本案的事实，是本案法官推理中的小前提而非大前提，D错误。

第六节　法律漏洞的填补

【考点】法律漏洞的概念和分类

【答案】ACD

【解析】**法律漏洞**，是指关于某个法律问题，法律依照其规范目的应该有明文规定，却未予规定。对于溺水死亡的赔偿标准，法律并无规定，这属于完全漏洞。对此，应该积极加以规定，却并未规定，属于明显漏洞。该漏洞自始即存在，且立法者也知道该漏洞的存在，但却不通过立法的方式规定，而是留给司法者通过司法技术去解决。因此，此漏洞属于完全漏洞、明显漏洞、自始漏洞、明知漏洞。故A不属于嗣后漏洞，错误。

法律类比推理，是根据两个案例在法律事实方面具有某些相似性，从而将其中一个案例的法律后果也适用于另一个案件的推论。简称类推、类比。交通事故和溺水死亡具有某种程度的相似性，溺水死亡标准可以类推适用交通事故。故B选项正确。

扩张解释，是指在法律条文的字面含义显然比立法原意窄时，作出比字面含义较广的解释。C选项没有采用扩大解释，错误。

《道路交通事故处理办法》是行政法规，属于我国正式的法律渊源。故D选项错误。

【考点】法律漏洞的填补

【答案】C

【解析】正式解释是由有解释权的人对法律作出的具有普遍约束力的解释；非正式解释，通常也叫学理解释，是由不具有解释权的人对法律作出的不具有普遍约束力的解释。在我国，判例法不是正式的法律渊源，法官在具体案例中的解释没有普遍约束力，属于非正式解释。A错误。

本案中，为了保证人口的优生优育，法律明确规定“禁止三代以内旁系血亲结婚”。从字面看，三代以内旁系血亲结婚包括两种情况：一种是计划生孩子的，一种是不计划生孩的。对于前者，这种规定是合理的，对于后者，这种规定是不合理的。换言之，对于大多数人而言，结婚都有可能生孩子，所以法律禁止三代以内旁系血亲结婚。但对于例外者（三代以内旁系血亲结婚而不计划生孩子）却未做规定。这属于应做例外规定却未作规定的隐藏漏洞。B选项错误。

法官考虑到张某已经做了绝育手术，允许其和表妹结婚并不违背法律的规范目的，因此判决民政局败诉。法官区分了计划生孩子和不计划生孩子的两种情况，把“禁止三代以内旁系血亲结婚”仅仅限缩适用于“计划生孩子”的情况。这属于通过目的论限缩方法弥补法律漏洞，其逻辑基础恰恰是不同案件应该不同处理。因此，C正确，D错误。

第三章　法的演进

【考点】法的演进的规律

【考点点拨】(1) 法产生的规律：剩余产品－私有制－阶级－国家－法；(2) 法产生的特点：①由原始规范（习惯）－习惯法－制定法；②个别性调整－规范性的调整－法的调整；③法与宗教、道德混合到法相对独立发展。

有学者这样解释法的产生：最初的纠纷解决方式可能是双方找到一位共同信赖的长者，向他讲述事情的原委并由他作出裁决；但是当纠纷多到需要占用一百位长者的全部时间时，一种制度化的纠纷解决机制就成为必要了，这就是最初的法律。对此，下列哪一说法是正确的？（　　）(2017－1－13，单选)

A. 反映了社会调整从个别调整到规范性调整的规律

B. 说明法律始终是社会调整的首要工具

C. 看到了经济因素和政治因素在法产生过程中的作用

D. 强调了法律与其他社会规范的区别

【考点】法律传统

【考点点拨】(1) 法律传统包括法律制度和法律意识，后者包括感性的法律心理和理性的法律思想。(2) 法律传统是划分法系的主要依据。

下列哪些选项属于法律意识的范畴？（　　）(2011－1－52 改，多选)

A. 法国大革命后制定的《法国民法典》

B. 西周提出的“以德配天，明德慎罚”

C. 中国传统的“和为贵”“少讼”“厌讼”

D. 社会主义法治理论

【考点】法律体系和法律部门

【考点点拨】部门法是按调整对象（社会关系）和方法对法进行的分类。各个不同部门法组成部门法体系，即法律体系。

“当法律人在选择法律规范时，他必须以该国的整个法律体系为基础，也就是说，他必须对该国的法律有一个整体的理解和掌握，更为重要的是他要选择一个与他确定的案件事实相切合的法律规范，他不仅要理解和掌握法律的字面含义，还要了解和掌握法律背后的意义。”关于该表述，下列哪一理解是错误的？（　　）(2017－1－12，单选)

A. 适用法律必须面对规范与事实问题

B. 当法律的字面含义不清晰时，可透过法律体系理解其含义

C. 法律体系由一国现行法和历史上曾经有效的法构成

D. 法律的字面含义有时与法律背后的意义不一致

【考点】法的现代化

【考点点拨】中国法的现代化是一种外源型法的现代化。

关于法的现代化，下列哪一说法是正确的？（　　）(2017－1－14，单选)

A. 内发型法的现代化具有依附性，带有明显的工具色彩

B. 外源型法的现代化是在西方文明的特定历史背景中孕育、发展起来的

C. 外源型法的现代化具有被动性，外来因素是最初的推动力

D. 中国法的现代化的启动形式是司法主导型

参考答案及解析

【考点】法的演进的规律

【答案】A

【解析】A 选项正确。法的产生经历了从个别调整到规范性调整、一般规范性调整到法的调整的发展过程。原始社会初期的社会调整往往是个别调整，即针对具体人、具体行为所进行的只适用一次的调整。当某些社会关系发展为经常性、较稳定的现象时，人们为提高效率、节约成本而为这一类社会关系提供行为模式，于是个别调整便发展为规范性调整，即统一的、反复适用的调整。

B 选项错误。法律作为社会调整的首要工具是近代法治国家实践的结果。原始社会的社会规范是习惯，融法律、道德、宗教等社会规范于一体。随着社会的发展，法律开始与道德、宗教相分离，在社会调整中发挥重要的作用。法律并非自始就是社会调整的首要工具。

本题中仅体现出原始社会的调整方式由个别调整向一般调整发展的过程，并未显示经济和政治因素的影响，也体现不出法律与宗教、道德等其他社会规范的区别，因此 C、D 选项错误。

【考点】法律传统

【答案】BCD

【解析】法律意识是人们关于法律现象的思想、观念、知识和心理态度的总称，是社会意识的一种特殊形式。法律意识本身在结构上可以分为两个层次：法律心理和法律思想体系。法律心理是人们对法律现象表面的、直观的感性认识和情绪，是法律意识的初级形式和阶段。法律思想体系是法律意识的高级阶段，它以理性化、理论化、知识化和体系化为特征，是人们对法律现象进行理性认识的产物，也是人们对法律现象的自觉的反映形式。

《法国民法典》属于法律文件，并非法律意识。选项 A 错误。“以德配天，明德慎罚”是西周时期的法治理念与法律指导思想。选项 B 正确。“和为贵”“少讼”“厌讼”是一种法律观念，属于法律意识的范畴。选项 C 正确。社会主义法治理论是一种法治思想，属于法律意识的范畴。选项 D 正确。

【考点】法律体系和法律部门

【答案】C

【解析】A 选项正确。法律人要想将一定的规范适用在特定的案件中，就必须要把当事人向他叙述的纯粹生活事实转化为“法律事实”，而这一“法律事实”并非自始显现给判断者，而是必须一方面考量已知的事实，另一方面考虑个别事实在法律上的重要性，以此二者为基础，才能形成案件事实。因此，法律适用就是一个在事实与规范之间来回循环考察的过程。

B 选项正确。“他必须以该国的整个法律体系为基础选择法律规范”，把规范放到整个法律体系去理解其含义，这就是运用了法律解释方法中的体系解释。

C 选项错误。法律体系是由一国现行有效的法律制度构成的，不包括历史上曾经生效的

法律。法律体系又称部门法体系。部门法就是法律部门。法律部门是按照法律规范所调整的社会关系和法律规范的调整方法不同进行的划分，我国的部门法有七个：宪法、行政法、刑法、诉讼及非诉讼程序法、民商法、经济法和社会法。

D选项正确。任何一个法律术语均有其字面含义，运用法的文义解释的方法就可获得。但法律人在选择一个与他确定的案件事实相切合的法律规范，他不仅要理解和掌握法律的字面含义，还要了解和掌握法律背后的意义。随着社会的发展，在某些情况下，法律的字面含义与其背后的意义并不是一致的，就需要运用体系解释、历史解释或目的解释之方法获得可适用的法律规范。

【考点】法的现代化

【答案】C

【解析】A选项错误。根据法的现代化的动力来源，法的现代化过程大体上可以分为内发型法的现代化和外源型法的现代化。外源型法的现代化是指在外部环境影响下，社会受外力冲击，引起思想、政治、经济领域的变革，最终导致法律文化领域的革新。外源型法的现代化具有被动性、依附性和反复性，本民族的有识之士希望通过变法以图民族强盛，带有明显的工具色彩。

B选项错误。内发型法的现代化是指由特定社会自身力量产生的法的内部创新。这种现代化是一个自发的、自下而上的、缓慢的、渐进变革的过程，是在西方文明的特定社会历史背景中孕育、发展起来的。

C选项正确。外源型法的现代化是指在外部环境影响下，社会受外力冲击，引起思想、政治、经济领域的变革，最终导致法律文化领域的革新。外源型法的现代化具有被动性、依附性，外来因素是最初的推动力。

D选项错误。中国法的现代化源于十九世纪末二十世纪初，以收回“领事裁判权”契机，属于外源型法的现代化。当代中国法的现代化是立法主导型，在立法领域的工作比较容易推进，因此我国法的现代化在制度层面上发展较快。中国法的现代化的特点是：从被动接受到主动选择，从模仿民法法系到建立中国特色社会主义法律体系，启动形式是立法主导型，法律制度变革在前、法律观念更新在后。

第四章 法与社会

第一节 法与社会的一般理论

【考点】法与社会

【考点点拨】法作为上层建筑，与社会和经济之间是决定、反作用的关系；与道德、政治、宗教之间是作用反作用的关系。

“社会的发展是法产生的社会根源。社会的发展，文明的进步，需要新的社会规范来解决社会资源有限与人的欲求无限之间的矛盾，解决社会冲突，分配社会资源，维持社会秩序。适应这种社会结构和社会需要，国家和法这一新的社会组织和社会规范就出现了。”关于这段话的理解，下列哪些选项是正确的？（　　）（2012—1—51，多选）

A. 社会不是以法律为基础，相反，法律应以社会为基础

B. 法律的起源与社会发展的进程相一致

C. 马克思主义的法律观认为，法律产生的根本原因在于社会资源有限与人的欲求无限之间的矛盾

D. 解决社会冲突，分配社会资源，维持社会秩序属于法的规范作用

【考点】法与政治

【考点点拨】法与政治都属于上层建筑，二者彼此之间是一种作用反作用的关系。

“近现代法治的实质和精义在于控权，即对权力在形式和实质上的合法性的强调，包括权力制约权力、权利制约权力和法律的制约。法律的制约是一种权限、程序和责任的制约。”关于这段话的理解，下列哪些选项是正确的？（　　）（2013—1—51，多选）

A. 法律既可以强化权力，也可以弱化权力

B. 近现代法治只控制公权，而不限制私权

C. 在法治国家，权力若不加限制，将失去在形式和实质上的合法性

D. 从法理学角度看，权力制约权力、权利制约权力实际上也应当是在法律范围内的制约和法律程序上的制约

【考点】法与道德

【考点点拨】本部分是重点考察内容，注意：法与道德的异同，法与道德的联系。

1. 王甲经法定程序将名字改为与知名作家相同的“王乙”，并在其创作的小说上署名“王乙”以增加销量。作家王乙将王甲诉至法院。法院认为，公民虽享有姓名权，但被告署名的方式误导了读者，侵害了原告的合法权益，违背诚实信用原则。关于该案，下列哪一选项是正确的？（　　）（2017—1—10，单选）

A. 姓名权属于应然权利，而非法定权利

B. 诚实信用原则可以填补规则漏洞

C. 姓名权是相对权

D. 若法院判决王甲承担赔偿责任，则体现了确定法与道德界限的“冒犯原则”

2. 王某参加战友金某婚礼期间，自愿帮忙接待客人。婚礼后王某返程途中遭遇车祸，住院治疗花去费用1万元。王某认为，参加婚礼并帮忙接待客人属帮工行为，遂将金某诉至

法院要求赔偿损失。法院认为，王某行为属道德规范的情谊行为，不在法律调整范围内。关于该案，下列哪一说法是正确的？（　　）（2016—1—14，单选）

A. 在法治社会中，法律可以调整所有社会关系

B. 法官审案应区分法与道德问题，但可进行价值判断

C. 道德规范在任何情况下均不能作为司法裁判的理由

D. 一般而言，道德规范具有国家强制性

3. “一般来说，近代以前的法在内容上与道德的重合程度极高，有时浑然一体。……近现代法在确认和体现道德时大多注意二者重合的限度，倾向于只将最低限度的道德要求转化为法律义务，注意明确法与道德的调整界限。”据此引文及相关法学知识，下列判断正确的是：（　　）（2010—1—91，不定项）

A. 在历史上，法与道德之间要么是浑然一体的，要么是绝然分离的

B. 道德义务和法律义务是可以转化的

C. 古代立法者倾向于将法律标准和道德标准分开

D. 近现代立法者均持“恶法亦法”的分析实证主义法学派立场

【考点】法与人权

【考点点拨】(1) 人权有三个层次：道德权利、法律权利、实有权利；(2) 马克思主义认为，人权是具体的、具有历史性的；传统自然法学派认为，人权是天赋的、理性的产物，是抽象的。

1. 关于法与人权的关系，下列哪一说法是错误的？（　　）（2014—1—15，单选）

A. 人权不能同时作为道德权利和法律权利而存在

B. 按照马克思主义法学的观点，人权不是天赋的，也不是理性的产物

C. 人权指出了立法和执法所应坚持的最低的人道主义标准和要求

D. 人权被法律化的程度会受到一国民族传统、经济和文化发展水平等因素的影响

2. 下列哪一表述说明人权在本原上具有历史性？（　　）（2011—1—15，单选）

A. “根据自然法，一切人生而自由，既不知有奴隶，也就无所谓释放”

B. “没有无义务的权利，也没有无权利的义务”

C. “人人生而平等，他们都从他们的‘造物主’那里被赋予某些不可转让的权利”

D. “权利永远不能超出社会的经济结构以及由经济结构所制约的文化发展”

参考答案及解析

第一节　法与社会的一般理论

【考点】法与社会

【答案】AB

【解析】马克思认为法的本质最终体现为法的物质制约性。法的物质制约性是指法产生、发展、性质、内容受社会存在这个因素的制约，其最终也是由一定社会物质生活条件决定的，所以法律应以社会为基础，法律的起源也是与社会发展进程相一致的。A、B正确。

马克思主义的法律观认为，法律产生的根本原因是经济发展，因此C项错误。

法的作用分为规范作用与社会作用。社会作用主要体现在对社会冲突的化解，维护社会

统治，故 D 项并非规范作用而是社会作用，说法错误。

【考点】法与政治

【答案】ACD

【解析】法表述和确认国家权力，以赋予国家权力合法性的形式，以强化和维护国家权力；法以形式合理性和程序设置为主，其对权力合法性的确认是以制度、规范和程序的方式进行的，因而同时也是对权力的约束和限制。故 A 项正确。

近现代法治不仅控制公权力，也依法限制私权利。公民应当在法律规定的范围内行使自由和权利，并不得损害他人合法的自由和权利。故 B 项错误。

国家权力总是追求和实现一定的目的，凭借其对资源的控制及物质强制，可自行进行，加之权力的扩张性质，使得权力凌驾于法乃至摆脱法的倾向是可能存在的。法治国家要求通过法律保障人权，限制公共权力的滥用。故 C 项正确。

权力制约权力、权利制约权力，都必须由法律明确规定制约的手段或方式、程序，故 D 项正确。

【考点】法与道德

1. 【答案】B

【解析】A 选项错误。姓名权在我国民法总则中有明确规定，已经成为法定权利而不属于应然权利。

B 选项正确。由于法律原则内涵高度抽象，外延宽泛，可以克服法律规则的僵硬性缺陷，弥补法律规则的漏洞。

C 选项错误。相对权利和义务又称“对人权利”和“对人义务”，是对应特定的法律主体的权利和义务，“相对权利”对应特定的义务人；“相对义务”对应特定的权利人。姓名权对应的义务人是不特定的多数人，应属于绝对权而非相对权。

D 选项错误。一般来说，现代社会“法律是最低限度的道德”，但这个限度依什么原则确定仍然存在分歧。冒犯原则是确定法的限度的原则之一，其含义是，迫使他人受到冒犯是一种恶，因为受到冒犯的人会产生一系列的心理不适，由此可以立法禁止这一类冒犯行为。本题中，王甲故意将自己的姓名改成知名作家王乙的名字，并以王乙的名字署名发表小说以增加销量，该行为已经不是冒犯，而是故意混同身份以获得利益，这是侵权行为。

2. 【答案】B

【解析】现代法治社会中，法律只调整部分社会关系，一些社会关系，如友谊关系、爱情关系等，法律并不调整。古代社会道德是主要的社会调控手段，现代社会法律是主要的调控手段。本案中，王某的自愿帮助行为属于情谊行为，不属于法律调整范围之内。因此，A 选项错误。

法官审案时应该区分法律与道德问题。本案中，王某自愿帮助行为属于道德规范调整范围之内，但不属于法律调整范围。同时，法官在认定案件事实、确定法律规范并作出判决的过程中，由于不同人的价值观的不同，会作出不同的价值判断。B 选项正确。

道德规范作为一种非正式法律渊源，在特定情况下可以成为司法裁判的理由。如没有正式的法律渊源或者出现正式的法律渊源无法保证个案正义的情况下，法官可以适用道德规范作为判决的依据或大前提。因此，C 选项错误。

一般情况下，作为社会规范的一种，道德规范对认同该规范的主体会有一种强制力，但没有国家强制性。而法律由于与国家组织相关，有国家强制性。因此，D 选项错误。

3. 【答案】B

【解析】法与道德之间有密切的联系，但也有明显的区别，而不是浑然一体或绝然分离，A 项错误。道德义务和法律义务是可以转化的，从近现代法在确认和体现道德时的规定来看，大多数国家倾向将最低限度的道德义务转化为法律义务，B 项正确。古代法的内容与道德规范是高度相似的，有时浑然一体，由此可知古代立法者倾向于将法律标准和道德标准分开表述错误，C 项错误。近现代关于法律与道德在本质上的联系有两种学说，一种是自然法学派的“恶法非法”，一种是分析实证主义法学派的“恶法亦法”，由此可知 D 项表述错误。

【考点】法与人权

1. 【答案】A

【解析】从根本上讲，人权是一种道德权利，但为了保障人权的实现，必须被法律化，成为法律上的权利。A 选项说法错误。

按照马克思主义法学的观点，人权是随着社会的发展而产生的，最终是由一定的物质生活条件所决定。因此，它既不是天赋的，也不是理性的产物，是社会和历史的产物。B 选项说法正确。

法律是最低限度的道德。作为判断善恶的标准，人权对法的作用之一体现在人权指出了立法和执法所应坚持的最低的人道主义标准和要求。C 选项说法正确。

人权往往通过法律权利的形式具体化。在现实生活中，人权由道德权利上升为法律权利会受到一国民族传统、经济和文化发展水平等因素的影响。D 选项说法正确。

2. 【答案】D

【解析】人权在本源上具有历史性。人权存在和发展的内因是人的自然属性，外因是社会的经济、文化状况。“权利永远不能超出社会的经济结构以及由经济结构所制约的文化发展。”人权不是天赋的，也不是理性的产物，而是历史地产生的，最终是由一定的物质生活条件所决定的。它的具体内容和范围总是随历史发展、社会进步而不断丰富和扩展的。因此，不同时代对人权的取舍、理解和使用都会有所差异。

选项 A 错误。该选项表达了天赋人权的思想，认为自由是人的本性。但该项并非体现人权的历史性特征，故不选。

选项 B 错误。“没有无义务的权利，也没有无权利的义务”，这句话表明权利义务是对立统一的，在结构上密切联系、不可分割；在数量上，总量相等；从产生和发展看，两者经历了一个从浑然一体到分裂对立再到相对一致的过程。但该选项并未体现人权的历史性特征，不符合题意。

选项 C 错误。该选项表达了天赋人权的思想，认为人权是“造物主”赋予的，与题意不符。

选项 D 正确。权利永远不能超出社会的经济结构以及由经济结构所制约的文化发展，反映了人权的历史性特征。

第三编

宪法学

第一章　宪法基本理论

一、静态的宪法

静态的宪法包括：宪法的特征、宪法的分类、宪法的原则、宪法的渊源与宪法典的结构。

【考点】宪法的分类

【考点点拨】以宪法是否具有统一的法典形式，分为成文宪法和不成文宪法；以宪法有无严格的制定、修改机关和程序，分为刚性宪法和柔性宪法；以制定宪法的机关是谁，分为钦定宪法、民定宪法和协定宪法。

1. 成文宪法和不成文宪法是英国宪法学家提出的一种宪法分类。关于成文宪法和不成文宪法的理解，下列哪一选项是正确的？（　　）（2017－1－21，单选）

A. 不成文宪法的特点是其内容不见于制定法

B. 宪法典的名称中必然含有“宪法”字样

C. 美国作为典型的成文宪法国家，不存在宪法惯例

D. 在程序上，英国不成文宪法的内容可像普通法律一样被修改或者废除

2. 根据宪法分类理论，下列哪一选项是正确的？（　　）（2012－1－21，单选）

A. 成文宪法也叫文书宪法，只有一个书面文件

B. 1215 年的《自由大宪章》是英国宪法的组成部分

C. 1830 年法国宪法是钦定宪法

D. 柔性宪法也具有最高法律效力

【考点】宪法的基本原则

【考点点拨】(1) 人民主权原则：又称为“主权在民”原则，是指现代国家的权力来源于人民。人民主权原则是宪法原则中的核心原则，其他原则都是这一原则的具体体现。(2) 基本人权原则：宪法应该保障基本人权，我国历部宪法都规定了公民的基本权利和义务，2004 年宪法修正案增加规定“国家尊重和保障人权”。(3) 法治原则：核心在于依法治国，要求做到法律面前人人平等，坚持正义、公平和自由。(4) 权力制约原则：宪法保障公民权利始终处于核心、主导地位。通过制约国家权力，使得其在法律范围内行使，从而保障公民权利。在资本主义国家，权力制约体现为“分权”原则；在社会主义国家，主要表现为“监督”原则。

1. 我国宪法规定了“一切权力属于人民”的原则。关于这一规定的理解，下列选项正确的是（　　）（2016－1－91，不定项）

A. 国家的一切权力来自并且属于人民

B. “一切权力属于人民”仅体现在直接选举制度之中

C. 我国的人民代表大会制度以“一切权力属于人民”为前提

D. “一切权力属于人民”贯穿于我国国家和社会生活的各领域

2. 关于如何根据社会主义法治理念完善我国宪法的权力制约原则，下列哪些选项是正确的？（　　）（2012－1－59，多选）

A. 从法律上构建起权力制约监督体系与机制

B. 从制度上为各种监督的实施提供条件和保障
C. 完善权力配置，恰当地建构各种权力关系
D. 限制和缩小国家权力范围，扩大公民权利

【考点】宪法的基本功能

关于宪法在立法中的作用，下列哪一说法是不正确的？（　　）（2010－1－19，单选）
A. 宪法确立了法律体系的基本目标
B. 宪法确立了立法的统一基础
C. 宪法规定了完善的立法体制与具体规划
D. 宪法规定了解决法律体系内部冲突的基本机制

【考点】宪法渊源

【考点点拨】宪法渊源主要有宪法典、宪法性法律、宪法惯例、宪法判例、国际条约和国际习惯等。注意：宪法判例不是我国宪法的渊源。

宪法的渊源即宪法的表现形式。关于宪法渊源，下列哪一表述是错误的？（　　）（2015－1－21，单选）
A. 一国宪法究竟采取哪些表现形式，取决于历史传统和现实状况等多种因素
B. 宪法惯例实质上是一种宪法和法律条文无明确规定、但被普遍遵循的政治行为规范
C. 宪法性法律是指国家立法机关为实施宪法典而制定的调整宪法关系的法律
D. 有些成文宪法国家的法院基于对宪法的解释而形成的判例也构成该国的宪法渊源

【考点】宪法的结构

【考点点拨】宪法的结构，是指宪法典的结构，一般包括序言、正文、附则三部分。宪法附则是指宪法对于特殊事项需要特殊规定而作出的附加条款，其效力与正文的效力相同。注意：我国现行宪法没有附则，“国旗、国徽、首都、国歌”属于宪法正文部分。

1. 综观世界各国成文宪法，结构上一般包括序言、正文和附则三大部分。对此，下列哪一表述是正确的？（　　）（2016－1－21，单选）
A. 世界各国宪法序言的长短大致相当
B. 我国宪法附则的效力具有特定性和临时性两大特点
C. 国家和社会生活诸方面的基本原则一般规定在序言之中
D. 新中国前三部宪法的正文中均将国家机构置于公民的基本权利和义务之前

2. 宪法结构指宪法内容的组织和排列形式。关于我国宪法结构，下列哪一选项是不正确的？（　　）（2011－1－22，单选）
A. 宪法序言规定了宪法的根本法地位和最高法律效力
B. 现行宪法正文的排列顺序是：总纲、公民的基本权利和义务、国家机构以及国旗、国歌、国徽、首都
C. 宪法附则没有法律效力
D. 宪法没有附则

【考点】宪法规范

【考点点拨】根据宪法规范的性质和调整形式，宪法规范可分为：确认性规范、禁止性规范、权利性规范与义务性规范、程序性规范。

关于宪法规范，下列哪一说法是不正确的？（　　）（2013－1－22，单选）
A. 具有最高法律效力

B. 在我国的表现形式主要有宪法典、宪法性法律、宪法惯例和宪法判例
C. 是国家制定或认可的、宪法主体参与国家和社会生活最基本社会关系的行为规范
D. 权利性规范与义务性规范相互结合为一体，是我国宪法规范的鲜明特色

【考点】 宪法效力

【考点点拨】（1）宪法效力适用于所有中国公民，包括定居国外的中国公民（华侨）。外国人和法人在一定条件下也可以成为某些基本权利的主体，在其享有的基本权利范围内，宪法效力适用于外国人和法人的活动。（2）任何一个主权国家的宪法的空间效力都及于国土的所有领域。任何组成部分上的特殊性并不意味着对这个整体的否定，宪法作为整体的效力及于包括台湾在内的所有领域。

1. 最高法院印发的《人民法院民事裁判文书制作规范》规定："裁判文书不得引用宪法……作为裁判依据，但其体现的原则和精神可以在说理部分予以阐述。"关于该规定，下列哪一说法是正确的？（　　）（2017－1－22，单选）
A. 裁判文书中不得出现宪法条文
B. 当事人不得援引宪法作为主张的依据
C. 宪法对裁判文书不具有约束力
D. 法院不得直接适用宪法对案件作出判决

2. 关于宪法效力的说法，下列选项正确的是（　　）（2014－1－94，不定项）
A. 宪法修正案与宪法具有同等效力
B. 宪法不适用于定居国外的公民
C. 在一定条件下，外国人和法人也能成为某些基本权利的主体
D. 宪法作为整体的效力及于该国所有领域

3. 关于我国宪法对领土的效力，下列表述正确的是（　　）（2012－1－89，不定项）
A. 领土包括一个国家的陆地、河流、湖泊、内海、领海以及它们的底床、底土和上空（领空）
B. 领土是国家的构成要素之一，是国家行使主权的空间，也是国家行使主权的对象
C. 《宪法》在国土所有领域的适用上无任何差异
D. 《宪法》的空间效力及于国土全部领域，是由主权的唯一性和不可分割性决定的

二、动态的宪法

【考点】 宪法制定

【考点点拨】（1）人民（国民）是制宪权的主体。（2）与立法权、行政权、司法权相比较，制宪权与修宪权属于根源性的国家权力。其中，制宪权是更根源性的权力。

宪法的制定是指制宪主体按照一定程序创制宪法的活动。关于宪法的制定，下列哪一选项是正确的？（　　）（2015－1－20，单选）
A. 制宪权和修宪权是具有相同性质的根源性的国家权力
B. 人民可以通过对宪法草案发表意见来参与制宪的过程
C. 宪法的制定由全国人民代表大会以全体代表的三分之二以上的多数通过
D. 1954 年《宪法》通过后，由中华人民共和国主席根据全国人民代表大会的决定公布

【考点】 宪法修改

【考点点拨】 宪法的修改，由全国人民代表大会常务委员会或者五分之一以上的全国人

民代表大会代表提议，并由全国人民代表大会以全体代表的三分之二以上的多数，以投票方式通过。宪法修正案由全国人大主席团发布全国人大公告予以公布。

1. 宪法修改是指有权机关依照一定的程序变更宪法内容的行为。关于宪法的修改，下列选项正确的是（ ）（2016－1－93，不定项）

A. 凡宪法规范与社会生活发生冲突时，必须进行宪法修改

B. 我国宪法的修改可由五分之一以上的全国人大代表提议

C. 宪法修正案由全国人民代表大会公告公布施行

D. 我国 1988 年《宪法修正案》规定，土地的使用权可依照法律法规的规定转让

2. 关于我国宪法修改，下列哪一选项是正确的？（ ）（2014－1－22，单选）

A. 我国修宪实践中既有对宪法的部分修改，也有对宪法的全面修改

B. 经十分之一以上的全国人大代表提议，可以启动宪法修改程序

C. 全国人大常委会是法定的修宪主体

D. 宪法修正案是我国宪法规定的宪法修改方式

3. 关于我国宪法的修改，下列哪一说法是错误的？（ ）（2010－1－23，单选）

A.《宪法》没有专章规定修改程序

B.《宪法》规定的修宪机关是全国人民代表大会

C.《立法法》规定，宪法修正案由国家主席令公布

D.《全国人大议事规则》规定，宪法修改以投票方式表决

【考点】宪法解释

【考点点拨】根据宪法解释机关不同，可分为三类：（1）由代议机关解释宪法，起源于英国；（2）由司法机关解释宪法，起源于美国。1803 年的“马伯里诉麦迪逊案”确立了美国联邦最高法院的违宪审查权和解释宪法的权力。（3）由专门机关解释宪法，凯尔森最早提议设立，如德国的宪法法院、法国的宪法委员会。注意：我国是由全国人大常委会解释宪法。

宪法解释是保障宪法实施的一种手段和措施。关于宪法解释，下列选项正确的是（ ）（2015－1－94，不定项）

A. 由司法机关解释宪法的做法源于美国，也以美国为典型代表

B. 德国的宪法解释机关必须结合具体案件对宪法含义进行说明

C. 我国的宪法解释机关对宪法的解释具有最高的、普遍的约束力

D. 我国国务院在制定行政法规时，必然涉及对宪法含义的理解，但无权解释宪法

【考点】宪法的实施

【考点点拨】宪法实施通常包括宪法的遵守、宪法的适用和宪法实施的保障。

关于宪法实施，下列哪一选项是不正确的？（ ）（2012－1－22，单选）

A. 宪法的遵守是宪法实施最基本的形式

B. 制度保障是宪法实施的主要方式

C. 宪法解释是宪法实施的一种方式

D. 宪法适用是宪法实施的重要途径

【考点】宪法的历史发展

关于宪法的历史发展，下列哪一选项是不正确的？（ ）（2014－1－21，单选）

A. 资本主义商品经济的普遍化发展，是近代宪法产生的经济基础

B. 1787 年美国宪法是世界历史上的第一部成文宪法

C. 1918 年《苏俄宪法》和 1919 年德国《魏玛宪法》的颁布，标志着现代宪法的产生

D. 行政权力的扩大是中国宪法发展的趋势

【考点】宪法修订案

1. 我国宪法第六至十八条对经济制度作了专门规定。关于《宪法修正案》就我国经济制度规定所作的修改，下列哪些选项是正确的？（　　）（2011—1—60，多选）

A. 中华人民共和国实行依法治国，建设社会主义法治国家

B. 国家实行社会主义市场经济

C. 除第九、十二、十八条外，其他各条都进行过修改

D. 农村中的生产、供销、信用、消费等各种形式的合作经济，是社会主义劳动群众集体所有制经济

2. 将“国家建立健全同经济发展水平相适应的社会保障制度”载入现行宪法的是下列哪一宪法修正案？（　　）（2010—1—18，单选）

A. 1988 年宪法修正案　　B. 1993 年宪法修正案

C. 1999 年宪法修正案　　D. 2004 年宪法修正案

参考答案及解析

【考点】宪法的分类

1. 【答案】D

【解析】A 选项错误。不成文宪法的特点是没有一部专门的、统一的宪法典，宪法条文散见于多种法律文书、宪法判例和宪法惯例，而不是其内容不被制定于法律。

B 选项错误。宪法典的名称中并不必然有“宪法”字样。德国现在的宪法典为《德意志联邦共和国基本法》，并无“宪法”之名。

C 选项错误。宪法惯例是指宪法条文无明确规定，但在实际政治生活中已经存在，并为国家机关、政党及公众所普遍遵循，且与宪法具有同等效力的习惯或传统。美国作为成文宪法国家，同样也有宪法惯例。

D 选项正确。英国宪法是典型的柔性宪法，制定、修改的机关和程序与一般法律相同。

2. 【答案】B

【解析】成文宪法是指具有统一法典形式的宪法，有时也叫文书宪法或制定宪法，但不是只有一个书面文件，A 项是错误的。

英国宪法是不成文宪法，由各个不同历史时期颁布的宪法性文件构成，包括，1215 年的自由大宪章、1628 年的权利请愿书、1679 年的人身保护法、1689 年的权利法案、1701 年的王位继承法、1911 年的国会法、1918 年的国民参政法等（这些宪法文件不需记忆），B 项是正确的。注意：1215 年的自由大宪章是协定宪法，也是世界历史上的第一个宪法性文件。

法国 1830 年宪法是协定宪法，而不是钦定宪法。C 项错误。

柔性宪法是指制定、修改的机关和程序与一般法律相同的宪法，在柔性宪法国家中，由于宪法和法律由同一国家机关根据同样的程序制定或者修改，因而他们的法律效力和权威并无差异，英国是典型的柔性宪法国家，D 项错误。

【考点】宪法的基本原则

1. 【答案】ACD

【解析】我国《宪法》第2条第1款规定："中华人民共和国一切权力属于人民"，其实质就是人民主权原则。为了保证人民主权原则的实现，我国实行人民代表大会制度。同时，我国的选举制度、公有制为主体多种所有制共同发展的经济制度等均体现了"一切权力属于人民"的原则。因此，A、C、D选项均正确。B选项错误之处在于，间接选举也是我国"一切权力属于人民"原则的体现。由于我国特殊的条件限制，暂时还无法实现各级人民代表大会代表均由公民直接选举产生。但是，间接选举产生的人大代表也是由下一级人大代表选举，人大代表由人民选举产生，受人民监督。

2. 【答案】ABC

【解析】权力制约原则是指国家权力的各部分之间相互监督、彼此牵制，以保障公民权利的原则，它包括公民权利对国家权力的制约、国家权力相互之间的制约，这就要求从法律上建构起权力制约监督体系和机制，从制度上为各种监督的实施提供条件和保障，完善权力配置，恰当地建构各种权利关系。我国的权力制约原则主要体现为监督原则，即以国家权力制约国家权力，以公民权利制约国家权力。所以D项错误，排除。

【考点】宪法的基本功能

【答案】C

【解析】宪法在立法中的作用主要体现为四点：第一，宪法确立了法律体系的基本目标，要求法律体系具有统一性；第二，宪法确立了立法的统一基础，从合宪性角度保证法律的统一性；第三，宪法是立法体制发展与完善的基础与依据，但我国宪法未规定完善的立法体制和具体规划；第四，宪法规定了解决法律体系内部冲突的基本机制，如撤销等制度。由此可知C项表述错误。

【考点】宪法渊源

【答案】C

【解析】宪法的渊源主要包括宪法典、宪法性法律、宪法惯例、宪法判例、国际条约和国际习惯等。每个国家都会根据自己的历史传统和现实状况选择适合自身的宪法表现形式。故A正确，不选。B项是宪法惯例的概念，正确。宪法性法律包括两种情况，一是不成文宪法国家的，二是成文宪法国家的。只有成文宪法国家的宪法性法律是指"为实施宪法典而制定的有关规定宪法内容的法律"，不成文宪法国家不制作宪法典，故不存在"实施宪法典"的问题，C错误。通常来说成文宪法国家宪法的主要渊源是宪法典，但有些成文宪法国家的宪法判例也构成其宪法渊源，如德国宪法法院的宪法判例对下级法院有一定的拘束力。故D正确。

宪法判例是指宪法条文没有明文规定，而由司法机关在审判实践中逐渐形成并具有宪法效力的判例，主要存在于普通法系国家。由"遵循先例"和"违宪审查"原则可推知，宪法判例在美国联邦最高法院和其他联邦上诉法院都可以用新的宪法判例进行推翻。

【考点】宪法的结构

1. 【答案】D

【解析】世界各国宪法序言的长短不一，短者，如美国宪法，就一句话；长者，字数多至数百上千字。A选项错误。

从结构上看，我国宪法典包括序言和正文两部分，没有附则。B选项错误。

宪法序言，主要规定国家的斗争历史，制宪的宗旨、目的和指导思想，以及国家的基本任务和奋斗目标等。国家和社会生活诸方面的基本原则主要表现为一个国家总的纲领，包括国家性质、基本政治制度、国家结构形式、国家和社会的基本方针等，我国宪法典称之为“总纲”，单列一章，作为宪法正文的第一部分。C选项错误。

新中国前三部宪法（1954年宪法、1975年宪法和1978年宪法）均将国家机构置于公民的基本权利和义务之前，放在“总纲”之后；现行宪法（1982年宪法）将公民的基本权利和义务一章放在“总纲”之后，国家机构之前。这一调整表明，对公民权利的保护居于宪法的核心地位。D选项正确。

2. 【答案】C

【解析】选项A说法正确。我国宪法以法律的形式确认了中国各族人民奋斗的成果，规定了国家的根本制度和根本任务，是国家的根本法，具有最高的法律效力。

选项B说法正确。我国现行宪法正文的排列顺序是：总纲、公民的基本权利和义务、国家机构以及国旗、国歌、国徽、首都。

选项C说法错误。由于宪法附则是宪法的一部分，因而其法律效力与一般条文相同。

选项D说法正确。我国现行宪法没有规定附则。

【考点】宪法规范

【答案】B

【解析】宪法规范在国家法律体系中处于最高的地位。故A项表述正确。

我国并非判例法国家，法院也不能直接适用宪法审理案件，宪法判例不是我国的宪法渊源。B选项错误。

宪法规范是法律规范的一种，是国家制定或认可的、宪法主体参与国家和社会生活最基本社会关系的行为规范。故C项正确。

我国宪法第42条第1款规定：“中华人民共和国公民有劳动的权利和义务。”第46条第1款规定：“中华人民共和国公民有受教育的权利和义务。”这两款规定将权利性规范与义务性规范相互结合为一体，此为我国宪法规范的鲜明特色，故D项正确。

【考点】宪法效力

1. 【答案】D

【解析】裁判文书中可以出现宪法条文进行说理，但宪法不能直接作为案件裁决的依据，宪法条文的精神和原则可在说理部分系统阐述，由此A选项错误，D选项正确。

该规定针对的是法院不得直接依据宪法作出生效裁决，宪法条文中规定的公民权利，可以被当事人援引作为自己诉求的依据。B选项错误。

宪法在我国的法律体系中具有最高的法律效力，其他规范性法律文件以及非规范性法律文件均不得与宪法相抵触，宪法对裁判文书同样具有约束力。C选项错误。

2. 【答案】ACD

【解析】选项A正确。宪法修正案是宪法典的组成部分之一，与宪法具有同等法律效力。

选项B错误。《宪法》第五十条规定，中华人民共和国保护华侨的正当的权利和利益，保护归侨和侨眷的合法的权利和利益。可见宪法也适用于定居国外的中国公民（即华侨）。

选项C正确。在其享有基本权利的范围内，宪法效力适用于外国人和法人的活动。所以在一定条件下，外国人和法人也能成为某些基本权利的主体。

选项D正确。尽管宪法在不同领域的适用上是有所差异的，但这种区别并不意味着在有些区域有效力而在另一些区域没有效力。宪法作为一个整体，任何组成部分上的特殊性都不意味着对这个整体的否定，宪法作为整体的效力是及于中华人民共和国的所有领域的。

3. 【答案】ABD

【解析】领土包括一个国家的陆地、河流、湖泊、内海、领海以及它们的底床、底土和上空（领空），是主权国管辖的国家全部疆域。领土是国家的构成要素之一，是国家行使主权的空间，也是国家行使主权的对象，A、B项正确；由于宪法本身的综合性和价值多元性，宪法在不同领域的适用上当然是有所差异的。C项错误；任何一个主权国家的宪法的空间效力都及于国土的所有领域，这是主权的唯一性和不可分割性所决定的，也是由宪法的根本法地位所决定的，D项正确。

【考点】宪法制定

【答案】B

【解析】A项错误。修宪权是根据制宪权而产生的权力，受制宪权的约束。这两种权力虽然都是根源性的国家权力，但是制宪权属于主权行为，归主权者所有。修宪权属派生性权力，往往由宪法本身规定。故两者性质不同，A错误，不选。

“发表意见”即是以一定形式“参与制宪的过程”。总之，在现代社会，人民一般并不直接制宪，但可以通过多种形式参与其中，对宪法草案发表意见即是其中之一，B正确。

《中华人民共和国宪法》于1954年9月20日经第一届全国人民代表大会第一次会议“全票”通过。没有任何的正式文件（包括“五四宪法”本身）对宪法的通过程序作出规定。根据我国现行宪法第64条规定：“宪法的修改，由全国人民代表大会常务委员会或者五分之一以上的全国人民代表大会代表提议，并由全国人民代表大会以全体代表的三分之二以上的多数通过。”并非“宪法的制定”。故C项错误。

D项错误。我国1954年宪法由全国人大第一次会议以全国人大公告形式公布。普通法律通过后则由中华人民共和国主席根据全国人民代表大会的决定公布，故D错误。

【考点】宪法修改

1. 【答案】BC

【解析】宪法修改是调整宪法规范与社会生活冲突的基本形式之一。有时，也可以通过宪法解释的方式弥补宪法规范在实施过程中的漏洞，使宪法规定适应社会实际的发展和变化。A选项错误。

我国《宪法》第64条规定，宪法的修改，由全国人民代表大会常务委员会或者五分之一以上的全国人民代表大会代表提议，并由全国人民代表大会以全体代表的三分之二以上的多数通过。B选项正确。

我国当前宪法并未明确规定宪法修正案的公布程序，实践中形成了由全国人民代表大会主席团以全国人民代表大会公告的形式公布宪法的惯例。C选项正确。

我国1988年《宪法修正案》规定，土地的使用权可依照法律的规定转让，而非“法律法规”的规定转让。D选项错误。

2. 【答案】A

【解析】选项A正确。1954年9月20日，第一届全国人民代表大会第一次全体会议制定了新中国第一部社会主义类型的宪法——1954年宪法，后分别于1975年、1978年、1982年对其进行了全面修改，1982年之后，分别于1988年、1993年、1999年、2004

年、2018 年采取宪法修正案的方式进行了部分修改。

选项 B 错误。宪法的修改，由全国人民代表大会常务委员会或者五分之一以上的全国人民代表大会代表提议。

选项 C 错误。我国的修宪主体不是全国人大常委会而是全国人民代表大会，C 项错误。

选项 D 错误。宪法修正案是实践中形成的修宪方式，并未在宪法中明文规定，所以不是我国宪法规定的修宪方式。

3. **【答案】** C

【解析】《宪法》没有对宪法的修改程序作专章的规定，A 选项表述正确。修宪机关是全国人民代表大会，B 项表述正确。《宪法》没有规定宪法修正案的公布机关，实践中一般由全国人大主席团以全国人大公告的方式公布。C 项说法不正确。《全国人大议事规则》第 53 条第 2 款规定："宪法的修改，采用投票方式表决。"D 项表述正确。

【考点】 宪法解释

【答案】 ACD

【解析】 近现代各国的宪法解释机关不同，美国的宪法解释机制为司法机关解释机制，这种解释体制起源于美国，也以美国为典型代表，故 A 正确。

德国的宪法解释由专门机关解释，司法解释机关既可以结合具体案件对宪法含义进行说明，即具体性解释，也可以在不存在特定诉讼案件的情况下对法律作出解释，即抽象性解释，故 B 项错误。

根据《宪法》第 67 条规定，我国的宪法解释机关是全国人大常委会，从全国人大常委会的性质和地位看，它作出的宪法解释具有最高的和普遍的约束力，故 C 正确。

我国《宪法》第 67 条明确规定，宪法解释权由全国人大常委会行使。国务院无权对宪法作出解释，但其在制定行政法规时，必须依据宪法制定，必然涉及对宪法含义的理解。故 D 正确。

【考点】 宪法的实施

【答案】 B

【解析】 宪法的实施包括三个方面：(1) 宪法的遵守，即根据宪法享有并行使权力和权利，承担并履行义务。宪法的遵守既是宪法最基本的要求，也是宪法实施最基本的形式。(2) 宪法的执行，通常指国家的代议机关和国家行政机关落实贯彻宪法的内容，宪法执行的主体为国家代议机关和国家行政机关。(3) 宪法适用，宪法适用的主体为司法机关，但是对宪法能否在具体的案件中被引用，存在不同的看法。A、D 正确；宪法解释是依据一定的标准或原则对宪法内容、含义及其界限所做的说明也是宪法实施的范式之一。C 项正确；宪法的制裁为间接制裁，即宪法对违宪行为不直接规定制裁措施，而是通过具体法律来追究法律责任。制度保障不是宪法实施的主要方式。故 B 项错误。

【考点】 宪法的历史发展

【答案】 D

【解析】 近代宪法的产生有深刻的即经济、政治和思想文化等方面的基础：(1) 经济上，宪法是资本主义商品经济普遍化发展的必然结果。(2) 政治上，资产阶级革命的胜利、资产阶级国家政权的建立和普选制、议会制为核心的民主制度的形成，为近代宪法的产生提供了政治条件。(3) 资产阶级启蒙思想家提出的民主、自由、平等、人权和法治等理论为近代宪法的产生奠定了思想基础。选项 A 内容正确。

美国1787年制定并于1789年批准生效的美利坚合众国联邦宪法，由序言和7条本文组成，是世界上第一部比较完整的资产阶级成文宪法。该宪法制定时没有规定公民的基本权利，随后于1791年通过10条宪法修正案《权利法案》规定了公民的基本权利。选项B内容正确。近代宪法的特点是通过限制国家权力以保障公民权利，现代宪法的特点是强调国家有保障公民各种权利得以实现的义务，国家不仅不能侵犯公民权利，而且要创造各种条件，促进公民基本权利的实现。一般认为，1787年《美国宪法》、1791年《法国宪法》是近代宪法的代表，德国《魏玛宪法》是现代宪法产生的标志。1918年《苏俄宪法》将《被剥削劳动人民权利宣言》列为第一篇，是第一部社会主义宪法。选项C内容正确。

中国宪法发展的趋势是逐步扩大公民的基本权利，限制行政权。选项D内容错误。

【考点】宪法修订案

1. 【答案】BCD

【解析】选项A错误。《宪法修正案》（1999年）第十三条规定，宪法第五条增加一款，作为第一款，规定："中华人民共和国实行依法治国，建设社会主义法治国家"，该条说的是法律制度，而非经济制度。

选项B正确。《宪法修正案》（1993）第七条将宪法第十五条修改为："国家实行社会主义市场经济。""国家加强经济立法，完善宏观调控。""国家依法禁止任何组织或者个人扰乱社会经济秩序。"

选项C正确。现行宪法第六至十八条的对经济制度的规定，仅第九、十二、十八条没有被修改过。

选项D正确。《宪法修正案》（1993）第六条将宪法第八条第一款修改为："农村中的家庭联产承包为主的责任制和生产、供销、信用、消费等各种形式的合作经济，是社会主义劳动群众集体所有制经济。参加农村集体经济组织的劳动者，有权在法律规定的范围内经营自留地、自留山、家庭副业和饲养自留畜。"

2. 【答案】D

【解析】2004年《宪法修正案》第23条规定：宪法第14条增加一款，作为第4款："国家建立健全同经济发展水平相适应的社会保障制度。"由此可知D项表述正确。宪法修正案的内容，应该归纳总结记忆。

第二章　国家结构

第一节　国家结构形式

【考点】国家结构形式

【考点点拨】(1) 现代国家结构形式主要有：联邦制（美国）和单一制（中国）。单一制的特点是：一个宪法，一个政府，一个国际法主体，公民只有一个国籍，地方权力来源于中央、权力中心在中央，地方只是国家的行政单位、没有独立性。(2) 我国单一制国家结构形式的主要特点是民族区域自治和特别行政区自治。

关于我国的国家结构形式，下列选项正确的是（　　）(2012—1—90，不定项)

A. 我国实行单一制国家结构形式

B. 维护宪法权威和法制统一是国家的基本国策

C. 在全国范围内实行统一的政治、经济、社会制度

D. 中华人民共和国是一个统一的国际法主体

【考点】行政区域划分

【考点点拨】我国行政区划的批准或决定权如下：(1) 全国人大：省级（省、自治区、直辖市）建置（设立、撤销、更名），特区（特别行政区）设立；(2) 省级政府：乡级（乡、镇、民族乡）建置、界限变更；(3) 国务院授权省级政府：普通县级（县、市、市辖区）部分界限变更；(4) 国务院：剩下的行政区划。

1. 根据《宪法》和法律法规的规定，关于我国行政区划变更的法律程序，下列哪一选项是正确的？（　　）(2015—1—23，单选)

A. 甲县欲更名，须报该县所属的省级政府审批

B. 乙省行政区域界线的变更，应由全国人大审议决定

C. 丙镇与邻近的一个镇合并，须报两镇所属的县级政府审批

D. 丁市部分行政区域界线的变更，由国务院授权丁市所属的省级政府审批

2. 根据《宪法》规定，关于行政建置和行政区划，下列选项正确的是（　　）(2014—1—96，不定项)

A. 全国人大批准省、自治区、直辖市的建置

B. 全国人大常委会批准省、自治区、直辖市的区域划分

C. 国务院批准自治州、自治县的建置和区域划分

D. 省、直辖市、地级市的人民政府决定乡、民族乡、镇的建置和区域划分

3. 根据《宪法》的规定，关于国家结构形式，下列哪一选项是正确的？（　　）(2013—1—24，单选)

A. 从中央与地方的关系上看，我国有民族区域自治和特别行政区两种地方制度

B. 县、市、市辖区部分行政区域界线的变更由省、自治区、直辖市政府审批

C. 经济特区是我国一种新的地方制度

D. 行政区划纠纷或争议的解决是行政区划制度内容的组成部分

第二节　民族区域自治制度

【考点】民族自治地方的自治权

1. 根据我国民族区域自治制度，关于民族自治县，下列哪一选项是错误的？（　　）（2017—1—23改，单选）

A. 自治机关保障本地方各民族都有保持或改革自己风俗习惯的自由

B. 在经济上，自主管理地方财政，若开辟外贸口岸，开展边境贸易，须经国务院批准

C. 县人大常委会中应有实行区域自治的民族的公民担任主任或者副主任

D. 县人大可自行变通或者停止执行上级国家机关的决议、决定、命令和指示

2. 根据《宪法》和法律的规定，关于民族自治地方自治权，下列哪一表述是正确的？（　　）（2015—1—24，单选）

A. 自治权由民族自治地方的权力机关、行政机关、审判机关和检察机关行使

B. 自治州人民政府可以制定政府规章对国务院部门规章的规定进行变通

C. 自治条例可以依照当地民族的特点对宪法、法律和行政法规的规定进行变通

D. 自治县制定的单行条例须报省级人大常委会批准后生效，并报全国人大常委会备案

3. 根据《宪法》和法律的规定，关于民族区域自治制度，下列哪些选项是正确的？（　　）（2014—1—63，多选）

A. 民族自治地方法院的审判工作，受最高法院和上级法院监督

B. 自治区政府有权保护和整理民族的文化遗产

C. 民族自治区的自治条例和单行条例报全国人大批准后生效

D. 民族自治地方自主决定本地区人口政策，不实行计划生育

4. 根据《宪法》和《民族区域自治法》的规定，下列选项不正确的是（　　）。（2011—1—87，不定项）

A. 民族区域自治以少数民族聚居区为基础，是民族自治与区域自治的结合

B. 民族自治地方的国家机关既是地方国家机关，又是自治机关

C. 上级国家机关应该在收到自治机关变通执行或者停止有关决议、决定执行的报告之日起60日内给予答复

D. 自治地方的自治机关依照国家规定，可以和外国进行教育、科技、文化等方面的交流

第三节　特别行政区制度

【考点】特别行政区的政治体制

【考点点拨】特别行政区的政治体制重点掌握（1）特区和中央之间的关系，主要表现为全国人大、全国人大常委会和国务院对特区行使的职权。（2）特别行政区是在中央政府直辖、实行以行政长官为核心的行政主导、行政与立法既相互制衡又相互配合、司法独立的政治体制。

1. 根据《宪法》和《香港特别行政区基本法》规定，下列哪一选项是正确的？（　　）（2017—1—24，单选）

A. 行政长官就法院在审理案件中涉及的国防、外交等国家行为的事实问题发出的证明文件，对法院无约束力

B. 行政长官对立法会以不少于全体议员2/3多数再次通过的原法案，必须在1个月内签署公布

C. 香港特别行政区可与全国其他地区的司法机关通过协商依法进行司法方面的联系和相互提供协助

D. 行政长官仅从行政机关的主要官员和社会人士中委任行政会议的成员

2. 根据《宪法》和法律的规定，关于特别行政区，下列哪一选项是正确的？（　　）（2014—1—23，单选）

A. 澳门特别行政区财政收入全部由其自行支配，不上缴中央人民政府

B. 澳门特别行政区立法会举行会议的法定人数为不少于全体议员的三分之二

C. 非中国籍的香港特别行政区永久性居民不得当选为香港特别行政区立法会议员

D. 香港特别行政区廉政公署独立工作，对香港特别行政区立法会负责

3. 根据《香港特别行政区基本法》和《澳门特别行政区基本法》的规定，下列哪些选项是正确的？（　　）（2013—1—61，多选）

A. 对世界各国或各地区的人入境、逗留和离境，特别行政区政府可以实行入境管制

B. 特别行政区行政长官依照法定程序任免各级法院法官、任免检察官

C. 香港特别行政区立法会议员因行为不检或违反誓言而经出席会议的议员三分之二通过谴责，由立法会主席宣告其丧失立法会议员资格

D. 基本法的解释权属于全国人大常委会

【考点】特别行政区的法律制度

【考点点拨】(1) 特区基本法由全国人大制定和修改，由全国人大常委会解释；特区各级法院对基本法也有解释权，但其效力低于全国人大常委会的解释；(2) 特区法律制度自成体系，其法律渊源包括：特区基本法、予以保留的原有法律、特区立法机关制定的法律、适用于特区的全国性法律。

1. 澳门特别行政区依照《澳门基本法》的规定实行高度自治，享有行政管理权、立法权、独立的司法权和终审权。关于中央和澳门特别行政区的关系，下列哪一选项是正确的？（　　）（2016—1—25，单选）

A. 全国性法律一般情况下是澳门特别行政区的法律渊源

B. 澳门特别行政区终审法院法官的任命和免职须报全国人大常委会备案

C. 澳门特别行政区立法机关制定的法律须报全国人大常委会批准后生效

D.《澳门基本法》在澳门特别行政区的法律体系中处于最高地位，反映的是澳门特别行政区同胞的意志

2. 根据我国宪法和港、澳基本法规定，关于港、澳基本法的修改，下列哪一选项是不正确的？（　　）（2011—1—26，单选）

A. 在不同港、澳基本法基本原则相抵触的前提下，全国人大常委会在全国人大闭会期间有权修改港、澳基本法

B. 港、澳基本法的修改提案权属于全国人大常委会、国务院和港、澳特别行政区

C. 港、澳特别行政区对基本法的修改议案，由港、澳特别行政区出席全国人大会议的代表团向全国人大会议提出

D. 港、澳基本法的任何修改，不得同我国对港、澳既定的基本方针政策相抵触

3. 关于特别行政区制度，下列哪些说法是不正确的？（　　）（2010—1—65。多选）

A. 香港特别行政区行政长官任职须年满四十五周岁

B. 香港特别行政区司法机关由其法院和检察院组成

C. 香港和澳门特别行政区的各级法院都有权解释本特别行政区基本法

D. 国务院有权对香港和澳门特别行政区的部分地区宣布进入紧急状态

参考答案及解析

第一节　国家结构形式

【考点】国家结构形式

【答案】ABD

【解析】国家结构形式是指特定国家调整国家整体与部分、中央与地方相互关系的形式。单一制的国家只有一部宪法，由统一的立法机关根据宪法制定法律，在国际法上只有一个国际法的主体，我国的香港、澳门特别行政区、台湾地区不是国际法的主体。所以我国是典型的单一制国家，A、B、D是正确的。

C的说法明显错误，我国实行的是“一国两制”，在我国的香港、澳门特别行政区、台湾地区，政治、经济、社会制度和大陆是有区别的。

【考点】行政区域划分

1. 【答案】D

【解析】A项错误。根据《宪法》第89条，县的更名属于县级建制，由国务院审批。

B项错误。根据《宪法》第89条，省级区域界线变更不属于省级建置，由国务院审批。

C项错误。两个镇的合并属于乡级建置，由省级人民政府决定。

D项正确。根据《国务院关于行政区划管理的规定》第5条：“县、市、市辖区的部分行政区域界线的变更，国务院授权省、自治区、直辖市人民政府审批”。

2. 【答案】AC

【解析】选项A正确。根据《宪法》第62条的规定，全国人民代表大会批准省、自治区和直辖市的建置。

选项B错误。根据《宪法》第89条的规定，国务院批准省、自治区、直辖市的区域划分，批准自治州、县、自治县、市的建置和区域划分。

选项C正确。国务院批准自治州、自治县的建置和区域划分。

选项D错误。《宪法》第107第3款规定，省、直辖市的人民政府决定乡、民族乡、镇的建置和区域划分。其中并不包含地级市，D项错误。

3. 【答案】D

【解析】按不同区域所实行的不同地方制度，可将我国行政区划分为普通行政区划、民族自治地方区划、特别行政区划。A项只列两种地方制度，故错误。

根据《国务院关于行政区划管理的规定》第5条第1款规定：“县、市、市辖区的部分行政区域界线的变更，国务院授权省，自治区、直辖市人民政府审批，批准变更时，同时报送民政部备案。”据此，县、市、市辖区的部分行政区域界线的变更，国务院可以审批，经国务院授权的省级政府也可以审批，故B项表述似乎是说只能由省级政府审批，故错误。

经济特区仍属于普通行政区划，只不过实行特殊政策而已，故经济特区制度并非一种独立的地方制度，C项错误。

从内容上看，行政区域划分制度包括行政区域划分的机关、原则、程序及行政区域边界争议的处理等内容。故D项正确。

第二节　民族区域自治制度

【考点】民族自治地方的自治权

1. 【答案】D

【解析】A选项正确。《民族区域自治法》第10条规定，民族区域的自治机关保障本地方各民族都有使用和发展本民族语言文字的自由，都有保持或改革自己风俗习惯的自由。

B选项正确。《民族区域自治法》第117、118、33条规定，民族自治地方依照国家法律的规定，自主管理地方财政；在国家计划指导下，自主地安排和管理地方性的经济建设事业；经国务院批准可以开辟对外贸易口岸，开展边境贸易。

C选项正确。《宪法》第113条第2款规定，县一级人大常委会中应有实行区域自治的民族的公民担任主任或者副主任。注意：根据《民族区域自治法》第17条规定，自治区主席、自治州州长、自治县县长由实行区域自治的民族的公民担任。

D选项错误。《民族区域自治法》第20条规定，如果上级国家机关的决议、决定、命令和指示，有不适合民族自治地方实际情况的，自治机关可以报经该上级国家机关批准，变通执行或者停止执行；该上级国家机关应当在收到报告之日起60日内给予答复。

2. 【答案】D

【解析】根据《宪法》第112条规定："民族自治地方的自治机关是自治区、自治州、自治县的人民代表大会和人民政府。"可知，民族自治机关只包括自治地方的人民代表大会和人民政府，而法院和检察院不是自治机关，也不行使自治权，故A错误。

根据《立法法》第75条第1款的规定："民族自治地方的人民代表大会有权依照当地民族的政治、经济和文化的特点，制定自治条例和单行条例。自治区的自治条例和单行条例，报全国人民代表大会常务委员会批准后生效。"可知，只有民族自治地方的人大有权制定自治条例和单行条例，而自治州的政府不能对部门规章进行变通，故B错误。

根据《立法法》第75条第2款规定："自治条例和单行条例可以依照当地民族的特点，对法律和行政法规的规定作出变通规定，但不得违背法律或者行政法规的基本原则，不得对宪法和民族区域自治法的规定以及其他有关法律、行政法规专门就民族自治地方所作的规定作出变通规定。"可知，自治条例可以对法律和行政法规作出变通，但不得对"宪法"进行变通，故C错误。

据《宪法》第116条规定："自治州、自治县的自治条例和单行条例，报省或者自治区的人民代表大会常务委员会批准后生效，并报全国人民代表大会常务委员会备案。"故D正确。

3. 【答案】AB

【解析】选项A正确。《民族区域自治法》第46条第2款规定，民族自治地方人民法院的审判工作，受最高人民法院和上级人民法院监督。

选项B正确。《宪法》第119条规定："民族自治地方的自治机关自主地管理本地方的教育、科学、文化、卫生、体育事业，保护和整理民族的文化遗产，发展和繁荣民族文化。"

选项C错误。《立法法》第66条以及《民族区域自治法》第19条规定，民族自治地方的人民代表大会有权依照当地民族的政治、经济和文化的特点，制定自治条例和单行条例。自治区的自治条例和单行条例，报全国人民代表大会常务委员会批准后生效。自治州、自治县的自治条例和单行条例报省、自治区、直辖市的人民代表大会常务委员会批准后生效，并报全国人民代表大会常务委员会和国务院备案。据此可知，民族自治地区的自治条例和单行条例不是报“全国人大”，而是报“全国人大常委会”批准后才能生效。
选项D错误。《民族区域自治法》第44条规定，民族自治地方实行计划生育和优生优育，提高各民族人口素质。民族自治地方的自治机关根据法律规定，结合本地方的实际情况，制定实行计划生育的办法。由此可知，民族自治地方也实行计划生育。

4. **【答案】** BD

【解析】 选项A说法正确。民族区域自治制度是民族自治与区域自治的结合，民族自治地方的人大与政府，既是地方国家机关，也是民族自治机关。
选项B说法错误。《民族区域自治法》第15条第1款规定，民族自治地方的自治机关是自治区、自治州、自治县的人民代表大会和人民政府。比如民族自治地方的司法机关是地方国家机关，但不是自治机关。
选项C说法正确。《民族区域自治法》第20条规定，上级国家机关的决议、决定、命令和指示，如有不适合民族自治地方实际情况的，自治机关可以报经该上级国家机关批准，变通执行或者停止执行；该上级国家机关应当在收到报告之日起六十日内给予答复。
选项D说法错误。《民族区域自治法》第四42条第2款规定，自治区、自治州的自治机关依照国家规定，可以和国外进行教育、科学技术、文化艺术、卫生、体育等方面的交流。这里应当是自治区与自治州，不包括自治县。

第三节　特别行政区制度

【考点】 特别行政区的政治体制

1. **【答案】** C

【解析】 A选项错误。根据《香港特别行政区基本法》第19条第3款规定：“香港特别行政区法院对国防、外交等国家行为无管辖权。香港特别行政区法院在审理案件中遇有涉及国防、外交等国家行为的事实问题，应取得行政长官就该等问题发出的证明文件，上述文件对法院有约束力。行政长官在发出证明文件前，须取得中央人民政府的证明书”。
B选项错误。《香港特别行政区基本法》第49条规定“香港特别行政区行政长官如认为立法会通过的法案不符合香港特别行政区的整体利益，可在三个月内将法案发回立法会重议，立法会如以不少于全体议员三分之二多数再次通过原案，行政长官必须在一个月内签署公布或按本法第五十条的规定处理”。第50条规定“香港特别行政区行政长官如拒绝签署立法会再次通过的法案或立法会拒绝通过政府提出的财政预算案或其他重要法案，经协商仍不能取得一致意见，行政长官可解散立法会。行政长官在解散立法会前，须征询行政会议的意见。行政长官在其一任任期内只能解散立法会一次”。除在1个月内签署公布外，行政长官还可解散立法会，但行政长官在其任期内只能解散一次立法会。
C选项正确。根据《香港特别行政区基本法》第95条规定，香港特别行政区可与全国其他地区的司法机关通过协商依法进行司法方面的联系和相互提供协助。
D选项错误。根据《香港特别行政区基本法》第55条规定“香港特别行政区行政会议的成员由行政长官从行政机关的主要官员、立法会议员和社会人士中委任，其任免由行政长官决定。行政会议成员的任期应不超过委任他的行政长官的任期”。

2. **【答案】** A

【解析】《澳门特别行政区基本法》第104条规定，澳门特别行政区保持财政独立。澳门特别行政区财政收入全部由澳门特别行政区自行支配，不上缴中央人民政府。A项正确。《澳门特别行政区基本法》第77条第1款规定，澳门特别行政区立法会举行会议的法定人数为不少于全体议员的二分之一。除本法另有规定外，立法会的法案、议案由全体议员过半数通过。B项错误。

《香港特别行政区基本法》第67条规定，香港特别行政区立法会由在外国无居留权的香港特别行政区永久性居民中的中国公民组成。但非中国籍的香港特别行政区永久性居民和在外国有居留权的香港特别行政区永久性居民也可以当选为香港特别行政区立法会议员，其所占比例不得超过立法会全体议员的百分之二十。可见，并不是非中国籍的香港特别行政区永久性居民不得当选，而是有一定比例限制。因此，C项错误。

《香港特别行政区基本法》第57条规定，香港特别行政区设立廉政公署，独立工作，对行政长官负责。因此，廉政公署是对行政长官负责，而不是立法会，D项错误。

3. 【答案】ACD

【解析】《香港特别行政区基本法》第154条第2款规定："对世界各国或各地区的人入境、逗留和离境，香港特别行政区政府可实行出入境管制。"《澳门特别行政区基本法》第139条第2款规定："对世界各国或各地区的人入境、逗留和离境，澳门特别行政区政府可实行出入境管制。"故A项正确。

《香港特别行政区基本法》第48条规定：香港特别行政区行政长官依照法定程序任免各级法院法官。《澳门特别行政区基本法》第50条规定：澳门特别行政区行政长官依照法定程序任免各级法院院长和法官、检察官。但澳门检察长是由澳门行政长官提名或建议免职，并报请中央人民政府任命或决定。澳门特区检察长也属于检察官，但其并非由行政长官任免，故B项不正确。

《香港特别行政区基本法》第79条规定："香港特别行政区立法会议员如有下列情况之一，由立法会主席宣告其丧失立法会议员的资格：……（七）行为不检或违反誓言而经立法会出席会议的议员三分之二通过谴责。"据此，C项正确。

《香港特别行政区基本法》第158条第1款规定："本法的解释权属于全国人民代表大会常务委员会。"《澳门特别行政区基本法》第143条第1款规定："本法的解释权属于全国人民代表大会常务委员会。"据此，D项正确。

【考点】特别行政区的法律制度

1. 【答案】B

【解析】根据《香港基本法》附件三、《澳门基本法》附件三的规定，在特区实施的全国性法律仅限于有关国旗、国徽、国歌、首都、国境以及外交特权和豁免等方面的法律，其他一般法律在澳门并不实施。此外，根据《香港基本法》第18条第4款、《澳门基本法》第18条第4款，在特区进入战争状态或紧急状态时，可由国务院发布命令将全国性法律在特别行政区实施。因此，全国性法律一般情况下并不是澳门特别行政区的法律渊源。A选项错误。

根据《澳门基本法》第87条第1、第3和第4款的规定，澳门终审法院的法官由行政长官任命和免职，并须报全国人大常委会备案。B选项正确。

根据《澳门基本法》第17条的规定，澳门特别行政区立法机关制定的法律须报全国人大常委会备案，备案不影响该法律的生效。此处要求备案，而非"批准"。C选项错误。

根据《香港基本法》第 11 条第 2 款、《澳门基本法》第 11 条第 2 款规定，特别行政区的任何法律、法令、行政法规和其他规范性文件均不得同《香港基本法》《澳门基本法》相抵触。因此，《香港基本法》《澳门基本法》在特别行政区的法律体系中处于最高地位。《香港基本法》《澳门基本法》是根据我国宪法制定的基本法律，它反映的是包括、香港澳门特别行政区同胞在内的全国人民的意志，而不仅仅是香港或澳门同胞的意志。D 选项错误。

2. 【答案】A

【解析】选项 A 说法错误。根据《香港特别行政区基本法》第 159 条第 1 款、《澳门特别行政区基本法》第 144 条第 1 款，基本法的修改权属于全国人民代表大会，全国人大常委会没有修改权。

选项 B、C 说法正确。《香港特别行政区基本法》第 159 条第 2 款规定，本法的修改提案权属于全国人民代表大会常务委员会、国务院和香港特别行政区。香港特别行政区的修改议案，须经香港特别行政区的全国人民代表大会代表三分之二多数、香港特别行政区立法会全体议员三分之二多数和香港特别行政区行政长官同意后，交由香港特别行政区出席全国人民代表大会的代表团向全国人民代表大会提出。《澳门特别行政区基本法》第 144 条第 2 款中亦有同样的规定。

选项 D 说法正确。《香港特别行政区基本法》第 159 条第 4 款规定，本法的任何修改，均不得同中华人民共和国对香港既定的基本方针政策相抵触。《澳门特别行政区基本法》第 144 条第 4 款规定，本法的任何修改，均不得同中华人民共和国对澳门既定的基本方针政策相抵触。

3. 【答案】ABD

【解析】《香港特别行政区基本法》第 44 条："香港特别行政区行政长官由年满四十周岁，在香港通常居住连续满二十年并在外国无居留权的香港特别行政区永久性居民中的中国公民担任。"A 项错误。

《香港特别行政区基本法》第 80 条："香港特别行政区各级法院是香港特别行政区的司法机关，行使香港特别行政区的审判权。"第 63 条规定："香港特别行政区律政司主管刑事检察工作，不受任何干涉。"因此，律政司是行政机关，而非司法机关。B 项错误。

根据《香港特别行政区基本法》第 158 条和《澳门特别行政区基本法》第 143 条，《特别行政区基本法》的解释权属于全国人大常委会，但可授权特区各级法院对在自治范围的条款进行解释。C 项正确。

根据《香港特别行政区基本法》第 18 条和《澳门特别行政区基本法》第 18 条，全国人大常委会决定宣布香港和澳门特别行政区进入紧急状态时，国务院可宣布将有关全国性法律在特别行政区实施。国务院没有宣布特别行政区进入紧急状态的权力。D 项错误。

第三章　国家机构

第一节　国家机构概述

【考点】人民代表大会制度

【考点点拨】(1) 人民代表大会制度是我国的根本政治制度，是人民主权宪法原则的体现。人民选举代表组成人民代表大会，人民代表大会产生了人大常委会、国家主席、军事机关、行政机关、司法机关、监察机关等其他国家机关，其他国家机关由其产生，对其负责，有的还需要报告工作。(2) 责任制原则：**①责任制在机关内的体现**：行政机关和军事机关内部实行个人负责制，权力机关（人大和人大常委会）监察机关和司法机关内部实行集体负责制。**②责任制在机关间的表现**：a. 行政机关和检察院对本级人大及常委会负责并报告工作，并对上级机关负责并报告工作；b. 人大常委会对本级人大负责并报告工作；法院对本级人大及其常委会负责并报告工作；c. 中央军事委员会主席向全国人大及其常委会负责，监察委对本级人大和人大常委会负责。**③代表负责制：各级人民代表大会都要向人民负责**，每一代表都要受原选举单位的监督，它们可以随时罢免自己所选出的代表。

人民代表大会制度是我国的根本政治制度。关于人民代表大会制度，下列表述正确的是（　　）（2017－1－92，不定项）

A. 国家的一切权力属于人民，这是人民代表大会制度的核心内容和根本准则

B. 各级人大都由民主选举产生，对人民负责，受人民监督

C. “一府两院”都由人大产生，对它负责，受它监督

D. 人民代表大会制度是实现社会主义民主的唯一形式

第二节　国家权力机关

【考点】全国人大的职权

1. 根据《宪法》和法律的规定，关于国家机关组织和职权，下列选项正确的是（　　）（2013－1－90，不定项）

A. 全国人民代表大会修改宪法、解释宪法、监督宪法的实施

B. 国务院依照法律规定决定省、自治区、直辖市的范围内部分地区进入紧急状态

C. 省、自治区、直辖市政府在必要的时候，经国务院批准，可以设立若干派出机关

D. 地方各级检察院对产生它的国家权力机关和上级检察院负责

2. 关于全国人大职权，下列哪些说法是正确的？（　　）（2010－1－63，多选）

A. 选举国家主席、副主席

B. 选举国务院总理、副总理

C. 选举最高人民法院院长、最高人民检察院检察长

D. 决定特别行政区的设立与建置

【考点】全国人大会议制度和工作程序

1. 根据《宪法》和《立法法》规定，关于全国人大常委会委员长会议，下列哪些选项是正确的？（　　）（2011－1－61，多选）

A. 委员长会议可以向常委会提出法律案

B. 列入常委会会议议程的法律案，一般应当经3次委员长会议审议后再交付常委会表决

C. 经委员长会议决定，可以将列入常委会会议议程的法律案草案公布，征求意见

D. 专门委员会之间对法律草案的重要问题意见不一致时，应当向委员长会议报告

2. 根据《全国人大组织法》规定，在必要的时候，下列哪一机构有权决定全国人民代表大会会议秘密举行？（　　）（2010－1－20，单选）

A. 十个以上代表团联名

B. 全国人大常委会委员长会议

C. 全国人大主席团和各代表团团长会议

D. 全国人大常委会和全国人大主席团

【考点】全国人民代表大会以及全国人大常委会监督权的行使

关于全国人大及其常委会的质询权，下列说法正确的是：（　　）（2010－1－93。不定项）

A. 全国人大会议期间，一个代表团可书面提出对国务院的质询案

B. 全国人大会议期间，三十名以上代表联名可书面提出对国务院各部的质询案

C. 全国人大常委会会议期间，常委会组成人员十人以上可书面提出对国务院各委员会的质询案

D. 全国人大常委会会议期间，委员长会议可书面提出对国务院的质询案

【考点】全国人大各委员会（专门委员会、调查委员会）

根据《宪法》规定，关于全国人大的专门委员会，下列哪一选项是正确的？（　　）（2013－1－26，单选）

A. 各专门委员会在其职权范围内所作决议，具有全国人大及其常委会所作决定的效力

B. 各专门委员会的主任委员、副主任委员由全国人大及其常委会任命

C. 关于特定问题的调查委员会的任期与全国人大及其常委会的任期相同

D. 全国人大及其常委会领导专门委员会的工作

【考点】地方人民代表大会

1. 某县人大闭会期间，赵某和钱某因工作变动，分别辞去县法院院长和检察院检察长职务。法院副院长孙某任代理院长，检察院副检察长李某任代理检察长。对此，根据《宪法》和法律，下列哪一说法是正确的？（　　）（2017－1－27，单选）

A. 赵某的辞职请求向县人大常委会提出，由县人大常委会决定接受辞职

B. 钱某的辞职请求由上一级检察院检察长向该级人大常委会提出

C. 孙某出任代理院长由县人大常委会决定，报县人大批准

D. 李某出任代理检察长由县人大常委会决定，报上一级检察院和人大常委会批准

2. 根据《宪法》和《地方组织法》规定，下列哪一选项是正确的？（　　）（2010－1－22，单选）

A. 县级以上的地方各级人民代表大会常务委员会由主任、副主任若干人，秘书长、委员若干人组成

B. 县级以上的地方各级人民代表大会常务委员会根据需要，可以设法制（政法）委员会等专门委员会

C. 县级以上的地方各级人民代表大会可以组织关于特定问题的调查委员会

D. 县级以上的地方各级人民代表大会会议由本级人民代表大会常务委员会召集并主持

【考点】《监督法》

1. 甲市政府对某行政事业性收费项目的依据和标准迟迟未予公布，社会各界意见较大。关于这一问题的表述，下列哪些选项是正确的？（　　）（2016－1－66，多选）

A. 市政府应当主动公开该收费项目的依据和标准

B. 市政府可向市人大常委会要求就该类事项作专项工作报告

C. 市人大常委会组成人员可依法向常委会书面提出针对市政府不公开信息的质询案

D. 市人大举行会议时，市人大代表可依法书面提出针对市政府不公开信息的质询案

2. 根据《监督法》的规定，关于监督程序，下列哪一选项是不正确的？（　　）（2014－1－26，单选）

A. 政府可委托有关部门负责人向本级人大常委会作专项工作报告

B. 以口头答复的质询案，由受质询机关的负责人到会答复

C. 特定问题调查委员会在调查过程中，应当公布调查的情况和材料

D. 撤职案的表决采用无记名投票的方式，由常委会全体组成人员的过半数通过

3. 根据《宪法》和《监督法》的规定，关于各级人大常委会依法行使监督权，下列选项正确的是：（　　）（2013－1－91，不定项）

A. 各级人大常委会行使监督权的情况，应当向本级人大报告，接受监督

B. 全国人大常委会可以委托下级人大常委会对有关法律、法规在本行政区域内的实施情况进行检查

C. 质询案以书面答复的，由受质询的机关的负责人签署

D. 依法设立的特定问题调查委员会在调查过程中，可以不公布调查的情况和材料

4. 根据《宪法》和《监督法》规定，下列选项正确的是（　　）。（2011－1－88，不定项）

A. 县级以上地方各级政府应当在每年6月至9月期间，将上一年度的本级决算草案提请本级人大常委会审查和批准

B. 人大常委会认为必要时，可以对审计工作报告作出决议；本级政府应在决议规定的期限内，将执行决议的情况向常委会报告

C. 最高法院作出的属于审判工作中具体应用法律的解释，应当在公布之日起30日内报全国人大常委会备案

D. 撤职案的表决采取记名投票的方式，由常委会全体组成人员的过半数通过

第三节　国家行政机关、司法机关和监察机关

一、国家行政机关

【考点】中央国家行政机关

【考点点拨】国务院的组成、职权以及国务院的会议制度：（1）国务院由总理、副总理、国务委员、秘书长、组成部门首长组成；（2）国务院有权制定行政法规、编制和执行国民经济和社会发展计划和国家预算，有权规定中央和省级国家行政机关的职权的具体划分；（3）国务院的会议包括全体会议和常务会议，前者由国务院全体人员参加，后者一般称为“领导会议”，部门首长不参加。

根据《宪法》规定，关于国务院的说法，下列哪些选项正确？（　　）（2010－1－61，多选）

A. 国务院由总理、副总理、国务委员、秘书长组成

B. 国务院常务会议由总理、副总理、国务委员、秘书长组成
C. 国务院有权改变或者撤销地方各级国家行政机关的不适当的决定和命令
D. 国务院依法决定省、自治区、直辖市的范围内部分地区进入紧急状态

【考点】预算制度

预算制度的目的是规范政府收支行为，强化预算监督。根据《宪法》和法律的规定，关于预算，下列表述正确的是：(　　)(2015—1—93，不定项)

A. 政府的全部收入和支出都应当纳入预算
B. 经批准的预算，未经法定程序，不得调整
C. 国务院有权编制和执行国民经济和社会发展计划、国家预算
D. 全国人大常委会有权审查和批准国家的预算和预算执行情况的报告

【考点】审计制度

国家实行审计监督制度。为加强国家的审计监督，全国人大常委会于1994年通过了《审计法》，并于2006年进行了修正。关于审计监督制度，下列哪些理解是正确的？(　　)(2016—1—65，多选)

A.《审计法》的制定与执行是在实施宪法的相关规定
B. 地方各级审计机关对本级人大常委会和上一级审计机关负责
C. 国务院各部门和地方各级政府的财政收支应当依法接受审计监督
D. 国有的金融机构和企业事业组织的财务收支应当依法接受审计监督

【考点】地方国家机构

根据《宪法》和法律的规定，关于国家机构，下列哪些选项是正确的？(　　)(2014—1—60，多选)

A. 全国人民代表大会代表受原选举单位的监督
B. 中央军事委员会实行主席负责制
C. 地方各级审计机关依法独立行使审计监督权，对上一级审计机关负责
D. 市辖区的政府经本级人大批准可设立若干街道办事处，作为派出机关

二、国家司法机关

【考点】国家司法机关

【考点点拨】(1) 国家司法机关上下级之间的关系：法院上下级之间是监督关系，检察院上下级之间是领导关系。我国的专门人民法院有：军事法院、海事法院、金融法院、知识产权法院。(2) 组成人员的产生及其去职。

1. 某县人大闭会期间，赵某和钱某因工作变动，分别辞去县法院院长和检察院检察长职务。法院副院长孙某任代理院长，检察院副检察长李某任代理检察长。对此，根据《宪法》和法律，下列哪一说法是正确的？(　　)(2017—1—27，单选)
   A. 赵某的辞职请求向县人大常委会提出，由县人大常委会决定接受辞职
   B. 钱某的辞职请求由上一级检察院检察长向该级人大常委会提出
   C. 孙某出任代理院长由县人大常委会决定，报县人大批准
   D. 李某出任代理检察长由县人大常委会决定，报上一级检察院和人大常委会批准
2. 我国宪法规定，法院、检察院和公安机关办理刑事案件，应当分工负责，互相配合，互相制约。对此，下列哪些选项是正确的？(　　)(2017—1—65，多选)

A. 分工负责是指三机关各司其职、各尽其责

B. 互相配合是指三机关以惩罚犯罪分子为目标，通力合作，互相支持

C. 互相制约是指三机关按法定职权和程序互相监督

D. 公、检、法三机关之间的这种关系，是权力制约原则在我国宪法上的具体体现

三、国家监察机关

【考点】监察委员会

【考点点拨】(1) 监察委组成：主任、副主任、委员；(2) 监察委的地位：对本级人大及其常委会负责、受其监督，并对上一级监察委负责报告工作；(3) 监察委的职权：应与审判机关、检察机关、执法部门相互配合、相互制约。

我国各级监察委员会是行使国家监察职能的专责国家监察机关，下列关于监察委的说法，正确的是（　　）

A. 省监察委员会主任由上级任命，任期两届

B. 上级监察委可办理下一级监察事项，必要时可办理下级所有事项

C. 监察机关办理职务违法和职务犯罪案件，应当与审判机关、检察机关、执法部门相互配合、相互制约

D. 各级人大常委会听取审议监察委的专项工作报告，组织执法检查，人大代表或人大常委会成员可以对监察工作询问或质询

第四节　国家主席和中央军事委员会

一、国家主席

【考点】国家主席的产生及其职权

【考点点拨】国家主席的职权：提名总理，任免国务院（组成人员），签字大常（全大全常决定重要事项），国事荣典。

1. 根据《国家勋章和国家荣誉称号法》规定，下列哪一选项是正确的？（　　）（2017－1－26，单选）

A. 共和国勋章由全国人大常委会提出授予议案，由全国人大决定授予

B. 国家荣誉称号为其获得者终身享有

C. 国家主席进行国事活动，可直接授予外国政要、国际友人等人士“友谊勋章”

D. 国家功勋薄是记载国家勋章和国家荣誉称号获得者的名录

2. 根据《宪法》和《组织法》的规定，下列正确的是（　　）。(2011－1－86，不定项)

A. 地方各级人大代表非经本级人大主席团许可，在大会闭会期间非经本级人大常委会许可，不受逮捕或刑事审判

B. 乡、民族乡、镇的人大主席、副主席不得担任国家行政机关的职务

C. 审计机关依照法律独立行使审计权，不受行政机关、社会团体和个人的干涉

D. 中华人民共和国主席根据全国人大常委会的决定，进行国事活动

二、中央军事委员会

【考点】中央军事委员会

【考点点拨】中央军委组成人员的产生、去职

中华人民共和国中央军事委员会领导全国武装力量。关于中央军事委员会，下列哪一表述是错误的？（　　）（2015—1—26，单选）

A. 实行主席负责制　　B. 每届任期与全国人大相同

C. 对全国人大及其常委会负责　　D. 副主席由全国人大选举产生

第五节　宪法宣誓与国家标志

【考点】

《全国人民代表大会常务委员会关于实行宪法宣誓制度的决定》于2016年1月1日起实施。关于宪法宣誓制度的表述，下列哪些选项是正确的？（　　）（2016—1—61，多选）

A. 该制度的建立有助于树立宪法的权威

B. 宣誓场所应当悬挂中华人民共和国国旗或者国徽

C. 宣誓主体限于各级政府、法院和检察院任命的国家工作人员

D. 最高法院副院长、审判委员会委员进行宣誓的仪式由最高法院组织

参考答案及解析

第一节　国家机构概述

【考点】 人民代表大会制度

【答案】 ABC

【解析】 A选项正确。《宪法》第2条规定："中华人民共和国的一切权力属于人民。"这是人民代表大会制度的核心内容和根本准则。

B选项正确。《宪法》第3条第2款："全国人民代表大会和地方各级人民代表大会都由民主选举产生，以人民负责，受人民监督。"注意：地方各级人大与全国人大一起构成我国国家权力机关体系。但全国人大与地方各级人大之间以及地方各级人大之间没有隶属关系，上级人大有权依照宪法和法律监督下级人大的工作。

C选项正确。《宪法》第3条第3款："国家行政机关、审判机关、检察机关都由人民代表大会产生，对它负责，受它监督。"

D选项错误。人民代表大会制度是社会主义民主的重要形式，但不是唯一形式。基层群众自治制度也是社会主义民主的实现形式。

第二节　国家权力机关

【考点】 全国人大的职权

1. **【答案】** BD

【解析】 根据《宪法》第62条、67条，全国人大修改宪法，全国人大常委会解释宪法，全国人大及其常委会监督宪法实施。解释宪法权，由全国人大常委会享有，故A项错误。

根据《宪法》第67条第21项、第89条，全国人大常委会决定全国或省级（省、自治区、直辖市）进入紧急状态，国务院决定省级（省、自治区、直辖市）内的部分地区进入紧急状态，B项正确。

我国有三个派出机关，其设立的决定权如下：(1)作为省级政府（省、自治区的政府）

的派出机关，行政公署的设立由国务院决定。注意：直辖市不设立行政公署；(2) 作为县政府（县、自治县的政府）的派出机关，区公所的设立由省级（省、自治区、直辖市）政府决定；(3) 作为城市基层政府（不设区的市、市辖区的政府）的派出机关，街道办事处由基层政府的上一级政府（设区市、直辖市的政府）决定设立。据此，直辖市政府无权设立派出机关，故 C 项错误。

《宪法》第 133 条规定："最高人民检察院对全国人民代表大会和全国人民代表大会常务委员会负责。地方各级人民检察院对产生它的国家权力机关和上级人民检察院负责。"我国国家机关中，行政机关、检察院和监察委等上下级之间是领导关系，下级对上级要负责。据此，D 项正确。

2. **【答案】** AC

【解析】 中央国家机关组成人员的产生：(1) 国家主席、副主席，由全国人大主席团提名，全国人大选举产生；A 选项正确。(2) 中央军委：军委主席由全国人大主席团提名，全国人大选举产生；军委副主席、委员由军委主席提名，全国人大及其常委会决定；(3) 全国人大常委会组成人员，由全国人大主席团提名，全国人大选举产生。(4) 国务院组成人员：①提名：国家主席提名总理，总理提名国务院其他人员；②产生：全国人大决定总理、副总理和国务委员；全国人大及其常委会决定国务院其他组成人员（秘书长、部门首长）。B 选项错误，总理、副总理是"决定"产生，而不是选举。(5) 国家监察委主任由全国人大主席团提名，全国人大选举产生；副主任、委员由监察委主任提名，全国人大常委会决定；(6) 最高法院、检察院组成人员：院长、检察长，由本级人大选举，其他人员由本级人大常委会决定。C 选项正确。

全国人大决定特别行政区的设立，没有建置，建置包括设立、撤销、更名。D 选项错误。

【考点】 全国人大会议制度和工作程序

1. **【答案】** AD

【解析】 选项 A 正确。《立法法》第 24 条第 1 款规定，委员长会议可以向常务委员会提出法律案，由常务委员会会议审议。

选项 B 错误。《立法法》第 27 条第 1 款规定，列入常务委员会会议议程的法律案，一般应当经三次常务委员会会议审议后再交付表决。据此可知，应当由常委会审议，而非委员长会议审议。

选项 C 错误。《立法法》第 35 条规定，列入常务委员会会议议程的重要的法律案，经委员长会议决定，可以将法律草案公布，征求意见。各机关、组织和公民提出的意见送常务委员会工作机构。因此，经委员长会议决定，可以将法律草案公布，征求意见的草案仅仅是列入常务委员会会议议程的重要的法律案。

选项 D 正确。《立法法》第 33 条规定，专门委员会之间对法律草案的重要问题意见不一致时，应当向委员长会议报告。

2. **【答案】** C

【解析】《全国人民代表大会组织法》第 20 条规定："全国人民代表大会会议公开举行；在必要的时候，经主席团和各代表团团长会议决定，可以举行秘密会议。"由此可知，有权决定举行秘密会议的是主席团和各代表团团长。C 项符合题意。

【考点】 全国人民代表大会以及全国人大常委会监督权的行使

【答案】 ABC

【解析】《全国人大组织法》第16条规定："在全国人民代表大会会议期间，一个代表团或者三十名以上的代表，可以书面提出对国务院和国务院各部、各委员会的质询案，由主席团决定交受质询机关书面答复，或者由受质询机关的领导人在主席团会议上或者有关的专门委员会会议上或者有关的代表团会议上口头答复。"由规定可知，A、B项的表述正确。

第33条规定："在常务委员会会议期间，常务委员会组成人员十人以上，可以向常务委员会书面提出对国务院和国务院各部、各委员会的质询案，由委员长会议决定交受质询机关书面答复，或者由受质询机关的领导人在常务委员会会议上或者有关的专门委员会会议上口头答复。"由规定可知，C项符合法律的规定，D项表述错误。

【考点】全国人大各委员会（专门委员会、调查委员会）

【答案】D

【解析】《宪法》第70条第2款规定："各专门委员会在全国人民代表大会和全国人民代表大会常务委员会领导下，研究、审议和拟订有关议案。"据此，专门委员会仅能研究、审议和拟定有关议案，其不能作出决议，更谈不上作出与全国人大及其常委会同等效力的决定。故A项错误。

《全国人民代表大会组织法》第35条第3款规定："各专门委员会的主任委员、副主任委员和委员的人选，由主席团在代表中提名，大会通过。在大会闭会期间，全国人民代表大会常务委员会可以补充任命专门委员会的个别副主任委员和部分委员，由委员长会议提名，常务委员会会议通过。"据此，专门委员会的主任委员，只能由全国人大任命，不能由全国人大常委会任命。故B项错误。

《宪法》第71条第1款规定："全国人民代表大会和全国人民代表大会常务委员会认为必要的时候，可以组织关于特定问题的调查委员会，并且根据调查委员会的报告，作出相应的决议。"调查委员会是为调查特定问题的临时委员会，其任务完成即应撤销。C项错误。

《宪法》第70条第2款规定："各专门委员会在全国人民代表大会和全国人民代表大会常务委员会领导下，研究、审议和拟订有关议案。"据此，全国人大专门委员会由全国人大及其常委会领导。故D项正确。

【考点】地方人民代表大会

1. 【答案】A

   【解析】A选项正确。根据《各级人民代表大会组织法和地方各级人民政府组织法》第27条规定，在县人大闭会期间，赵某辞去县法院院长职务，应向县人大常委会提出，并由县人大常务委员会决定是否接受辞职。

   B选项错误。根据《各级人民代表大会组织法和地方各级人民政府组织法》第27条规定，县一级检察院检察长的任免，须报上一级检察院检察长提请该级人大常委会批准。

   C选项错误。人大闭会期间，孙某出任代理法院院长由县人大常委会决定。

   D选项错误。人大闭会期间，李某出任代理检察长应由上级人民检察院检察长提请该级人大常委会批准。

2. 【答案】C

   【解析】《宪法》第103条第1款规定："县级以上的地方各级人民代表大会常务委员会由主任、副主任若干人和委员若干人组成，对本级人民代表大会负责并报告工作。"县级人大常委会的组成人员中不包括秘书长。因此A选项错误。注意：中央军委、各级监察委以及县级以下（包括县级）的政府和人大常委会不设置秘书长。

《地方各级人民代表大会和地方各级人民政府组织法》第30条规定："省、自治区、直辖市、自治州、设区的市的人民代表大会根据需要，可以设法制委员会、财政经济委员会、教育科学文化卫生委员会等专门委员会；县、自治县、不设区的市、市辖区的人民代表大会根据需要，可以设法制委员会、财政经济委员会等专门委员会。各专门委员会受本级人民代表大会领导；在大会闭会期间，受本级人民代表大会常务委员会领导。"因此，专门委员会只能由县级以上人大设置，人大常委会无权设立专门委员会。B项错误。

第31条规定："县级以上的地方各级人民代表大会可以组织关于特定问题的调查委员会。"注意：县级以上地方人大及其常委会均可组织调查委员会。C项正确。

第12条规定："县级以上的地方各级人民代表大会会议由本级人民代表大会常务委员会召集。"第13条第3款的规定："县级以上的地方各级人民代表大会举行会议的时候，由主席团主持会议。"由上述条文规定可推知，县级以上地方各级人民代表大会会议由本级人民代表大会常务委员会召集，由主席团主持会议。D项说法错误。

【考点】《监督法》

1. 【答案】ABCD

【解析】根据国务院《信息公开条例》第10条第5项规定，甲市政府应该主动公开行政事业性收费项目的依据和标准。A选项正确。

根据《各级人民代表大会常务委员会监督法》第9条规定，人民政府、人民法院和人民检察院可以向本级人民代表大会常务委员会要求报告专项工作。B选项正确。

根据《地方各级人民代表大会和地方各级人民政府组织法》第47条规定，在常务委员会会议期间，省、自治区、直辖市、自治州、设区的市的人民代表大会常务委员会组成人员五人以上联名，县级的人民代表大会常务委员会组成人员三人以上联名，可以向常务委员会书面提出对本级人民政府、人民法院、人民检察院的质询案。C选项正确。

根据《地方各级人民代表大会和地方各级人民政府组织法》第28条规定，地方各级人民代表大会举行会议的时候，代表十人以上联名可以书面提出对本级人民政府和它所属各工作部门以及人民法院、人民检察院的质询案。D选项正确。

2. 【答案】C

【解析】《各级人民代表大会常务委员会监督法》第13条规定，专项工作报告由人民政府、人民法院或者人民检察院的负责人向本级人民代表大会常务委员会报告，人民政府也可以委托有关部门负责人向本级人民代表大会常务委员会报告。A项正确。

《监督法》第38条规定，质询案以口头答复的，由受质询机关的负责人到会答复。质询案以书面答复的，由受质询机关的负责人签署。B项正确。

《监督法》第42条第3款规定，调查委员会在调查过程中，可以不公布调查的情况和材料。C项所述"应当"公布错误。C项错误。

《监督法》第四46条第3款规定，撤职案的表决采用无记名投票的方式，由常务委员会全体组成人员的过半数通过。D项正确。

3. 【答案】ACD

【解析】《各级人民代表大会常务委员会监督法》第6条规定："各级人民代表大会常务委员会行使监督职权的情况，应当向本级人民代表大会报告，接受监督。"据此，A项正确。

《监督法》第25条规定："全国人民代表大会常务委员会和省、自治区、直辖市的人民代表大会常务委员会根据需要，可以委托下一级人民代表大会常务委员会对有关法律、法规在本行政区域内的实施情况进行检查。受委托的人民代表大会常务委员会应当将检查情况书面报送上一级人民代表大会常务委员会。"据此，全国人大常委会只能委托"下一级"（非"下级"）人大常委会（即省级人大常委会）进行执法检查。下级包括下一级、下两级、下三级等。故B项错误，不应选。

《监督法》第38条规定："质询案以口头答复的，由受质询机关的负责人到会答复。质询案以书面答复的，由受质询机关的负责人签署。"据此，C项正确。

《监督法》第42条第3款规定："调查委员会在调查过程中，可以不公布调查的情况和材料。"据此，D项正确。

4. 【答案】ABC

【解析】选项A正确。《监督法》第15条第2款规定，县级以上地方各级人民政府应当在每年六月至九月期间，将上一年度的本级决算草案提请本级人民代表大会常务委员会审查和批准。

选项B正确。《监督法》第20条第1款规定，常务委员会组成人员对国民经济和社会发展计划执行情况报告、预算执行情况报告和审计工作报告的审议意见交由本级人民政府研究处理。人民政府应当将研究处理情况向常务委员会提出书面报告。常务委员会认为必要时，可以对审计工作报告作出决议；本级人民政府应当在决议规定的期限内，将执行决议的情况向常务委员会报告。

选项C正确。《监督法》第31条规定，最高人民法院、最高人民检察院作出的属于审判、检察工作中具体应用法律的解释，应当自公布之日起三十日内报全国人民代表大会常务委员会备案。

选项D错误。《监督法》第46条第3款规定，撤职案的表决采用无记名投票的方式，由常务委员会全体组成人员的过半数通过。

第三节 国家行政机关、司法机关和监察机关

【考点】中央国家行政机关

【答案】BCD

【解析】《宪法》第86条规定："国务院由下列人员组成：总理，副总理若干人，国务委员若干人，各部部长，各委员会主任，审计长，秘书长。"该项中遗漏了部门首长，即各部部长、各委员会主任、审计长、人民银行行长等。A项错误。

《宪法》第88条第2款规定："总理、副总理、国务委员、秘书长组成国务院常务会议。"B项正确。

根据《宪法》第89条的规定，国务院有权改变或者撤销地方各级国家行政机关的不适当的决定和命令，有权依照法律规定决定省、自治区、直辖市的范围内部分地区进入紧急状态。C项和D项正确。

【考点】预算制度

【答案】ABC

【解析】A、B项正确。我国《预算法》第4条第2款明确规定："政府的全部收入和支出

都应当纳入预算。"第 13 条规定："经人民代表大会批准的预算，非经法定程序，不得调整。各级政府、各部门、各单位的支出必须以经批准的预算为依据，未列入预算的不得支出。"可知，A、B 正确，应选。

C 项正确。《宪法》第 89 条关于国务院的职权的第（5）项明确规定："编制和执行国民经济和社会发展计划和国家预算。"可知，C 正确，应选；

D 项错误。《宪法》第 62 条第（9）项规定，全国人大有权审查和批准国民经济和社会发展计划和计划执行情况的报告，而根据该法第 67 条第（5）项的规定，全国人大常委会"在全国人民代表大会闭会期间，审查和批准国民经济和社会发展计划、国家预算在执行过程中所必须作的部分调整方案；"故 D 错误。

【考点】审计制度

【答案】ACD

【解析】我国《宪法》第 91 条规定，国务院设立审计机关，对国务院各部门和地方各级政府的财政收支，对国家的财政金融机构和企业事业组织的财务收支，进行审计监督。审计机关在国务院总理领导下，依照法律规定独立行使审计监督权，不受其他行政机关、社会团体和个人的干涉。A 选项是正确的。

根据《审计法》第 9 条，地方各级审计机关对本级人民政府和上一级审计机关负责并报告工作。B 选项错误。

根据《审计法》第 2 条第 2 款，国务院各部门和地方各级人民政府及其各部门的财政收支，国有的金融机构和企业事业组织的财务收支，以及其他依照本法规定应当接受审计的财政收支、财务收支，依照本法规定接受审计监督。C、D 选项正确。

【考点】地方国家机构

【答案】AB

【解析】选项 A 正确。根据《全国人民代表大会组织法》第 45 条第 1 款规定，全国人民代表大会代表受原选举单位的监督。故 A 项正确。

选项 B 正确。《宪法》第 93 条第 3 款规定，中央军事委员会实行主席负责制。

选项 C 错误。《宪法》第 109 条规定，县级以上的地方各级人民政府设立审计机关。地方各级审计机关依照法律规定独立行使审计监督权，对本级人民政府和上一级审计机关负责。《审计法》第 9 条规定，地方各级审计机关对本级人民政府和上一级审计机关负责并报告工作，审计业务以上级审计机关领导为主。由此可知，地方各级审计机关对上一级审计机关和本级人民政府负责，而不仅仅是上一级审计机关，C 项错误。

选项 D 错误。《地方各级人民代表大会和地方各级人民政府组织法》第 68 条第 3 款规定，市辖区、不设区的市的人民政府，经上一级人民政府批准，可以设立若干街道办事处，作为它的派出机关。由此可知，市辖区政府设立街道办事处的批准机关为市辖区政府的上一级人民政府，即市政府，而不是本级人大。

【考点】国家司法机关

1. 【答案】A

【解析】A 选项正确。根据《各级人民代表大会组织法和地方各级人民政府组织法》第 27 条的规定，在县人大闭会期间，赵某辞去县法院院长职务，应向县人大常委会提出，并由县人大常务委员会决定是否接受辞职。

B 选项错误。根据《各级人民代表大会组织法和地方各级人民政府组织法》第 27 条的规定，县一级检察院检察长的任免，须报上一级检察院检察长提请该级人大常委会批准。
C 选项错误。人大闭会期间，孙某出任代理法院院长由县人大常委会决定。
D 选项错误。人大闭会期间，李某出任代理检察长应由上级人民检察院检察长的提请该级人大常委会批准。

2. 【答案】ACD

【解析】《宪法》第 135 条规定："人民法院、人民检察院和公安机关办理刑事案件，应当分工负责，互相配合，互相制约，以保证准确有效地执行法律。"A 选项正确。
B 选项错误。三机关分工负责、互相配合，是为了准确有效地执行法律。惩罚犯罪分子也必须以准确适用法律为前提，并不是单纯的惩罚。因此，除了相互配合，也应该相互监督。
C 选项正确。三机关职能和法定职权不同，在各自的职能范围内，按照法律规定的程序行使自己的职能也能起到法律监督的作用。
D 选项正确。权力制约原则不仅包括权利对权力的制约，也包括国家机关内部的权力之间的相互制约和监督。三机关应各司其职，各尽其责，保证准确有效地执行法律，正是权力相互制约原则在宪法上的具体体现。

【考点】监察委员会

【答案】BCD

【解析】根据《监察法》第 8、9 条，各级监察委主任由本级人大主席团提名，人大选举产生；监察委副主任、委员，由监察委主任提名，本级人大常委会任免。国家监察委主任任职不能超过两届，其他人员没有任职限制。A 选项错误。
根据《监察法》第 9 条、10 条，地方各级监察委员会对本级人民代表大会及其常务委员会和上一级监察委员会负责，并接受其监督。国家监察委员会领导地方各级监察委员会的工作，上级监察委员会领导下级监察委员会的工作。因此，监察委上下级之间是领导关系。《监察法》第 16 条第 2 款规定"上级监察机关可以办理下一级监察机关管辖范围内的监察事项，必要时也可以办理所辖各级监察机关管辖范围内的监察事项。"B 选项正确。
根据《监察法》第 4 条第 2 款，"监察机关办理职务违法和职务犯罪案件，应当与审判机关、检察机关、执法部门互相配合，互相制约。"C 选项正确。
根据《监察法》第 53 条"各级监察委员会应当接受本级人民代表大会及其常务委员会的监督。各级人民代表大会常务委员会听取和审议本级监察委员会的专项工作报告，组织执法检查。县级以上各级人民代表大会及其常务委员会举行会议时，人民代表大会代表或者常务委员会组成人员可以依照法律规定的程序，就监察工作中的有关问题提出询问或者质询。"因此，本级人大及其常委会对监察委的监督方式有：听取和审议专项工作报告、组织执法检查；人大代表和人大常委会委员的监督方式为：询问和质询。因此，D 选项正确。

第四节　国家主席和中央军事委员会

【考点】国家主席的产生及其职权

1. 【答案】C

【解析】A 选项错误。根据《国家勋章和国家荣誉称号法》第 5 条，全国人民代表大会常务委员会委员长会议根据各方面的建议，向全国人民代表大会常务委员会提出授予国家勋章、国家荣誉称号的议案。国务院、中央军事委员会可以向全国人民代表大会常务委员会提出授予国家勋章、国家荣誉称号的议案。第 6 条规定，全国人大常委会决定授予国家勋章和国家荣誉称号。

B 选项错误。根据《国家勋章和国家荣誉称号法》第 13 条规定，国家勋章和国家荣誉称号为其获得者终身享有，但如果依法被撤销，则不再享有这一国家荣誉。

C 选项正确，《国家勋章和国家荣誉称号法》第 8 条规定，中华人民共和国主席进行国事活动，可以直接授予外国政要、国际友人等人士“友谊勋章”。

D 选项错误。根据《国家勋章和国家荣誉称号法》第 10 条的规定，国家功勋薄不仅记载国家勋章和国家荣誉称号获得者名录，同时还记载他们的功绩。

2. 【答案】B

【解析】选项 A 错误。《地方各级人民代表大会和地方各级人民政府组织法》第 35 条规定，对县级以上人大代表逮捕、刑事审判或采取其他限制人身自由措施，需本级（代表级别）人大主席团或常委会许可，现行犯被拘留需由执行机关向本级（代表级别）人大主席团或常委会报告。注意：对乡级代表逮捕、刑事审判或限制自由，须报告乡级人大。

选项 B 正确。《地方各级人民代表大会和地方各级人民政府组织法》第 14 条第 2 款规定，乡、民族乡、镇的人民代表大会主席、副主席不得担任国家行政机关的职务；如果担任国家行政机关的职务，必须向本级人民代表大会辞去主席、副主席的职务。

选项 C 错误。《宪法》第 91 条第 2 款规定，审计机关在国务院总理领导下，依照法律规定独立行使审计监督权，不受其他行政机关、社会团体和个人的干涉。《审计法》第 9 条规定，地方各级审计机关对本级人民政府和上一级审计机关负责并报告工作，审计业务以上级审计机关领导为主。由此可见，审计机关是不受其他行政机关、社会团体和个人干涉，但要受到上级审计机关及国务院总理的领导。

选项 D 错误。《宪法》第 81 条规定，中华人民共和国主席代表中华人民共和国，接受外国使节；根据全国人民代表大会常务委员会的决定，派遣和召回驻外全权代表，批准和废除同外国缔结的条约和重要协定。因此，国家主席“派遣和召回驻外全权代表，批准和废除同外国缔结的条约和重要协定”须经全国人大常委会决定，但进行一般礼仪性的国事活动，如对外出访，则不需要经过全国人大常委会的决定。

【考点】中央军事委员会

【答案】D

【解析】A、B 正确。根据《宪法》第 93 条规定：“中央军事委员会实行主席负责制。中央军事委员会每届任期同全国人民代表大会每届任期相同。”可知，A、B 正确。注意：在我国，任期有两届限制的只限于中央国家机关和香港、澳门的行政长官，中央领导人任期两届的包括：立法机关（全国人大正、副委员长）、行政机关（国务院正、副总理，国务委员）、司法机关（最高院院长、最高检察长）、监察机关（国家监察委主任）。

C 项正确。根据《宪法》第 93、94 条，中央军委实行主席负责制，中央军委主席向全国人大及其常委会负责（注意：不报告工作）。但宪法并未明确规定，中央军事委员会是否向全国人大及其常委会负责。一般认为，中央军委作为国家机关，是由全国人大产生，对其负责，受其监督。所以，C 正确。

D 项错误。中央军委主席由全国人大主席团提名，全国人大选举产生；军委副主席、委员由军委主席提名，全国人大及其常委会决定。

第五节　宪法宣誓与国家标志

【考点】

【答案】 ABD

【解析】 根据《全国人民代表大会常务委员会关于实行宪法宣誓制度的决定》，为彰显宪法权威，激励和教育国家工作人员忠于宪法、遵守宪法、维护宪法，加强宪法实施。A选项正确。

根据上述《决定》第8条，宣誓场所应当庄重、严肃，悬挂中华人民共和国国旗或者国徽。B选项正确。

根据《决定》第1条，各级人民代表大会及县级以上各级人民代表大会常务委员会选举或者决定任命的国家工作人员，以及各级人民政府、人民法院、人民检察院任命的国家工作人员，在就职时应当公开进行宪法宣誓。例如，国家主席、国家副主席、中央军委组成人员等也需要向宪法宣誓。C选项错误。

根据《决定》第3、4、5、6条，(1) 全国人大选举或决定产生的人员，由全国人大主席团主持宣誓；(2) 全国人大常委会任命或决定任命的人员，一般由委员长会议主持宣誓；(3) 全国人大常委会任命或决定任命的最高院法官（院长除外）、最高检检察官（检察长除外）、驻外全权代表，由本单位主持宣誓；(4) 最高院、最高检、国务院及其工作部门的工作人员，由任命机关组织宣誓。宣誓仪式由最高人民法院、最高人民检察院、外交部分别组织。D选项正确。

第四章　国家制度

第一节　基本政治、经济、文化和社会制度

【考点】基本政治制度

我国宪法序言规定："中国共产党领导的多党合作和政治协商制度将长期存在和发展。"关于中国人民政治协商会议，下列选项正确的是：（　　）（2017－1－91，不定项）

A. 由党派团体和界别代表组成，政协委员由选举产生

B. 全国政协委员列席全国人大的各种会议

C. 是中国共产党领导的多党合作和政治协商制度的重要机构

D. 中国人民政治协商会议全国委员会和各地方委员会是国家权力机关

【考点】基本经济制度

1. 社会主义公有制是我国经济制度的基础。根据现行《宪法》的规定，关于基本经济制度的表述，下列哪一选项是正确的？（　　）（2016－1－23，单选）

A. 国家财产主要由国有企业组成

B. 城市的土地属于国家所有

C. 农村和城市郊区的土地都属于集体所有

D. 国有经济是社会主义全民所有制经济，是国民经济中的主导力量

2. 根据《宪法》规定，关于我国基本经济制度的说法，下列选项正确的是（　　）（2014－1－95，不定项）

A. 国家实行社会主义市场经济

B. 国有企业在法律规定范围内和政府统一安排下，开展管理经营

C. 集体经济组织实行家庭承包经营为基础、统分结合的双层经营体制

D. 土地的使用权可以依照法律的规定转让

3. 根据《宪法》的规定，下列哪些选项是正确的？（　　）（2012－1－60，不定项）

A. 社会主义的公共财产神圣不可侵犯

B. 社会主义的公共财产包括国家的和集体的财产

C. 国家可以对公民的私有财产实行无偿征收或征用

D. 土地的使用权可以依照法律的规定转让

【考点】基本的文化制度

1. 近代意义宪法产生以来，文化制度便是宪法的内容。关于两者的关系，下列哪一选项是不正确的？（　　）（2013－1－23，单选）

A. 1787 年美国宪法规定了公民广泛的文化权利和国家的文化政策

B. 1919 年德国魏玛宪法规定了公民的文化权利

C. 我国现行宪法对文化制度的原则、内容等做了比较全面的规定

D. 公民的文化教育权、国家机关的文化教育管理职权和文化政策，是宪法文化制度的主要内容

2. 关于宪法与经济、文化制度的关系，下列哪一选项是不正确的？（　　）（2012－1－23

改，单选）

A. 宪法规定的文化制度是基本文化制度

B. 《魏玛宪法》第一次规定了经济制度

C. 宪法规定的公民文化教育权利是文化制度的重要内容

D. 保护知识产权是我国宪法规定的基本文化权利

3. 关于国家文化制度，下列哪些表述是正确的？（　　）（2015—1—62，多选）

A. 我国宪法所规定的文化制度包含了爱国统一战线的内容

B. 国家鼓励自学成才，鼓励社会力量依照法律规定举办各种教育事业

C. 是否较为系统地规定文化制度，是社会主义宪法区别于资本主义宪法的重要标志之一

D. 公民道德教育的目的在于培养有理想、有道德、有文化、有纪律的社会主义公民

【考点】基本社会制度

1. 我国的基本社会制度是基于经济、政治、文化、社会、生态文明五位一体的社会主义建设的需要，在社会领域所建构的制度体系。关于国家的基本社会制度，下列哪些选项是正确的？（　　）（2016—1—62，多选）

A. 我国的基本社会制度是国家的根本制度

B. 社会保障制度是我国基本社会制度的核心内容

C. 职工的工作时间和休假制度是我国基本社会制度的重要内容

D. 加强社会法的实施是发展与完善我国基本社会制度的重要途径

2. 国家的基本社会制度是国家制度体系中的重要内容。根据我国宪法规定，关于国家基本社会制度，下列哪一表述是正确的？（　　）（2015—1—22，单选）

A. 国家基本社会制度包括发展社会科学事业的内容

B. 社会人才培养制度是我国的基本社会制度之一

C. 关于社会弱势群体和特殊群体的社会保障的规定是对平等原则的突破

D. 社会保障制度的建立健全同我国政治、经济、文化和生态建设水平相适应

第二节　选举制度

【考点】选举主持机构

【考点点拨】（1）直接选举（县、乡），由选举委员会主持；选举委员会组成人员由县级人大常委会任命；（2）间接选举（全国、省、市），由代表级别的人大常委会主持选举，但具体的投票组织工作则由所选举代表级别的下一级人大主席团主持。

1. 根据《选举法》和相关法律的规定，关于选举的主持机构，下列哪一选项是正确的？（　　）（2016—1—24，单选）

A. 乡镇选举委员会的组成人员由不设区的市、市辖区、县、自治县的人大常委会任命

B. 县级人大常委会主持本级人大代表的选举

C. 省人大在选举全国人大代表时，由省人大常委会主持

D. 选举委员会的组成人员为代表候选人的，应当向选民说明情况

2. 根据《选举法》的规定，关于选举机构，下列哪一选项是不正确的？（　　）（2011—1—25，单选）

A. 特别行政区全国人大代表的选举由全国人大常委会主持

B. 省、自治区、直辖市、设区的市、自治州的人大常委会领导本行政区域内县级以下人

大代表的选举工作

C. 乡、民族乡、镇的选举委员会受不设区的市、市辖区、县、自治县人大常委会的领导

D. 选举委员会对依法提出的有关选民名单的申诉意见，应在3日内作出处理决定

【考点】代表名额分配

【考点点拨】(1) 分配机构：直接选举，由本级选委会划分选区、分配名额；间接选举，由所选代表级别人大常委会分配名额。（注：划分选区、分配名额属于主持选举的内容。）(2) 分配原则：根据人口数，按照每一代表所代表的城乡人口数相同的原则，以及保证各地区、各民族、各方面都有适当数量代表的要求进行分配。(3) 地方各级人大代表名额的分配办法，均由各级人大常委会制定。

1. 某省人大选举实施办法中规定："本行政区域各选区每一代表所代表的人口数应当大体相等。各选区每一代表所代表的人口数与本行政区域内每一代表所代表的平均人口数之间相差的幅度一般不超过百分之三十。"关于这一规定，下列哪些说法是正确的？（　　）(2017—1—62，多选)

A. 是选举权的平等原则在选区划分中的具体体现

B. "大体相等"允许每一代表所代表的人口数之间存在差别

C. "百分之三十"的规定是对前述"大体相等"的进一步限定

D. 不保证各地区、各民族、各方面都有适当数量的代表

2. 关于各少数民族人大代表的选举，下列哪一选项是不正确的？（　　）(2012—1—24，单选)

A. 有少数民族聚居的地方，每一聚居的少数民族都应有代表参加当地的人民代表大会

B. 散居少数民族应选代表，每一代表所代表的人口数可少于当地人民代表大会每一代表所代表的人口数

C. 聚居境内同一少数民族的总人口占境内总人口数30%以上的，每一代表所代表的人口数应相当于当地人民代表大会每一代表所代表的人口数

D. 实行区域自治人口特少的自治县，每一代表所代表的人口数可以少于当地人民代表大会每一代表所代表的人口数的1/2

【考点】代表的选举、罢免、辞职、补选

【考点点拨】(1) 提名：各政党、人民团体、选民或代表10人以上联名，均可推荐候选人；

(2) 当选：①全体过半参加投票；②直选须获得过半数的选票，直选的另行选举须获得不少于三分之一的选票，间选须获得全体选民过半数；

(3) 罢免：①级别：由谁选举，由谁罢免；②提名：（直选）30罢乡，50罢县；（间选）人大过十一，人常过五一，主席团向人大，主任会议向人常；③直选、间选的罢免均须获得全体选民过半数通过；

(4) 辞职：①辞职级别：由谁选举，向谁辞职；②辞职机关：有人常向人常，无人常（乡级）向人大；③全体过半通过；

(5) 补选：①代表因故在任期内出缺，由原选区或选举单位补选；②补选机关：人大开会人大补，人大不开人常补。

1. 甲市乙县人民代表大会在选举本县的市人大代表时，乙县多名人大代表接受甲市人大代表候选人的贿赂。对此，下列哪些说法是正确的？（　　）(2015—1—63，多选)

A. 乙县选民有权罢免受贿的该县人大代表

B. 乙县受贿的人大代表应向其所在选区的选民提出辞职
C. 甲市人大代表候选人行贿行为属于破坏选举的行为，应承担法律责任
D. 在选举过程中，如乙县人大主席团发现有贿选行为应及时依法调查处理

2. 根据《选举法》的规定，关于选举制度，下列哪些选项是正确的？（　　）（2014－1－62，多选）
A. 全国人大和地方人大的选举经费，列入财政预算，由中央财政统一开支
B. 全国人大常委会主持香港特别行政区全国人大代表选举会议第一次会议，选举主席团，之后由主席团主持选举
C. 县级以上地方各级人民代表大会举行会议的时候，三分之一以上代表联名，可以提出对由该级人民代表大会选出的上一级人大代表的罢免案
D. 选民或者代表10人以上联名，可以推荐代表候选人

3. 根据《宪法》和法律的规定，关于选举程序，下列哪些选项是正确的？（　　）（2013－1－60，多选）
A. 乡级人大接受代表辞职，须经本级人民代表大会过半数的代表通过
B. 经原选区选民30人以上联名，可以向县级的人民代表大会常务委员会书面提出罢免乡级人大代表的要求
C. 罢免县级人民代表大会代表，须经原选区三分之二以上的选民通过
D. 补选出缺的代表时，代表候选人的名额必须多于应选代表的名额

【考点】全国人大代表的权利

【考点点拨】（1）对县级以上人大代表逮捕、刑事审判或采取其他限制人身自由措施，需本级人大主席团或常委会许可，现行犯被拘留需由执行机关向本级人大主席团或常委会报告。【口诀：保护人身权，代表级别干，闭会人常会，开会主席团，现拘（刑事拘留现行犯）要报告，其他要许可】（2）对乡代表逮捕、刑事审判或限制自由，须报告乡级人大。

根据《宪法》和法律的规定，关于全国人大代表的权利，下列哪些选项是正确的？（　　）（2016－1－64，多选）
A. 享有绝对的言论自由
B. 有权参加决定国务院各部部长、各委员会主任的人选
C. 非经全国人大主席团或者全国人大常委会许可，一律不受逮捕或者行政拘留
D. 有五分之一以上的全国人大代表提议，可以临时召集全国人民代表大会会议

第三节　基层群众自治制度

【考点】村民委员会

【考点点拨】村民委员会：（1）设置：乡政府提出、村民会议同意、乡政府批准；（2）成员：主任、副主任、委员，由村民直接选举产生；（3）村委会向村民会议、村民代表会议负责并报告工作。

提示：（1）村委会、村民会议只和政府发生联系，不和人大、人常发生联系；（2）村民会议类似人大，村委会类似人常；

1. 杨某与户籍在甲村的村民王某登记结婚后，与甲村村委会签订了“不享受本村村民待遇”的“入户协议”。此后，杨某将户籍迁入甲村，但与王某长期在外务工。甲村村委会任期届满进行换届选举，杨某和王某要求参加选举。对此，下列说法正确的是：（　　）

(2017—1—93，不定项)

A. 王某因未在甲村居住，故不得被列入参加选举的村民名单

B. 杨某因与甲村村委会签订了“入户协议”，故不享有村委会选举的被选举权

C. 杨某经甲村村民会议或村民代表会议同意之后方可参加选举

D. 选举前应当对杨某进行登记，将其列入参加选举的村民名单

2. 某乡政府为有效指导、支持和帮助村民委员会的工作，根据相关法律法规，结合本乡实际作出了下列规定，其中哪一规定是合法的？(　　)(2016—1—26，单选)

A. 村委会的年度工作报告由乡政府审议

B. 村民会议制定和修改的村民自治章程和村规民约，报乡政府备案

C. 对登记参加选举的村民名单有异议并提出申诉的，由乡政府作出处理并公布处理结果

D. 村委会组成人员违法犯罪不能继续任职的，由乡政府任命新的成员暂时代理至本届村委会任期届满

3. 某村村委会未经村民会议讨论，制定了土地承包经营方案，侵害了村民的合法权益，引发了村民的强烈不满。根据《村民委员会组织法》的规定，下列哪些做法是正确的？(　　)(2015—1—64，多选)

A. 村民会议有权撤销该方案

B. 由该村所在地的乡镇级政府责令改正

C. 受侵害的村民可以申请法院予以撤销

D. 村民代表可以就此联名提出罢免村委会成员的要求

4. 根据《村民委员会组织法》规定，下列哪一选项正确？(　　)(2012—1—26，单选)

A. 村民委员会每届任期3年，村民委员会成员连续任职不得超过2届

B. 罢免村民委员会成员，须经投票的村民过半数通过

C. 村民委员会选举由乡镇政府主持

D. 村民委员会成员丧失行为能力的，其职务自行终止

5. 根据《宪法》和《村民委员会组织法》的规定，下列哪些选项是正确的？(　　)(2011—1—63，多选)

A. 村民会议由本村18周岁以上，没有被剥夺政治权利的村民组成

B. 乡、民族乡、镇的人民政府不得干预依法属于村民自治范围内的事项

C. 罢免村民委员会成员，须经参加投票的村民过半数通过

D. 村民委员会成员实行任期和离任经济责任审计

6. 关于村民委员会，下列哪一说法是正确的？(　　)(2010—1—21，单选)

A. 村民委员会实行村务公开制度，涉及财务的事项至少每年公布一次

B. 村民委员会决定问题，采取村民委员会主任负责制

C. 村民委员会根据需要设人民调解、治安保卫、公共卫生委员会

D. 村民委员会由主任、副主任和村民小组长若干人组成

【考点】居民委员会

根据《宪法》和法律的规定，关于基层群众自治，下列哪一选项是正确的？(　　)(2014—1—25，单选)

A. 村民委员会的设立、撤销，由乡镇政府提出，经村民会议讨论同意，报县级政府批准

B. 有关征地补偿费用的使用和分配方案，经村民会议讨论通过后，报乡镇政府批准

C. 居民公约由居民会议讨论通过后，报不设区的市、市辖区或者它的派出机关批准

D. 居民委员会的设立、撤销，由不设区的市、市辖区政府提出，报市政府批准

参考答案及解析

第一节　基本政治、经济、文化和社会制度

【考点】基本政治制度

【答案】C

【解析】A 选项错误。中国人民政治协商会议是具有广泛代表性的统一战线组织，由各民主党派和人民团体及其代表组成，分为若干界别，政协委员的产生采用邀请制，并非经选举产生。

B 选项错误。全国政协委员在全国人大会议期间，可以列席会议。但并非各种会议都列席。

C 选项正确。政协不是国家机关，而是中国共产党领导的多党合作和政治协商制度的爱国统一战线组织

D 选项错误。中国人民政治协商会议全国委员会和各地方委员会，是政协履行职能的组织机构，不是国家机关，更不是国家权力机关。

【考点】基本经济制度

1. 【答案】B

【解析】在我国，国有企业和国有自然资源是国家财产的主要部分。此外，国家机关、事业单位、部队等全民单位的财产也是国有财产的重要组成部分。《宪法》第 9 条第 1 款规定："矿藏、水流、森林、山岭、草原、荒地、滩涂等自然资源，都属于国家所有，即全民所有；由法律规定属于集体所有的森林和山岭、草原、荒地、滩涂除外。"《宪法》第 10 条第 1 款规定："城市的土地属于国家所有。"A 选项错误。B 选项正确。

《宪法》第 10 条第 2 款规定："农村和城市郊区的土地，除由法律规定属于国家所有的以外，属于集体所有；宅基地和自留地、自留山，也属于集体所有"。农村和城市郊区的土地原则上属于集体所有，但由法律规定属于国家所有的，属于国家所有。C 选项错误。

《宪法》第 7 条规定，"国有经济，即社会主义全民所有制经济，是国民经济中的主导力量。"此处规定的是"国有经济"，而非"国营经济"。D 选项错误。

2. 【答案】AD

【解析】选项 A 正确。《宪法》第 15 条第 1 款规定，国家实行社会主义市场经济。这也是 1993 年宪法修正案修改的内容之一。

选项 B 错误。《宪法》第 16 条第 1 款规定，国有企业在法律规定的范围内有权自主经营。据此可知，国有企业在法律规定的范围内有自主经营权，并非一律由政府统一安排开展管理经营。

选项 C 错误。《宪法》第 8 条规定，农村集体经济组织实行家庭承包经营为基础、统分结合的双层经营体制。据此可知，双层经营体制只适用于农村集体经济，而集体经济包括了农村和城镇，双层经营体制不适用城镇集体经济，C 项错误。

选项 D 正确。《宪法》第 14 第 4 款规定，任何组织或者个人不得侵占、买卖或者以其他形式非法转让土地。土地的使用权可以依照法律的规定转让。这也是 1988 年通过的宪法

修正案的内容之一：删去宪法不得出租土地的规定。增加规定“土地的使用权可以依照法律的规定转让。”

3. 【答案】ABD

【解析】2004年《宪法修正案》第22条明确规定：“公民的合法的私有财产不受侵犯。国家依照法律规定保护公民的私有财产权和继承权。国家为了公共利益的需要，可以依照法律规定对公民的私有财产实行征收或者征用并给予补偿。”A正确，当选；C错误。1982年《宪法》第12条，规定了任何人都要保护社会主义的公共财产，此处的社会主义公共财产，就包括国家的和集体的财产。B正确。当选。

《宪法》第10条，“城市的土地属于国家所有。农村和城市郊区的土地，除由法律规定属于国家所有的以外，属于集体所有；宅基地和自留地、自留山，也属于集体所有。国家为了公共利益的需要，可以依照法律规定对土地实行征收或者征用并给予补偿。任何组织或者个人不得侵占、买卖或者以其他形式非法转让土地。土地的使用权可以依照法律的规定转让。一切使用土地的组织和个人必须合理地利用土地。”D正确，当选。

【考点】基本的文化制度

1. 【答案】A

【解析】美国1787年宪法就公民文化权利和国家的文化政策未作规定，故A项错误。1919年德国《魏玛宪法》不仅详尽地规定公民的文化权利，而且明确规定了国家的基本文化政策。这部宪法第一次比较全面系统地规定了文化制度，后为许多国家的宪法所效仿。故B项正确。

我国现行宪法对文化制度的原则、内容作了比较全面和系统的规定，主要包括宪法第19条至第24条关于文化政策的规定，第46条至第47条关于受教育的权利和义务、进行文化活动的自由的规定以及第89条第7项、第107条、第119条关于文化教育管理职权的规定。故C、D项正确。

2. 【答案】D

【解析】宪法是根本法和基本法，比较全面和系统规定了以社会意识形态为核心的各种基本关系的规则、原则和政策，宪法所规定的文化制度是基本的文化制度，A项正确。1919年德国《魏玛宪法》第一次规定了经济制度和比较全面系统的文化制度。B项正确。宪法是公民权利的保障书，规定了公民主要的、必不可少的权利，其中公民的文化教育权利是文化制度的重要内容，C项正确。由于知识产权属于财产权，故不是基本文化权利。D项错误。

3. 【答案】BD

【解析】A项错误。有关爱国统一战线的规定，属于人民民主专政制度，是基本政治制度的内容。

B项正确。我国《宪法》第19条第3款和第4款规定：“国家发展各种教育设施，扫除文盲，对工人、农民、国家工作人员和其他劳动者进行政治、文化、科学、技术、业务的教育，鼓励自学成才。国家鼓励集体经济组织、国家企业事业组织和其他社会力量依照法律规定举办各种教育事业。”

C项错误。文化制度以社会意识形态为核心，是从早期资本主义宪法到二战后社会主义宪法中都有的内容。因此，“是否较为系统地规定文化制度”不是区分社会主义宪法和资本主义宪法的重要标志。

D项正确。社会主义精神文明建设的根本任务是适应社会主义现代化建设的需要，培育有理想、有道德、有文化、有纪律的社会主义公民，提高整个中华民族的思想道德素质和科学文化素质。

【考点】基本社会制度

1. 【答案】BCD

【解析】我国的根本制度是社会主义制度，根本政治制度是人民代表大会制度，基本政治制度是人民民主专政制度。基本社会制度是国家制度的基本组成部分，是相对于政治制度、经济制度、文化制度和生态制度而言的，为保障社会成员基本的生活权利，以及为营造公平、安全、有序的生活环境而建构的制度体系。因此，基本社会制度不是国家的根本制度。A选项错误。

基本的社会制度包括社会保障、医疗卫生、劳动保障、计划生育、人才培养、社会秩序及安全维护制度。社会保障制度是基本社会制度的核心，包括社会保险、社会救助、社会补贴、社会福利、社会优抚和安置制度等。B选项正确。

职工的工作时间和休假制度属于劳动保障制度，是我国基本社会制度的重要内容。C选项正确。

社会法是介于公法与私法之间的以保护社会公共利益为核心的法律，主要包括社会保障法、环境保护法等。因此，加强社会法的实施有利于发展与完善我国的基本社会制度。D选项正确。

2. 【答案】B

【解析】A项错误。发展社会科学事业属于文化制度，而非国家基本社会制度。

B项正确。我国《宪法》第23条明确规定："国家培养为社会主义服务的各种专业人才，扩大知识分子的队伍，创造条件，充分发挥他们在社会主义现代化建设中的作用。"按照我国宪法学通说的归类，与该条相关的社会人才培养制度，属于基本社会制度的内容。

C项错误。平等原则并非禁止一切差别对待，而是允许合理差别存在。而社会制度以维护平等为基础，宪法中关于弱势群体和特殊群体的保护，正是基于某些合理差别事由而给予某类群体以特殊保护，符合平等原则的要求。

D项错误。根据我国《宪法》第14条第4款规定："国家建立健全同经济发展水平相适应的社会保障制度。"社会保障制度的建立应同"经济"水平相适应，而不是"政治、经济、文化和生态建设"水平相适应。

第二节　选举制度

【考点】选举主持机构

1. 【答案】A

【解析】根据《中华人民共和国全国人民代表大会和地方各级人民代表大会选举法》第9条第1款规定，县、乡两级选举委员会的组成人员均由县级人大常委会任命。A选项正确。

根据《中华人民共和国全国人民代表大会和地方各级人民代表大会选举法》第8条第1款和第2款规定，县级人大代表选举是直接选举，由县级选举委员会，而非"常委会"主持。B选项错误。

根据《中华人民共和国全国人民代表大会和地方各级人民代表大会选举法》第38条规

定，间接选举中，由代表级别的人大常委会主持选举，但具体的投票组织工作则由所选举代表级别的下一级人大主席团主持。此处需要注意的是：在间接选举中，一个是主持选举，包括划分选举、分配代表名额、处理选举中的具体事务等；另一个则是主持投票。因为县级以上人大在开会时投票选举上一级人大代表，县级以上人大开会由主席团主持，投票选举仅仅是县级以上人大众多工作中的一项，因此也是由主席团主持。省人大在选举全国人大代表时，由省人大主席团主持。C选项错误。

根据《中华人民共和国全国人民代表大会和地方各级人民代表大会选举法》第9条第2款规定，选举委员会的组成人员为代表候选人的，应当辞去选举委员会的职务，而非“向选民说明情况”。D选项错误。

2. 【答案】B

【解析】选项A说法正确。《香港特别行政区选举十一届全国人大代表的办法》第2条规定，香港特别行政区选举第十一届全国人民代表大会代表由全国人民代表大会常务委员会主持。《澳门特别行政区选举十一届全国人大代表的办法》第2条也有同样的规定。从法理上看，特别行政区全国人大代表的选举属于间接选举，应该由代表级别的人大常委会，即全国人大常委会主持。

选项B说法错误。《选举法》第8条第2、3款规定，县级以下人大代表的选举工作，受县级人大常委会的领导，受省、市级人大常委会的指导。B选项错在“领导”，而应该是“指导”。

乡级选举委员会受县级人大常委会领导，选项C正确。

选项D说法正确。《选举法》第28条规定，对于公布的选民名单有不同意见的，可以在选民名单公布之日起五日内向选举委员会提出申诉。选举委员会对申诉意见，应在三日内作出处理决定。申诉人如果对处理决定不服，可以在选举日的五日以前向人民法院起诉，人民法院应在选举日以前作出判决。人民法院的判决为最后决定。

【考点】代表名额分配

1. 【答案】ABC

【解析】A选项正确。选举权的平等原则是指每个选民在每次选举中只能在一个选区享有一个投票权；同时，城乡按相同人口比例选举人大代表。本题中的这一规定是选举权的平等原则在选区划分中的具体体现。

B选项正确和C选项正确。选举权平等要求“每一代表所代表的选民人数相同”，但由于我国幅员辽阔，各地经济、社会、政治等基本条件很不平衡，“人数相同”并不等于绝对无差别的数量相等，而是同等条件下的大体相同，允许存在合理差别，而百分之三十是对“大体相等”这一抽象表述的进一步限定。

D选项错误。选举法第6条对基层代表、妇女、归侨以及旅居国外的中国公民的选举作了专门规定。选举法第五章对各少数民族的选举也作了专门规定。这些规定都对在选举中处于弱者地位的选民给予特殊的保护性规定，体现了选举权平等的原则。

2. 【答案】D

【解析】A、B、C选项正确。根据《民族区域自治法》第十八条第三款规定，聚居境内同一少数民族的总人口数不足境内总人口数百分之十五的，每一代表所代表的人口数可以适当少于当地人民代表大会每一代表所代表的人口数，但不得少于二分之一；实行区域自治的民族人口特少的自治县，经省、自治区的人民代表大会常务委员会决定，可以少于二分之一。故D项说法错误，缺少经省、自治区的人民代表大会常务委员会决定的程序。

【考点】代表的选举、罢免、辞职、补选

1. 【答案】ACD

【解析】根据《选举法》第49条第1款规定："对于县级的人民代表大会代表，原选区选民五十人以上联名，对于乡级的人民代表大会代表，原选区选民三十人以上联名，可以向县级的人民代表大会常务委员会书面提出罢免要求。"可知，对于直接选举产生的县、乡人大代表，30选民可提出罢免乡代表，50选民可提出罢县代表（"30罢乡，50罢县"）。A正确。

根据《选举法》第54条第2款规定："县级的人民代表大会代表可以向本级人民代表大会常务委员会书面提出辞职，乡级的人民代表大会代表可以向本级人民代表大会书面提出辞职。"可知，受贿的乙县人大代表应向乙县人大常委会提出辞职，而不是向其所在选区选民提出，B错误。

根据《选举法》第57条第（1）项规定，"为保障选民和代表自由行使选举权和被选举权，对有下列行为之一，破坏选举，违反治安管理规定的，依法给予治安管理处罚；构成犯罪的，依法追究刑事责任：以金钱或者其他财物贿赂选民或者代表，妨害选民和代表自由行使选举权和被选举权的。"C正确。

根据《选举法》第58条规定："主持选举的机构发现有破坏选举的行为或者收到对破坏选举行为的举报，应当及时依法调查处理；需要追究法律责任的，及时移送有关机关予以处理。"可知，主持选举的机构应依法调查处理。又《选举法》第38条规定："县级以上的地方各级人民代表大会在选举上一级人民代表大会代表时，由各该级人民代表大会主席团主持。"可知，乙县人大主席团即乙县选举过程中主持选举的机构，故D正确。

2. 【答案】BD

【解析】《选举法》第7条规定，全国人民代表大会和地方各级人民代表大会的选举经费，列入财政预算，由国库开支，并非由中央财政统一开支。选项A错误。

《香港特别行政区选举第十二届全国人民代表大会代表的办法》第6条规定，选举会议第一次会议由全国人民代表大会常务委员会召集，根据全国人民代表大会常务委员会委员长会议的提名，推选十九名选举会议成员组成主席团。主席团从其成员中推选常务主席一人。主席团主持选举会议。选项B正确。

《选举法》第50条第1款规定，县级以上的地方各级人民代表大会举行会议的时候，主席团或者十分之一以上代表联名，可以提出对由该级人民代表大会选出的上一级人民代表大会代表的罢免案。据此可知，在人大会议期间，十分之一以上代表联名就可以提出对由该级人民代表大会选出的上一级人大代表的罢免案。C项错误。

《选举法》第29条第2款规定，各政党、各人民团体，可以联合或者单独推荐代表候选人。选民或者代表，十人以上联名，也可以推荐代表候选人。故D项正确。

3. 【答案】AB

【解析】《全国人民代表大会和地方各级人民代表大会选举法》第52条第2款："县级的人民代表大会代表可以向本级人民代表大会常务委员会书面提出辞职，乡级的人民代表大会代表可以向本级人民代表大会书面提出辞职。县级的人民代表大会常务委员会接受辞职，须经常务委员会组成人员的过半数通过。乡级的人民代表大会接受辞职，须经人民代表大会过半数的代表通过。接受辞职的，应当予以公告。”据此，A 项正确。

该法第 47 条第 1 款规定：“对于县级的人民代表大会代表，原选区选民五十人以上联名，对于乡级的人民代表大会代表，原选区选民三十人以上联名，可以向县级的人民代表大会常务委员会书面提出罢免要求。”据此，B 项正确。

该法第 50 条第 1 款规定：“罢免县级和乡级的人民代表大会代表，须经原选区过半数的选民通过。”据此，C 项“三分之二以上”的表述错误。

该法第 54 条第 4 款规定：“补选出缺的代表时，代表候选人的名额可以多于应选代表的名额，也可以同应选代表的名额相等。补选的具体办法，由省、自治区、直辖市的人民代表大会常务委员会规定。”据此，D 项“必须多于”的表述错误。

【考点】全国人大代表的权利

【答案】BCD

【解析】根据《宪法》第 75 条，全国人民代表大会代表在全国人民代表大会各种会议上的发言和表决，不受法律追究。全国人大代表在非开会期间的发言，如果违反了法律规定，要受法律追究。A 选项错误。

根据《宪法》第 62 条，全国人民代表大会根据中华人民共和国主席的提名，决定国务院总理的人选；根据国务院总理的提名，决定国务院副总理、国务委员、各部部长、各委员会主任、审计长、秘书长的人选。全国人大代表有权参加决定国务院各部部长、各委员会主任的人选。B 选项正确。

根据《宪法》第 74 条，全国人民代表大会代表，非经全国人民代表大会会议主席团许可，在全国人民代表大会闭会期间非经全国人民代表大会常务委员会许可，不受逮捕或者刑事审判。根据《中华人民共和国全国人民代表大会和地方各级人民代表大会代表法》第 32 条，县级以上的各级人民代表大会代表，非经本级人民代表大会主席团许可，在本级人民代表大会闭会期间，非经本级人民代表大会常务委员会许可，不受逮捕或者刑事审判。如果因为是现行犯被拘留，执行拘留的机关应当立即向该级人民代表大会主席团或者人民代表大会常务委员会报告。因此，全国人大代表如果被逮捕、刑事审判、行政拘留等限制人身自由的措施，需要经全国人大主席团或者全国人大常委会许可，如果因现行犯被刑事拘留，则需要由执行拘留的机关立即向全国人大主席团或者全国人大常委会报告。C 选项正确。

根据《宪法》第 61 条，全国人民代表大会会议每年举行一次，由全国人民代表大会常务委员会召集。如果全国人民代表大会常务委员会认为必要，或者有五分之一以上的全国人民代表大会代表提议，可以临时召集全国人民代表大会会议。D 选项正确。

第三节　基层群众自治制度

【考点】村民委员会

1. **【答案】**D

【解析】A 选项错误。根据《中华人民共和国村民委员会组织法》第 13 条第 2 款、第 5 项的规定：对于户籍在本村且在本村居住的村民；户籍在本村，不在本村居住，本人表示参加选举的村民；户籍不在本村，在本村居住满 1 年以上，本人申请参加选举，并且经村民会议或者村民代表会议同意参加选举的公民，应该登记入参加选举的选民名单。本题中，王某的情况属于第二种，虽长期在外打工不在本村居住，但本人表示参加选举的，应列入选民名单。因此，D选项正确。

B选项错误。根据《村民委员会组织法》第13条第1款的规定，年满18周岁的村民，不分民族、种族、性别、职业、家庭出身、宗教信仰、教育程度、财产状况、居住期限，都有选举权和被选举权。本题中，杨某虽与甲村村委会签订了“入户协议”，协议中“不享受村村民待遇”的条款因杨某户籍迁入甲村而自然失效，杨某应该享有选举权和被选举权。

C选项错误。根据A选项的解析，《村民委员会组织法》第13条的规定，杨某可以直接被登记入选民名单，无需经过村民会议或村民代表会议同意。

2. 【答案】B

【解析】根据《村民委员会组织法》第23条规定，村民会议审议村民委员会的年度工作报告，评议村民委员会成员的工作；有权撤销或者变更村民委员会不适当的决定；有权撤销或者变更村民代表会议不适当的决定。因此，村委会的年度工作报告应由村民会议审议。A选项错误。

根据《村民委员会组织法》第27条，村民会议可以制定和修改村民自治章程、村规民约，并报乡、民族乡、镇的人民政府备案。B选项正确。

根据《村民委员会组织法》第14条，登记参加选举的村民名单应当在选举日的二十日前由村民选举委员会公布。对登记参加选举的村民名单有异议的，应当自名单公布之日起五日内向村民选举委员会申诉，村民选举委员会应当自收到申诉之日起三日内作出处理决定，并公布处理结果。因此，对登记参加选举的村民名单有异议并提出申诉的，由村民选举委员会而非“乡政府”作出处理并公布处理结果。C选项错误。

根据《村民委员会组织法》第18条和第19条，村民委员会成员丧失行为能力或者被判处刑罚的，其职务自行终止；村民委员会成员出缺，可以由村民会议或者村民代表会议进行补选，补选的村委会成员任期至本届村委会任期届满。D选项错误。

3. 【答案】ABCD

【解析】A根据《村民委员会组织法》第24条规定：“涉及村民利益的下列事项，经村民会议讨论决定方可办理：...（四）土地承包经营方案；...”可知，村委会未经村民会议讨论制定土地承包经营方案，违反了法定程序，属于不适当的决定。根据该法第23条规定：“村民会议审议村民委员会的年度工作报告，评议村民委员会成员的工作；有权撤销或者变更村民委员会不适当的决定；有权撤销或者变更村民代表会议不适当的决定。”可知，村民会议可撤销该决定，A正确。

根据《村民委员会组织法》第27条第3款规定：“村民自治章程、村规民约以及村民会议或者村民代表会议的决定违反前款规定的，由乡、民族乡、镇的人民政府责令改正。”B正确。

根据《村民委员会组织法》第36条第1款规定：“村民委员会或者村民委员会成员作出的决定侵害村民合法权益的，受侵害的村民可以申请人民法院予以撤销，责任人依法承担法律责任。”C正确。

根据《村民委员会组织法》第16条第1款规定：“本村五分之一以上有选举权的村民或者三分之一以上的村民代表联名，可以提出罢免村民委员会成员的要求，并说明要求罢免的理由。被提出罢免的村民委员会成员有权提出申辩意见。”D正确。

4. 【答案】D

【解析】《村民委员会组织法》第 11 条规定："村民委员会每届任期三年，届满应当及时举行换届选举，村民委员会成员可以连选连任"。A 错误。

第 16 条第 1 款规定："本村五分之一以上有选举权的村民或者三分之二以上的村民代表联名，可以提出罢免村民委员会成员的要求，并说明罢免的理由。被提出罢免的村民委员会成员有权提出申辩意见。"B 项错误。

第 12 条第 1 款规定："村民委员会的选举，由村民选举委员会主持。"C 项错误。

第 18 条规定"村民委员会成员丧失行为能力或被判处刑罚，其职务自行终止。"D 项正确。

5. 【答案】BD

【解析】选项 A 错误。《村民委员会组织法》第 21 条第 1 款规定，村民会议由本村十八周岁以上的村民组成。该条规定并没有排除被剥夺政治权利的人参加村民会议的资格，因此，被剥夺政治权利的村民也可以参加村民会议。

选项 B 正确。《村民委员会组织法》第 5 条第 1 款规定，乡、民族乡、镇的人民政府对村民委员会的工作给予指导、支持和帮助，但是不得干预依法属于村民自治范围内的事项。

选项 C 错误。《村民委员会组织法》第 16 条第 2 款规定，罢免村民委员会成员，须有登记参加选举的村民过半数投票，并须经投票的村民过半数通过。

选项 D 正确。《村民委员会组织法》第 35 条第 1 款规定，村民委员会成员实行任期和离任经济责任审计。

6. 【答案】C

【解析】《村民委员会组织法》第 30 条规定："村民委员会实行村务公开制度。村民委员会应当及时公布下列事项，接受村民的监督：(一) 本法第二十三条、第二十四条规定的由村民会议、村民代表会议讨论决定的事项及其实施情况；(二) 国家计划生育政策的落实方案；(三) 政府拨付和接受社会捐赠的救灾救助、补贴补助等资金、物资的管理使用情况；(四) 村民委员会协助人民政府开展工作的情况；(五) 涉及本村村民利益，村民普遍关心的其他事项。前款规定事项中，一般事项至少每季度公布一次；集体财务往来较多的，财务收支情况应当每月公布一次；涉及村民利益的重大事项应当随时公布。村民委员会应当保证所公布事项的真实性，并接受村民的查询。"由此可知，一年公布一次的说法错误，A 项表述错误。

《村民委员会组织法》第 29 条的规定："村民委员会应当实行少数服从多数的民主决策机制和公开透明的工作原则，建立健全各种工作制度。"由此可知，村民委员会主任负责制说法错误。

《村民委员会组织法》第 7 条规定："村民委员会根据需要设人民调解、治安保卫、公共卫生等委员会。"由此可知，C 项表述正确。

《村民委员会组织法》第 6 条的规定："村民委员会由主任、副主任和委员共三至七人组成。"由此可知，村民小组长不是村民委员会组成人员，D 项错误。

【考点】居民委员会

【答案】A

【解析】《村民委员会组织法》第 3 条第 2 款规定，村民委员会的设立、撤销、范围调整，由乡、民族乡、镇的人民政府提出，经村民会议讨论同意，报县级人民政府批准。A 项正确。

《村民委员会组织法》第 24 条规定，涉及村民利益的下列事项，经村民会议讨论决定方可办理：本村享受误工补贴的人员及补贴标准；征地补偿费的使用、分配方案；村民会议可以授权村民代表会议讨论决定前款规定的事项。法律对讨论决定村集体经济组织财产和成员权益的事项另有规定的，依照其规定。可知，村民会议讨论决定即可办理，无需报乡镇政府批准。B 项错误。

《城市居民委员会组织法》第 15 条第 1 款规定，居民公约由居民会议讨论制定，报不设区的市、市辖区的人民政府或者它的派出机关备案，由居民委员会监督执行。居民应当遵守居民会议的决议和居民公约。可知，通过后是备案而不是批准，C 项错误。

《城市居民委员会组织法》第 6 条第 2 款规定，居民委员会的设立、撤销、规模调整，由不设区的市、市辖区的人民政府决定。可知，不是由市政府批准决定，D 项错误。

第五章　公民的基本权利和义务

【考点】我国公民基本权利与义务的主要特点

【考点点拨】我国宪法对公民基本权利义务的规定，体现出广泛性、平等性、现实性以及权利和义务的一致性四大特点

1. 基本权利的效力是指基本权利规范所产生的拘束力。关于基本权利效力，下列选项正确的是：(　　)(2017－1－94，不定项)
   A. 基本权利规范对立法机关产生直接的拘束力
   B. 基本权利规范对行政机关的活动和公务员的行为产生拘束力
   C. 基本权利规范只有通过司法机关的司法活动才产生拘束力
   D. 一些国家的宪法一定程度上承认基本权利规范对私人产生拘束力
2. 公民基本权利也称宪法权利。关于公民基本权利，下列哪些选项是正确的？(　　)(2011－1－62，多选)
   A. 人权是基本权利的来源，基本权利是人权宪法化的具体表现
   B. 基本权利的主体主要是公民，在我国法人也可以作为基本权利的主体
   C. 我国公民在行使自由和权利的时候，不得损害国家的、社会的、集体的利益和其他公民的合法的自由和利益
   D. 权利和义务的平等性是我国公民基本权利和义务的重要特点

【考点】平等权

【考点点拨】平等权包括法律面前一律平等、禁止差别对待和允许合理差别。

1. 中华人民共和国公民在法律面前一律平等。关于平等权，下列哪一表述是错误的？(　　)(2015－1－25，单选)
   A. 我国宪法中存在一个关于平等权规定的完整规范系统
   B. 犯罪嫌疑人的合法权利应该一律平等地受到法律保护
   C. 在选举权领域，性别和年龄属于宪法所列举的禁止差别理由
   D. 妇女享有同男子平等的权利，但对其特殊情况可予以特殊保护
2. 法律格言说：“法律不能使人人平等，但在法律面前人人是平等的。”关于该法律格言，下列哪一说法是正确的？(　　)
   A. 每个人在法律面前事实上是平等的
   B. 在任何时代和社会，法律面前人人平等都是一项基本法律原则
   C. 法律可以解决现实中的一切不平等问题
   D. 法律面前人人平等原则并不禁止在立法上作出合理区别的规定

【考点】政治权利与自由

【考点点拨】政治权利与自由包括选举权和被选举权，以及言论、出版、集会、结社、游行、示威的自由。

1. 某市执法部门发布通告：“为了进一步提升本市市容和环境卫生整体水平，根据相关规定，全市范围内禁止设置各类横幅标语。”根据该通告，关于禁设横幅标语，下列哪一说法是正确的？(　　)(2017－1－25，单选)

A. 涉及公民的出版自由　　B. 不构成对公民基本权利的限制

C. 在目的上具有正当性　　D. 涉及宪法上的合理差别问题

2. 王某为某普通高校应届毕业生，23岁，尚未就业。根据《宪法》和法律的规定，关于王某的权利义务，下列哪一选项是正确的？（　　）（2014—1—24，单选）

A. 无需承担纳税义务　　B. 不得被征集服现役

C. 有选举权和被选举权　　D. 有休息的权利

【考点】宗教信仰自由

根据我国宪法关于公民基本权利的规定，下列哪一说法是正确的？（　　）（2010—1—17，单选）

A. 我国公民在年老、疾病或者遭受自然灾害时有获得物质帮助的权利

B. 我国公民被剥夺政治权利的，其出版自由也被剥夺

C. 我国公民有信仰宗教与公开传教的自由

D. 我国公民有任意休息的权利

【考点】人身自由

【考点点拨】广义的人身自由包括狭义人身自由，以及与其相关联的生命权、人格尊严权（姓名权、名誉权、荣誉权、肖像权、隐私权）、住宅不受侵犯、通信自由和通信秘密。

1. 我国《宪法》第三十八条明确规定："中华人民共和国公民的人格尊严不受侵犯。"关于该条文所表现的宪法规范，下列哪些选项是正确的？（　　）（2015—1—61，多选）

A. 在性质上属于组织性规范

B. 通过《民法通则》中有关姓名权的规定得到了间接实施

C. 法院在涉及公民名誉权的案件中可以直接据此作出判决

D. 与法律中的有关规定相结合构成一个有关人格尊严的规范体系

2. 关于《宪法》对人身自由的规定，下列哪一选项是不正确的？（　　）（2013—1—25，单选）

A. 禁止用任何方法对公民进行侮辱、诽谤和诬告陷害

B. 生命权是《宪法》明确规定的公民基本权利，属于广义的人身自由权

C. 禁止非法搜查公民身体

D. 禁止非法搜查或非法侵入公民住宅

3. 根据我国宪法规定，关于公民住宅不受侵犯，下列哪些选项是正确的？（　　）（2012—1—61，多选）

A. 该规定要求国家保障每个公民获得住宅的权利

B.《治安管理处罚法》第40条规定，非法侵入他人住宅的，视情节给予不同时日的行政拘留和罚款。该条规定体现了宪法保障住宅不受侵犯的精神

C.《刑事诉讼法》第69条规定，被取保候审的犯罪嫌疑人、被告人未经执行机关批准不得离开所居住的市、县。该条规定是对《宪法》规定的公民住宅不受侵犯的合理限制

D. 住宅自由不是绝对的，公安机关、检察机关为了收集犯罪证据、查获犯罪嫌疑人，严格依法对公民住宅进行搜查并不违宪

【考点】社会经济权利

【考点点拨】社会经济权利，包括财产权、劳动权、劳动者的休息权、获得物质帮助权。

1. 我国《宪法》第13条规定："公民的合法的私有财产不受侵犯。国家依照法律规定保护

公民的私有财产权和继承权。”关于这一规定，下列哪些说法是正确的？（　　）（2017－1－61，多选）

A. 国家不得侵犯公民的合法的私有财产权

B. 国家应当保护公民的合法的私有财产权不受他人侵犯

C. 对公民私有财产权和继承权的保护和限制属于法律保留的事项

D. 国家保护公民的合法的私有财产权，是我国基本经济制度的重要内容之一

2. “国家为了公共利益的需要，可以依照法律规定对公民的私有财产实行征收或者征用并给予补偿。”关于公民财产权限制的界限，下列选项正确的是：（　　）（2016－1－92，不定项）

A. 对公民私有财产的征收或征用构成对公民财产权的外部限制

B. 对公民私有财产的征收或征用必须具有明确的法律依据

C. 只要满足合目的性原则即可对公民的财产权进行限制

D. 对公民财产权的限制应具有宪法上的正当性

3. 某县政府以较低补偿标准进行征地拆迁。张某因不同意该补偿标准，拒不拆迁自己的房屋。为此，县政府责令张某的儿子所在中学不为其办理新学期注册手续，并通知财政局解除张某的女婿李某（财政局工勤人员）与该局的劳动合同。张某最终被迫签署了拆迁协议。关于当事人被侵犯的权利，下列选项正确的是：（　　）（2015－1－92，不定项）

A. 张某的住宅不受侵犯权　　B. 张某的财产权

C. 李某的劳动权　　D. 张某儿子的受教育权

【考点】文化教育权利

【考点点拨】文化教育权利包括受教育的权利，进行科学研究、文学艺术创作和其他文化活动的自由。

根据《宪法》和法律的规定，下列哪些选项是不正确的？（　　）（2012－1－63，多选）

A. 生命权是我国宪法明确规定的公民基本权利

B. 监督权包括批评建议权、控告检举权和申诉权

C. 《宪法》第 43 条第 1 款规定，中华人民共和国公民有休息的权利

D. 受教育既是公民的权利也是公民的义务

【考点】诉愿权

【考点点拨】诉愿权包括监督权和获得国家赔偿权。监督权包括批评建议权、控告检举权和申诉权。

张某对当地镇政府干部王某的工作提出激烈批评，引起群众热议，被公安机关以诽谤他人为由行政拘留 5 日。张某的精神因此受到严重打击，事后相继申请行政复议和提起行政诉讼，法院依法撤销了公安机关《行政处罚决定书》。随后，张某申请国家赔偿。根据《宪法》和法律的规定，关于本案的分析，下列哪些选项是正确的？（　　）（2016－1－63，多选）

A. 王某因工作受到批评，人格尊严受到侵犯

B. 张某的人身自由受到侵犯

C. 张某的监督权受到侵犯

D. 张某有权获得精神损害抚慰金

【考点】公民的基本义务

根据《宪法》的规定，关于公民纳税义务，下列哪些选项是正确的？（ ）（2012—1—62，多选）

A. 国家在确定公民纳税义务时，要保证税制科学合理和税收负担公平

B. 要坚持税收法定原则，税收基本制度实行法律保留

C. 纳税义务直接涉及公民个人财产权，宪法纳税义务具有防止国家权力侵犯其财产权的属性

D. 履行纳税义务是公民享有其他权利的前提条件

参考答案及解析

【考点】我国公民基本权利与义务的主要特点

1. 【答案】ABD

【解析】A 选项正确。基本权利的效力，即宪法基本权利规范所产生的拘束力。基本权利的效力直接拘束国家权力活动是现代各国宪法普遍承认的一条基本原则。具体而言，基本权利效力制约立法权、行政权和司法权。A、B 选项正确。基本权利规范并非必须通过司法活动才能产生拘束力。C 选项错误。传统理论认为，宪法基本权利的规范效力仅仅在国家和公民之间产生。而现代宪法学基本理论则认为，公民基本权利的规范效力能够及于私人之间，即如果公民与公民之间的私人关系对其中一方的基本权利产生影响，则基本权利的效力可以超越个人与国家关系的范围，而进入到私人之间的私法关系。例如，宪法控诉。D 选项正确。

2. 【答案】ACD

【解析】选项 A 正确。公民基本权利，指一国宪法确认的公民享有的主要的、必不可少的权利。人权，是指人生而就有且普遍享有的权利。为了保障人权，必须把人权实在化，即把人权由道德权利上升为法律权利。当人权进入宪法和法律的保障范围后，人权就由一种应然权利转变为一种法定权利，可以说，人权是基本权利的来源，基本权利是人权宪法化的具体表现。

选项 B 错误。基本权利的主体主要是公民。有些国家的宪法规定，法人和外国人也可以成为基本权利的主体。但在我国，基本权利的主体只能是公民，不能是法人。

选项 C 正确。《宪法》第 51 条规定，中华人民共和国公民在行使自由和权利的时候，不得损害国家的、社会的、集体的利益和其他公民的合法的自由和权利。

选项 D 正确。我国宪法对公民基本权利义务的规定，体现出广泛性、平等性、现实性以及权利和义务的一致性四大特点。公民权利和义务的平等性主要表现在两个方面：（1）公民在享有权利和履行义务方面一律平等。（2）司法机关在适用法律上一律平等。

【考点】平等权

1. 【答案】C

【解析】根据我国《宪法》第 4 条关于“各民族一律平等”的规定、第 5 条关于“任何组织或者个人都不得有超越宪法和法的特权”的规定、第 33 条关于“公民在法律面前一律平等”的规定、第 34 条关于选举权的规定、第 36 条关于“宗教信仰自由”的规定，以及第 48 条关于男女平等权的规定等，可知，平等既是一项基本权利，又是一项宪法原则，宪法中关于平等的规定共同构成了一个有关平等权的完整规范系统，故 A 内容正确。

只要是合法的权利，不论是犯罪嫌疑人的还是普通人的，都应受到平等法律保护，故 B 内容正确。

宪法规定，必须是年满十八周岁的公民才能享有选举权和被选举权。可见，公民是否享有选举权或被选举权，是根据年龄来作出区别对待，所以，“年龄”并非选举权领域中的禁止差别理由，C 内容错误。

法律上男女平等，在某些特殊情况下给予妇女特殊保护是一种“合理差别”，不违反平等原则，故 D 内容正确。

2. 【答案】D

【解析】A 选项错误。法律面前人人平等，主要表现在两个方面：(1) 公民在享有权利和履行义务方面一律平等。(2) 司法机关在适用法律上一律平等。法律面前人人平等是指法律适用的平等，不是事实上的平等

B 选项错误。法律面前人人平等的原则是资产阶级革命中确立的一项基本法律原则，不是任何时代和社会的法律原则。

C 选项错误。法律面前人人平等强调的是所有公民依法享有同等的权利并承担同等的义务，法律对公民的平等保护，对违法行为平等追究法律责任，公民享有平等的诉权，不可能解决现实生活中的一切不平等问题。

D 选项正确。法律面前人人平等强调的是一种实质上的平等，对妇女、儿童、老人等特殊群体的保护，这种形式上的合理差别，恰恰体现了实质上的平等。

【考点】政治权利与自由

1. 【答案】C

【解析】本题涉及公民言论自由而非出版自由。出版自由是指公民可以通过公开出版物的形式，自由地表达自己对国家事务、经济和文化事业、社会事务的见解和看法，拉横幅不是出版行为。A 选项错误。

拉横幅是公民表达意愿、交流思想、传播信息的一种方式和手段，因此某市执法部门的这一通告是对这一方式的限制，涉及限制公民的言论自由。因此 B 选项错误。

执法部门发布该通告的目的是“为了进一步提升本市市容和环境卫生整体水平”，其目的具有正当性。C 选项正确。

平等权是宪法和法律所保障的公民基本权利，法律禁止差别对待，但不禁止根据合理差别原则区别不同情况。本题该执法部门的规定是“全市范围内禁止设置各类横幅标语”，不区分任何情况一律禁止设置横幅，并未体现出合理差别原则。D 选项错误。

2. 【答案】C

【解析】A 项错误。《宪法》第五十六条规定，中华人民共和国公民有依照法律纳税的义务。王某虽未就业，仍有纳税的义务。

B 项错误。根据兵役法第 12 条的规定，每年 12 月 31 日以前年满 18 周岁的男性公民，应当被征集服现役。当年未被征集的，在 22 周岁以前仍可以被征集服现役，普通高等学校毕业生的征集年龄可以放宽至 24 周岁。王某为普通高校毕业生，因此其 23 岁仍可被征集服现役，B 项错误。

C 项正确。《宪法》第三十四条规定，中华人民共和国年满十八周岁的公民，不分民族、种族、性别、职业、家庭出身、宗教信仰、教育程度、财产状况、居住期限，都有选举权和被选举权；但是依照法律被剥夺政治权利的人除外。王某已年满十八周岁且未被剥

夺政治权利，享有选举权和被选举权。

D项错误。《宪法》第四十三条规定，中华人民共和国劳动者有休息的权利。可见，休息是劳动者的权利，王某未就业，不属于劳动者，因此没有休息的权利。

【考点】宗教信仰自由

【答案】B

【解析】《宪法》第45条规定："中华人民共和国公民在年老、疾病或者丧失劳动能力的情况下，有从国家和社会获得物质帮助的权利。国家发展为公民享受这些权利所需要的社会保险、社会救济和医疗卫生事业。"由条文可知，宪法并未规定公民在遭受自然灾害时有获得物质帮助的权利，A项表述错误。

《宪法》第35条规定："中华人民共和国公民有言论、出版、集会、结社、游行、示威的自由。"另《刑法》第54条规定："剥夺政治权利是剥夺下列权利：（一）选举权和被选举权；（二）言论、出版、集会、结社、游行、示威自由的权利；（三）担任国家机关职务的权利；（四）担任国有公司、企业、事业单位和人民团体领导职务的权利。"B项表述正确。

《宪法》第36条规定："中华人民共和国公民有宗教信仰自由。任何国家机关、社会团体和个人不得强制公民信仰宗教或者不信仰宗教，不得歧视信仰宗教的公民和不信仰宗教的公民。国家保护正常的宗教活动。任何人不得利用宗教进行破坏社会秩序、损害公民身体健康、妨碍国家教育制度的活动。宗教团体和宗教事务不受外国势力的支配。"可知，宪法未规定公民有公开传教的自由，C项表述错误。

《宪法》第43条规定："中华人民共和国劳动者有休息的权利。国家发展劳动者休息和休养的设施，规定职工的工作时间和休假制度。"可知，休息权的主体是劳动者，并不是所有公民，该项表述错误。

【考点】人身自由

1. 【答案】BD

【解析】宪法的组织性规范主要涉及国家政权机构的建立与具体的职权范围等。本题题干中关于公民人格尊严的规定，并未涉及国家政权机构，A错误。

《民法通则》中对姓名权的规定，就实施《宪法》中的人格尊严条款而言，在性质上属于"间接实施"，B正确。

根据我国目前的宪法实施状况和法院的实践，我国法院不直接适用宪法，故不能直接根据该宪法条文作出判决，C错误。

宪法规范具有原则性，主要通过具体法律规范予以间接实施。我国《刑法》《民法通则》和《治安管理处罚法》等法律中进一步对《宪法》中人格尊严条款作出了具体的规定，共同构成了一个有关人格尊严的规范体系，故D正确。

2. 【答案】B

【解析】《宪法》第38条规定："中华人民共和国公民的人格尊严不受侵犯。禁止用任何方法对公民进行侮辱、诽谤和诬告陷害。"故A项正确。《宪法》并未明确将生命权规定为公民基本权利，故B项错误。《宪法》第39条规定："中华人民共和国公民的住宅不受侵犯。禁止非法搜查或者非法侵入公民的住宅。"故D项正确。《宪法》第37条第3款规定："禁止非法拘禁和以其他方法非法剥夺或者限制公民的人身自由，禁止非法搜查公民的身体。"故C项正确。

3. 【答案】BD

【解析】宪法第39条规定："中华人民共和国公民的住宅不受侵犯。禁止非法搜查或者非法侵入公民的住宅。"住宅不受侵犯属于人身自由，主要保护的是公民的人身自由与安全；公民对住宅的所有权属于财产权。二者意义不同。A是错误的。

《治安管理处罚法》第40条的规定，保证了宪法第39规定的实施，体现了宪法的精神，B正确。

《刑事诉讼法》第69条的规定，并没有体现对住宅的保护，也不是对住宅的限制，是对犯罪嫌疑人、被告人自由的限制，C错误。

D的说法是法律上"自由"概念的正确理解，即任何自由都不是绝对的，自由的界限是法律的规定，D是正确的。

【考点】社会经济权利

1. 【答案】ABCD

【解析】A选项正确。公民的合法财产不受侵犯，这是基于法律的规定，任何国家机关、社会组织和公民不得侵犯公民合法的私有财产。

B选项正确。国家对公民负有保护其合法的私有财产不受侵犯的义务。

C选项正确。根据《立法法》第8条第7项的规定，"对非国有财产的征收、征用"属于只能制定法律加以规定的事项，因此对公民合法私有财产的保护和限制（主要表现为对私有财产的征收、征用），属于法律保留的范围。

D选项正确。对公有财产和非国有财产的平等保护属于我国基本的经济制度。

2. 【答案】ABD

【解析】财产权作为公民的基本权利之一，其存在并不是绝对的。国家为了公共利益的需要，可以依照法律规定对公民的私有财产实行征收或者征用并给予补偿。这是宪法对公民财产权的外部限制，同时也是对公民财产权利保护的宪法基础。A选项正确。对公民私有财产的征收或征用必须要依照明确的法律规定，特别是征收或征用的目的要限制于"公共利益的需要"范围之内。否则就不具有宪法上的正当性。因此，B、D选项正确。但是，征收或征用时，除了必须要符合公共利益需要这一目的，还要遵守法定程序，且国家有给予补偿的义务。因此，C选项错误。

3. 【答案】BCD

【解析】《宪法》第39条规定："中华人民共和国公民的住宅不受侵犯。禁止非法搜查或者非法侵入公民的住宅。"和《刑法》第245条规定："非法搜查他人身体、住宅，或者非法侵入他人住宅的，处三年以下有期徒刑或者拘役。"可知，侵犯住宅权通常表现为非法搜查或非法侵入公民住宅，案例中并未体现，故A错误。

《宪法》第13条规定："公民的合法的私有财产不受侵犯。国家依照法律规定保护公民的私有财产权和继承权。国家为了公共利益的需要，可以依照法律规定对公民的私有财产实行征收或者征用并给予补偿。"该县县政府"以较低补偿标准"，进行征地拆迁，即意味着张某没有获得其应有的财产，这就表明张某财产权被侵犯，B正确。

《宪法》第42条规定："中华人民共和国公民有劳动的权利和义务。"县政府无正当理由责令财政局解除其与李某的劳动合同，即侵犯了李某的劳动权受到了侵犯，故C正确。

《宪法》第46条规定："中华人民共和国公民有受教育的权利和义务。"县政府责令其所在学校不给其办理注册手续，即侵犯了张某儿子的受教育权，故D正确。

【考点】文化教育权利

【答案】AC

【解析】：从理论上看，生命权属于人身自由权的组成部分。我国宪法没有明确规定生命权条款，但在价值上是充分尊重和保障生命权的。A 错误。

《宪法》第 41 条规定：中华人民共和国公民对于任何国家机关和国家工作人员，有提出批评和建议的权利；对于任何国家机关和国家工作人员的违法失职行为，有向有关国家机关提出申诉、控告或者检举的权利，但是不得捏造或者歪曲事实进行诬告陷害。宪法第 46 条，中华人民共和国公民有受教育的权利和义务。B、D 正确。

《宪法》第 43 条第 1 款规定，“中华人民共和国劳动者有休息的权利”而不是“中华人民共和国公民”，C 错误。

【考点】诉愿权

【答案】BCD

【解析】我国《宪法》第 41 条第 1 款规定，中华人民共和国公民对于任何国家机关和国家工作人员，有提出批评和建议的权利；对于任何国家机关和国家工作人员的违法失职行为，有向有关国家机关提出申诉、控告或者检举的权利，但是不得捏造或者歪曲事实进行诬告陷害。张某有权对当王某的工作提出批评。当然，张某在行使自己的权利时不能超越必要的限度，例如不得捏造或者歪曲事实进行诬告陷害。本案中，张某虽然批评激烈，但并未超越法律的限度。A 选项错误。

《宪法》第 37 条规定，中华人民共和国公民的人身自由不受侵犯。任何公民，非经人民检察院批准或者决定或者人民法院决定，并由公安机关执行，不受逮捕。禁止非法拘禁和以其他方法非法剥夺或者限制公民的人身自由，禁止非法搜查公民的身体。本案中，张某因被拘留而使其人身自由受到侵犯，同时其监督权受到侵犯。B、C 选项正确。

我国《宪法》第 41 条第 3 款规定，由于国家机关和国家工作人员侵犯公民权利而受到损失的人，有依照法律规定取得赔偿的权利。根据《最高人民法院关于确定民事侵权精神损害赔偿责任若干问题的解释》，自然人因生命权、健康权、身体权、姓名权、肖像权、名誉权、荣誉权、人格尊严权、人身自由权等人格权利遭受非法侵害，向人民法院起诉请求赔偿精神损害的，人民法院应当依法予以受理。本案中，张某的人格尊严权、人身自由权均受到侵犯，且张某精神受到严重打击，因此其有权获得精神损害抚慰金。D 选项正确。

【考点】公民的基本义务

【答案】ABC

【解析】《中华人民共和国宪法》第 56 条规定：中华人民共和国公民有依法纳税的义务。我国社会主义税收取之于民，用之于民。在我国，国家利益、集体利益、个人利益在根本上是一致的。国家的兴旺发达、繁荣富强与每个公民息息相关；而国家职能的实现，必须以社会各界缴纳的税收为物质基础。因此，国家在确定公民纳税义务时要保障税制的科学合理及税收负担的公平，A 正确。

税收因为具有无偿性，对公民财产权有重要影响，只能通过法律的形式来明确规定。我国《立法法》第 8 条明确规定，税种、税率、征收由法律规定，税收属于法律保留事项。所以税收具有法定性，我国坚持税收法定原则，B 项正确。

纳税义务直接涉及公民个人财产权，宪法纳税义务具有防止国家权力侵犯其财产权的属性，C 项正确。

税收法定的目的是限制国家的征税权，从而保护公民的权利，D 项错误。

第六章　立法法

【考点】法的渊源的效力等级

【考点点拨】

(一)不同位阶的法之间效力上的高低	1. 宪法＞法律＞行政法规＞地方性法规
	2. 宪法＞法律＞行政法规＞部门规章
	3. 本级地方性法规＞本级地方政府规章
	4. 省级地方性法规＞省内设区市的地方性法规
	5. 省级地方政府规章＞省内设区市的地方政府规章
(二)同一位阶的法之间无效力上的高低	1. 根据授权制定的法规与法律冲突时，由全国人大常委会裁决
	2. 地方性法规和部门规章之间发生冲突，国务院认为应当适用地方性法规的，适用地方性法规；认为应适用部门规章的，还应提请全国人大常委会裁决
	3. 部门规章之间、部门规章和地方规章之间冲突，由国务院裁决
	4. 设区市的地方性法规同省级政府规章冲突时，省级人大常委会应作出处理决定
(三)同一位阶的法之间冲突的解决原则	1. 民族自治法规和经济特区法规依法对法律、行政法规、地方性法规作变通规定的，在本区域内按照变通规定执行
	2. 同一机关制定的法，特别法优于一般法，新法优于旧法；同一机关制定新的一般规定与旧的特别规定不一致，由制定机关裁决。(法律—全国人大常委会；行政法规—国务院)

1. 耀亚公司未经依法批准经营危险化学品，2003 年 7 月 14 日被区工商分局依据《危险化学品安全管理条例》罚款 40 万元。耀亚公司以处罚违法为由诉至法院。法院查明，《安全生产法》规定对该种行为的罚款不得超过 10 万元。关于该案，下列哪些说法是正确的？(　　)(2016—1—57，多选)
   A.《危险化学品安全管理条例》与《安全生产法》的效力位阶相同
   B.《安全生产法》中有关行政处罚的法律规范属于公法
   C. 应适用《安全生产法》判断行政处罚的合法性
   D. 法院可在判决中撤销《危险化学品安全管理条例》中与上位法相抵触的条款
2. 特别法优先原则是解决同位阶的法的渊源冲突时所依凭的一项原则。关于该原则，下列哪些选项是正确的？(　　)(2016—1—58，多选)
   A. 同一机关制定的特别规定相对于同时施行或在前施行的一般规定优先适用
   B. 同一法律内部的规则规定相对于原则规定优先适用
   C. 同一法律内部的分则规定相对于总则规定优先适用
   D. 同一法律内部的具体规定相对于一般规定优先适用
3. 某设区的市的市政府依法制定了《关于加强历史文化保护的决定》。关于该决定，下列哪些选项是正确的？(　　)(2015—1—65，多选)
   A. 市人大常委会认为该决定不适当，可以提请上级人大常委会撤销
   B. 法院在审理案件时发现该决定与上位法不一致，可以作出合法性解释

C. 与文化部有关文化保护的规定具有同等效力，在各自的权限范围内施行

D. 与文化部有关文化保护的规定之间对同一事项的规定不一致时，由国务院裁决

4. 1995年颁布的《保险法》第91条规定："保险公司的设立、变更、解散和清算事项，本法未作规定的，适用公司法和其他有关法律、行政法规的规定。"2009年修订的《保险法》第94条规定："保险公司，除本法另有规定外，适用《中华人民共和国公司法》的规定。"

请回答下列（1）（2）题。

（1）根据法的渊源的知识，关于《保险法》上述二条规定之间的关系，下列理解正确的是：（　　）（2012－1－86，不定项）

A. "前法"与"后法"之间的关系

B. "一般法"与"特别法"之间的关系

C. "上位法"与"下位法"之间的关系

D. 法的正式渊源与法的非正式渊源之间的关系

（2）根据法的渊源及其效力原则，下列理解正确的是：（　　）（2012－1－88，不定项）

A. 相对于《公司法》规定而言，《保险法》对保险公司所作规定属于"特别法"

B.《保险法》对保险公司的规定不同于《公司法》的，优先适用《保险法》

C.《保险法》对保险公司没有规定的，适用《公司法》

D. 根据2009年修订的《保险法》第94条规定，对于保险公司的设立、变更、解散和清算事项，《保险法》没有规定的，可以优先适用其他有关法律、行政法规的规定

5. 司法审判中，当处于同一位阶的规范性法律文件在某个问题上有不同规定时，法官可以依据下列哪些法的适用原则进行审判？（　　）（2010－1－52，多选）

A. 特别法优于一般法　　B. 上位法优于下位法

C. 新法优于旧法　　D. 法溯及既往

【考点】 规范性法律文件的批准、公布、备案、审查

法律法规规章	批准	公布	备案	审查
法律		主席		全大（改变、撤销）
行政法规		总理	全常	全常（撤销）
省级地方法规		省人大主席团/省常	全常 国务院	全常（撤销） 省级人大（改变、撤销）
设区市/自治州的地方性法规	省常	制定机关人常	全常、国务院（通过省常）	全常（撤销） 省级人大（改变、撤销）
自治州、自治县的自治法规	省常	制定机关人常	全常、国务院（通过省常）	全常（撤销）
自治区自治法规	全常	制定机关人常		全大（撤销） 全常（撤销）
部门规章		机关首长	国务院	国务院（改变、撤销）

续表

法律法规规章	批准	公布	备案	审查
省级规章		机关首长	国务院 本级人常	国务院（改变、撤销） 本级人常（撤销）
设区市级的规章		机关首长	国务院； 省级人常、省级政府； 本级人常	国务院（改变、撤销） 省级政府（改变、撤销） 本级人常（撤销）

1. 根据《立法法》，关于规范性文件的备案审查制度，下列哪些选项是正确的？（　　）（2017—1—66，多选）
   A. 全国人大有关的专门委员会可对报送备案的规范性文件进行主动审查
   B. 自治县人大制定的自治条例与单行条例应按程序报全国人大常委会和国务院备案
   C. 设区的市市政府制定的规章应报本级人大常委会、市所在的省级人大常委会和政府、国务院备案
   D. 全国人大法律委员会经审查认为地方性法规同宪法相抵触而制定机关不予修改的，应向委员长会议提出予以撤销的议案或者建议
2. 根据《宪法》和法律，关于我国宪法监督方式的说法，下列选项正确的是：（　　）（2016—1—94，不定项）
   A. 地方性法规报全国人大常委会和国务院备案，属于事后审查
   B. 自治区人大制定的自治条例报全国人大常委会批准后生效，属于事先审查
   C. 全国人大常委会应国务院的书面审查要求对某地方性法规进行审查，属于附带性审查
   D. 全国人大常委会只有在相关主体提出对某规范性文件进行审查的要求或建议时才启动审查程序
3. 根据《宪法》和《立法法》规定，关于法律案的审议，下列哪些选项是正确的？（　　）（2017—1—63，多选）
   A. 列入全国人大会议议程的法律案，由法律委员会根据各代表团和有关专门委员会的审议意见，对法律案进行统一审议，向主席团提出审议结果报告和法律草案修改稿
   B. 列入全国人大会议议程的法律案，在交付表决前，提案人要求撤回的，应说明理由，经主席团同意并向大会报告，对法律案的审议即行终止
   C. 列入全国人大常委会会议议程的法律案，因调整事项较为单一，各方面意见比较一致的，也可经一次常委会会议审议即交付表决
   D. 列入全国人大常委会会议议程的法律案，因暂不付表决经过两年没有再次列入常委会会议议程审议的，由委员长会议向常委会报告，该法律案终止审议
4. 2015年10月，某自治州人大常委会出台了一部《关于加强本州湿地保护与利用的决定》。关于该法律文件的表述，下列哪一选项是正确的？（　　）（2016—1—27，单选）
   A. 由该自治州州长签署命令予以公布
   B. 可依照当地民族的特点对行政法规的规定作出变通规定
   C. 该自治州所属的省的省级人大常委会应对该《决定》的合法性进行审查
   D. 与部门规章之间对同一事项的规定不一致不能确定如何适用时，由国务院裁决
5. 根据省政府制定的地方规章，省质监部门对生产销售不合格产品的某公司予以行政处罚。

被处罚人认为，该省政府规章违反《产品质量法》规定，不能作为处罚依据，遂向法院起诉，请求撤销该行政处罚。关于对该省政府规章是否违法的认定及其处理，下列哪一选项是正确的？（　　）（2012－1－25，单选）

A. 由审理案件的法院进行审查并宣告其是否有效

B. 由该省人大审查是否违法并作出是否改变或者撤销的决定

C. 由国务院将其提交全国人大常委会进行审查并作出是否撤销的决定

D. 由该省人大常委会审查其是否违法并作出是否撤销的决定

参考答案及解析

【考点】法的渊源的效力等级

1. 【答案】BC

【解析】《危险化学品安全管理条例》是行政法规，《安全生产法》是由全国人大常委会制定颁行的法律，按照法律高于行政法规的效力原则，后者高于前者。A选项错误。

公法与私法的划分，最早是由古罗马法学家乌尔比安提出的。公法是关于国家利益的法律，私法是关于个人利益的法律。通常认为：公法包括宪法、刑法、行政法、诉讼法，私法包括民法、商法。《安全生产法》中有关行政处罚的内容属于行政法法律部门，属于公法。B选项正确。

《安全生产法》是上位法，按照上位法高于下位法的原则，应适用《安全生产法》判断行政处罚的合法性。C选项正确。

根据《立法法》第99条的规定，国务院、中央军事委员会、最高人民法院、最高人民检察院和各省、自治区、直辖市的人民代表大会常务委员会认为行政法规、地方性法规、自治条例和单行条例同宪法或者法律相抵触的，可以向全国人民代表大会常务委员会书面提出进行审查的要求，由常务委员会工作机构分送有关的专门委员会进行审查、提出意见。因此，本案中法院在判决中不能撤销《危险化学品安全管理条例》中与上位法相抵触的条款，而只能由所在法院逐级报请最高人民法院，由最高人民法院向全国人大常委会提出审查的要求。注意：我国法院不能进行对行政法规、地方性法规、自治条例和单行条例等规范性文件的附带性审查。选项D错误。

2. 【答案】ABCD

【解析】《立法法》第92条规定，同一机关制定的法律、行政法规、地方性法规、自治条例和单行条例、规章，特别规定与一般规定不一致的，适用特别规定。A选项正确。在同一法律内部，规则相对于原则，分则相对于原则，具体规定相对于一般规定，前者规定的更加明确具体，后者一般较为笼统抽象，前者可以被看作特别法，后者被作为一般法。因此，B、C、D选项正确。

3. 【答案】CD

【解析】A项错误。根据《宪法》第104条规定："县级以上的地方各级人民代表大会常务委员会撤销本级人民政府的不适当的决定和命令。"可知，市人大常委会可以直接撤销市政府作出的不适当的决定，无需提请上级人大常委会，故A错误，不选。

B项错误。我国法院没有对地方政府规章作出解释的权力。

C项正确。《决定》在性质上属于地方政府规章，而文化部有关文化保护的规定则属于部门规章。根据《立法法》第91条规定："部门规章之间、部门规章与地方政府规章之间具有同等效力，在各自的权限范围内施行。”可知C正确。

D项正确。根据《立法法》第95条第（3）项规定：“部门规章之间、部门规章与地方政府规章之间对同一事项的规定不一致时，由国务院裁决。”可知，D正确。

4.（1）【答案】A

【解析】1995年《保险法》和2009年修订《保险法》的规定是同一机关制定的相同位阶的法律，是新法与旧法，前法与后法的关系，不是一般法与特别法的关系，更不是上位法与下位法之间的关系。A正确。

（2）【答案】ABC

【解析】保险法的公司形式规定是特别法，特别法优于普通法，应优先适用《保险法》如果《保险法》对保险公司没有规定的，才适用《公司法》。A、B、C正确。

5.【答案】ABC

【解析】不同位阶的法的渊源之间的冲突原则有：宪法至上原则、法律高于法规原则、法规高于规章原则、行政法规高于地方性法规原则等。而正式的法的渊源体系内部有层次或等级划分，因而其效力当然具有层次或等级性。同一位阶的法的渊源之间的冲突原则主要包括：（1）全国性法律优先原则；（2）特别法优先原则；（3）后法优先或新法优先原则；（4）实体法优先原则；（5）国际法优先原则；（6）省、自治区的人民政府制定的规章的效力高于本行政区域内的较大的市的人民政府制定的规章。由此可知，A、C两项正确。另外，规章属于同一位阶，但省级政府规章高于地级市政府规章，可知，从这一层面上理解，B项也是正确的。法溯及既往是关于法的时间上的效力，D项不符合题意。

【考点】规范性法律文件的批准、公布、备案、审查

1.【答案】ABCD

【解析】A选项正确。《立法法》第99条第3款规定：“（全国人民代表大会）的专门委员会和常务委员会工作机构可以对报送备案的规范性文件进行主动审查。”

B选项正确。《立法法》第98条第3款规定：“自治州、自治县的人民代表大会制定的自治条例和单行条例，由省、自治区、直辖市的人民代表大会常务委员会报全国人民代表大会常务委员会和国务院备案。”

C选项正确。《立法法》第98条第4款规定：“部门规章和地方政府规章报国务院备案；地主政府规章应当同时报本级人民代表大会常务委员会备案；设区的市、自治州的人民政府制定的规章应当同时报省、自治区的人民代表大会常务委员会和人民政府备案。”因此本题中设区的市政府制定的规章应报市人大常委会、市所在的省级人大常委会和省级政府、国务院备案。

D选项正确。根据《立法法》第100条第3款的规定：“全国人民代表大会法律委员会、有关的专门委员会、常务委员会工作机构经审查、研究认为行政法规、地方性法规、自治条例和单行条例同宪法或者法律相抵触而制定机关不予修改的，应当向委员会会议提出予以撤销的议案、建议，由委员长会议决定提请常务委员会会议审议决定。”

2.【答案】AB

【解析】我国宪法监督的方式，按照审查的先后来分，可以分为事先审查和事后审查。事先审查主要体现为法规等规范性文件经批准后生效；事后审查主要体现为备案和改变或撤销。地方性法规报全国人大常委会和国务院备案，属于事后审查。A选项正确。自治

区人大制定的自治条例报全国人大常委会批准后生效，属于事先审查。B选项正确。

附带性审查是指司法机关在审理案件过程中，因提出对所适用的法律、法规和法律性文件是否违宪的问题，而对该法律、法规和规范性文件所进行的合宪性审查。全国人大常委会应国务院的书面审查要求对某地方性法规进行审查，属于我国宪法监督中的事后审查。注意：我国没有宪法附带性审查制度，司法机关不被允许进行附带性审查。C选项错误。

根据《立法法》第99条，国务院（中央人民政府）、中央军事委员会、最高人民法院、最高人民检察院和各省级人大常委会（两央、两高、一委）认为行政法规、地方性法规、自治条例和单行条例同宪法或者法律相抵触的，可以向全国人大常委会书面提出进行审查的要求；其他国家机关和社会团体、企业事业组织以及公民认为行政法规、地方性法规、自治条例和单行条例同宪法或者法律相抵触的，可以向全国人大常委会书面提出进行审查的建议。此外，有关的专门委员会和常务委员会工作机构可以对报送备案的规范性文件进行主动审查。因此，全国人大常委会既可在相关主体提出对某规范性文件进行审查的要求或建议时启动被动审查程序，其工作机构也可以对报送其备案的规范性文件进行主动审查。D选项错误。

3. **【答案】** ABCD

【解析】 A选项正确。根据《立法法》第20条，列入全国人大会议议程的法律案，由法律委员会根据各代表团和有关专门委员会的审议意见，对法律案进行统一审议，向主席团提出审议结果报告和法律草案修改稿。

B选项正确。根据《立法法》第22条，列入全国人大会议议程的法律案，在交付表决前，提案人要求撤回的，应说明理由，经主席团同意并向大会报告，对法律案的审议即行终止。

C选项正确。根据《立法法》第30条，列入全国人大常委会会议议程的法律案，因调整事项较为单一，各方面意见比较一致的，也可经一次常委会会议审议即交付表决。

D选项正确。根据《立法法》第42条，列入全国人大常委会会议议程的法律案，因暂不付表决经过两年没有再次列入常委会会议议程审议的，由委员长会议向常委会报告，该法律案终止审议。

4. **【答案】** C

【解析】 该法律文件的制定主体是自治州的人大常委会，因此，该法律文件是一个地方性法规，而非一个自治条例或单行条例。

根据《立法法》第78条第3款，设区的市、自治州的人民代表大会及其常务委员会制定的地方性法规报经批准后，由设区的市、自治州的人民代表大会常务委员会发布公告予以公布。A选项错误。

根据《立法法》第72条第2款和第5款，设区的市和自治州的人民代表大会及其常务委员会根据本市的具体情况和实际需要，在不同宪法、法律、行政法规和本省、自治区的地方性法规相抵触的前提下，可以对城乡建设与管理、环境保护、历史文化保护等方面的事项制定地方性法规。因此，自治州的该《决定》（地方性法规）不能对行政法规作出变通规定。B选项错误。

根据《立法法》第72条第2款和第5款，设区的市和自治州的地方性法规须报省、自治区的人民代表大会常务委员会批准后施行。省、自治区的人民代表大会常务委员会对报请批准的地方性法规，应当对其合法性进行审查，同宪法、法律、行政法规和本省、自治区的地方性法规不抵触的，应当在四个月内予以批准。因此，该自治州所属的省的省级人大常委会应对该《决定》的合法性进行审查。C选项正确。

根据《立法法》第95条，地方性法规与部门规章之间对同一事项的规定不一致，不能确定如何适用时，由国务院提出意见，国务院认为应当适用地方性法规的，应当决定在该地方适用地方性法规的规定；认为应当适用部门规章的，应当提请全国人民代表大会常务委员会裁决。因此，国务院只有部分决定权，并无最终裁决权。D选项错误。

5. **【答案】**D

【解析】我国没有宪法附带性审查制度，司法机关不被允许进行附带性审查。故A错误。根据《立法法》的相关规定，国务院和省级人民政府之间是领导关系，国务院对省级政府制定的地方性政府规章可以改变或撤销，无须报全国人大常委会决定。故C错误。地方人大对本级人大常委会的决议、法规审查后，认为是违法的，可以予以撤销，而不能对政府的规章、决议进行审查。故B选项错误。地方人大常委会审查本级政府规章与下级人大及其常委会的决议及其制定规章和法规，故省级政府规章应都由该由该省人大常委会审查其是否违法并作出是否撤销的决定，所以D正确。

第四编

中国法律史

第一章 古代法律史

一、古代法律思想

【考点】古代法律思想

【考点点拨】中国古代法律思想的变化大致经历了下列过程：西周“以德配天，明德慎罚”、秦朝“以法治国”、汉武帝之后“德主刑辅，礼刑并用”、唐朝“礼律合一”、明朝朱元璋“明刑弼教”。

中国古代关于德与刑的关系理论，经历了一个长期的演变和发展过程。下列哪些说法是正确的？（　　）（2014－1－56，多选）

A. 西周时期确立了“以德配天，明德慎罚”的思想，以此为指导，道德教化与刑罚处罚结合，形成了当时“礼”“刑”结合的宏观法制特色

B. 秦朝推行法家主张，但并不排斥礼，也强调“德主刑辅，礼刑并用”

C. 唐律“一准乎礼，而得古今之平”，实现了礼与律的有机统一，成为了中华法系的代表

D. 宋朝以后，理学强调礼和律对治理国家具有同等重要的地位，二者“不可偏废”

二、古代立法

【考点】西周法制

【考点点拨】西周法制包括礼、刑两种形式。

关于西周法制的表述，下列哪一选项是正确的？（　　）（2013－1－16，单选）

A. 周初统治者为修补以往神权政治学说的缺陷，提出了“德主刑辅，明德慎罚”的政治法律主张

B.《汉书·陈宠传》称西周时期的礼刑关系为“礼之所去，刑之所取，失礼则入刑，相为表里”

C. 西周的借贷契约称为“书约”，法律规定重要的借贷行为都须订立书面契约

D. 西周时期在宗法制度下已形成子女平均继承制

【考点】春秋时期公布成文法

【考点点拨】铸刑书是第一次公布成文法，铸刑鼎是第二次公布成文法。

春秋时期，针对以往传统法律体制的不合理性，出现了诸如晋国赵鞅“铸刑鼎”，郑国执政子产“铸刑书”等变革活动。对此，下列哪一说法是正确的？（　　）（2016－1－16，单选）

A. 晋国赵鞅“铸刑鼎”为中国历史上首次公布成文法

B. 奴隶主贵族对公布法律并不反对，认为利于其统治

C. 打破了“刑不可知，则威不可测”的壁垒

D. 孔子作为春秋时期思想家，肯定赵鞅“铸刑鼎”的举措

【考点】中国古代法典

1. “名例律”作为中国古代律典的“总则”篇，经历了发展、变化的过程。下列哪一表述是不正确的？（　　）（2013－1－18，单选）

A.《法经》六篇中有“具法”篇，置于末尾，为关于定罪量刑中从轻从重法律原则的规定

B.《晋律》共 20 篇，在刑名律后增加了法例律，丰富了刑法总则的内容

C.《北齐律》共12篇，将刑名与法例律合并为名例律一篇，充实了刑法总则，并对其进行逐条逐句的疏议

D.《大清律例》的结构、体例、篇目与《大明律》基本相同，名例律置首，后为吏律、户律、礼律、兵律、刑律、工律

2. 关于中国古代法律历史地位的表述，下列哪一选项是正确的？（　　）（2012－1－18，单选）

A.《法经》是中国历史上第一部比较系统的成文法典

B.《北魏律》在中国古代法律史上起着承先启后的作用

C.《宋刑统》是中国历史上第一部刊印颁行的仅含刑事内容的法典

D.《大明会典》以《元典章》为渊源，为《大清会典》所承继

3. 元代人在《唐律疏议序》中说："乘之（指唐律）则过，除之则不及，过与不及，其失均矣。"表达了对唐律的敬畏之心。下列关于唐律的哪一表述是错误的？（　　）（2016－1－17，单选）

A. 促使法律统治"一准乎礼"，实现了礼律统一

B. 科条简要、宽简适中、立法技术高超，结构严谨

C. 是我国传统法典的楷模与中华法系形成的标志

D. 对古代亚洲及欧洲诸国产生了重大影响，成为其立法渊源

三、古代刑事法律制度

【考点】秦朝刑事制度

1. 秦统治者总结前代法律实施方面的经验，结合本朝特点，形成了一些刑罚适用原则。对于秦律原则的相关表述，下列哪一选项是正确的？（　　）（2017－1－16，单选）

A. 关于刑事责任能力的确定，以身高作为标准，男、女身高六尺二寸以上为成年人，其犯罪应负刑事责任

B. 重视人的主观意识状态，对故意行为要追究刑事责任，对过失行为则认为无犯罪意识，不予追究

C. 对共犯、累犯等加重处罚，对自首、犯后主动消除犯罪后果等减轻处罚

D. 无论教唆成年人、未成年人犯罪，对教唆人均实行同罪，加重处罚

2. 秦汉时期的刑罚主要包括笞刑、徒刑、流放刑、肉刑、死刑、羞辱刑等，下列哪些选项属于徒刑？（　　）（2012－1－56，多选）

A. 候　　B. 隶臣妾　　C. 弃市　　D. 鬼薪白粲

3. 秦律明确规定了司法官渎职犯罪的内容。关于秦朝司法官渎职的说法，下列哪一选项是不正确的？（　　）（2014－1－16，单选）

A. 故意使罪犯未受到惩罚，属于"纵囚"

B. 对已经发生的犯罪，由于过失未能揭发、检举，属于"见知不举"

C. 对犯罪行为由于过失而轻判者，属于"失刑"

D. 对犯罪行为故意重判者，属于"不直"

【考点】唐代的刑事法律制度

1. 唐永徽年间，甲由祖父乙抚养成人。甲好赌欠债，多次索要乙一祖传玉坠未果，起意杀乙。某日，甲趁乙熟睡，以木棒狠击乙头部，以为致死（后被救活），遂夺玉坠逃走。唐律规定，谋杀尊亲处斩，但无致伤如何处理的规定。对甲应当实行下列哪一处罚？

（　　）（2015－1－17，单选）

A. 按“诸断罪而无正条，其应入罪者，则举轻以明重”，应处斩刑

B. 按“诸断罪而无正条，其应出罪者，则举重以明轻”，应处绞刑

C. 致伤未死，应处流三千里

D. 属于“十恶”犯罪中的“不孝”行为，应处极刑

2.《唐律·名例律》规定：“诸断罪而无正条，其应出罪者，则举重以明轻；其应入罪者，则举轻以明重”。关于唐代类推原则，下列哪一说法是正确的？（　　）（2014－1－17，单选）

A. 类推是适用法律的一般形式，有明文规定也可“比附援引”

B. 被类推定罪的行为，处罚应重于同类案件

C. 被类推定罪的行为，处罚应轻于同类案件

D. 唐代类推原则反映了当时立法技术的发达

3.《唐律疏议·贼盗》载“祖父母为人杀私和”疏：“若杀祖父母、父母应偿死者，虽会赦，仍移乡避仇。以其与子孙为仇，故令移配。”下列哪些理解是正确的？（　　）（2013－1－56，多选）

A. 杀害同乡人的祖父母、父母依律应处死刑者，若遇赦虽能免罪，但须移居外乡

B. 该条文规定的移乡避仇制体现了情法并列、相互避让的精神

C. 该条文将法律与社会生活相结合统一考虑，表现出唐律较为高超的立法技术

D. 该条文侧面反映了唐律“礼律合一”的特点，为法律确立了解决亲情与法律相冲突的特殊模式

【考点】清代的杀人罪

清乾隆律学家、名幕王又槐对谋杀和故杀的有关论述：①“谋杀者，蓄念于未杀之先；故杀者，起意于殴杀之时。”②“谋杀则定计而行，死者猝不及防、势不能敌，或以金刃，或以毒药，或以他物，或驱赴水火，或伺于隐蔽处所，即时致死，并无争斗情形，方为谋杀。”③“故杀乃因斗殴、谋殴而起，或因忆及夙嫌，或因畏其报复，或虑其控官难制，或恶其无耻滋事，或恐其遗祸受害。在兄弟，或利其赀财肥己；在夫妻，或恨其妒悍不逊。临时起意，故打重伤、多伤，伤多及致死处所而死者是也。”据此，下列最可能被认定为谋杀者的是哪一选项？（　　）（2011－1－18，单选）

A. 张某将浦某拖倒在地，骑于身将其打伤。浦某胞弟见状，情急之下用木耙击中张某顶心，张某立时毙命

B. 洪某因父为赵某所杀，立志复仇。后，洪某趁赵某独自上山之机，将其杀死

C. 卢某欲拉林某入伙盗窃，林某不允并声称将其送官。卢某恐其败露欲杀之，当即将林某推倒在地，搯伤其咽喉并用腰带套其脖颈，林某窒息而死

D. 雇主李朱氏责骂刘某干活不勤，刘某愧忿不甘，拿起菜刀将李朱氏砍倒。刘某逃跑之际，被李朱氏4岁的外孙韩某拉住衣服并大声呼救，刘某将其推倒在地并连砍数刀，致其立时毙命

【考点】法制改革

中国历史上曾进行多次法制变革以适应社会的发展。关于这些法制变革的表述，下列哪一选项是错误的？（　　）（2013－1－19，单选）

A. 秦国商鞅实施变法改革，全面贯彻法家“明法重刑”的主张，加大量刑幅度，对轻罪也施以重刑，以实现富国强兵目标

B. 西汉文帝为齐太仓令之女缇萦请求将自己没官为奴、替父赎罪的行为所动，下令废除肉刑

C. 唐代废除了宫刑制度，创设了鞭刑和杖刑，以宽减刑罚，缓解社会矛盾

D.《大清新刑律》抛弃了旧律诸法合体的编纂形式，采用了罪刑法定原则，规定刑罚分为主刑、从刑

四、古代民事法律制度

【考点】西周的契约法律制度

西周商品经济发展促进了民事契约关系的发展。《周礼》载："听买卖以质剂"。汉代学者郑玄解读西周买卖契约形式："大市谓人民、牛马之属，用长券；小市为兵器、珍异之物，用短券。"对此，下列哪一说法是正确的？（　　）（2016—1—15，单选）

A. 长券为"质"，短券为"剂"　　B. "质"由买卖双方自制，"剂"由官府制作

C. 契约达成后，交"质人"专门管理 D. 买卖契约也可采用"傅别"形式

【考点】宋朝的婚姻制度

宋承唐律，仍实行唐制"七出""三不去"的离婚制度，但在离婚或改嫁方面也有变通。下列哪一选项不属于变通规定？（　　）（2012—1—16，单选）

A. "夫外出三年不归，六年不通问"的，准妻改嫁或离婚

B. "妻擅走者徒三年，因而改嫁者流三千里，妾各减一等"

C. 夫亡，妻"若改适（嫁），其见在部曲、奴婢、田宅不得费用"

D. 凡"夫亡而妻在"，立继从妻

【考点】宋代的继承制度

南宋时，霍某病故，留下遗产值银9000两。霍某妻子早亡，夫妻二人无子，只有一女霍甲，已嫁他乡。为了延续霍某姓氏，霍某之叔霍乙立本族霍丙为霍某继子。下列关于霍某遗产分配的哪一说法是正确的？（　　）（2016—1—18，单选）

A. 霍甲9000两

B. 霍甲6000两，霍丙3000两

C. 霍甲、霍乙、霍丙各3000两

D. 霍甲、霍丙各3000两，余3000两收归官府

【考点】宋代的契约制度

随着商品经济的繁荣，两宋时期的买卖、借贷、租赁、抵押、典卖、雇佣等各种契约形式均有发展。据此，下列哪一说法是错误的？（　　）（2017—1—18，单选）

A. 契约的订立必须出于双方合意，对强行签约违背当事人意愿的，要"重蚍典宪"

B. 买卖契约中的"活卖"，是指先以信用取得出卖物，之后再支付价金，且须订立书面契约

C. 付息的消费借贷称为出举，并有"（出举者）不得迴利为本"的规定，防止高利贷盘剥

D. 宋代租佃土地契约中，可实行定额租，佃农逾期不交租，地主可诉请官府代为索取

五、古代司法制度

【考点】唐代司法制度

1. 唐代诉讼制度不断完善，并具有承前启后的特点。下列哪一选项体现了唐律据证定罪的原则？（　　）（2012—1—17，单选）

A. 唐律规定，审判时"必先以情，审察辞理，反复参验，犹未能决，事须拷问者，立案同判，然后拷讯，违者杖六十"

B.《断狱律》说："若赃状露验，理不可疑，虽不成引，即据状断之"

C. 唐律规定，对应议、请、减和老幼残疾之人"不合拷讯"

D.《断狱律》说："（断狱）皆须具引律、令、格、式正文，违者笞三十"

2.《折狱龟鉴》载一案例：张泳尚书镇蜀日，因出过委巷，闻人哭，惧而不哀，遂使讯之。云："夫暴卒。"乃付吏穷治。吏往熟视，略不见其要害。而妻教吏搜顶发，当有验。乃往视之，果有大钉陷其脑中。吏喜，辄矜妻能，悉以告泳。泳使呼出，厚加赏方，问所知之由，并令鞫其事，盖尝害夫，亦用此谋。发棺视尸，其钉尚在，遂与哭妇俱刑于市。关于本案，张泳运用了下列哪一断案方法？（　　）（2012－1－17，单选）

A.《春秋》决狱　　B. "听讼""断狱"

C. "据状断之"　　D. 九卿会审

【考点】清朝的会审制度

1. 根据清朝的会审制度，案件经过秋审或朝审程序之后，分四种情况予以处理：情实、缓决、可矜、留养承嗣。对此，下列哪一说法是正确的？（　　）（2014－1－18，单选）

A. 情实指案情属实、罪名恰当者，奏请执行绞监候或斩监候

B. 缓决指案情虽属实，但危害性不能确定者，可继续调查，待危害性确定后进行判决

C. 可矜指案情属实，但有可矜或可疑之处，免于死刑，一般减为徒、流刑罚

D. 留养承嗣指案情属实、罪名恰当，但被害人有亲老丁单情形，奏请皇帝裁决

2. 清乾隆年间，甲在京城天安门附近打伤乙被判笞刑，甲不服判决，要求复审。关于案件的复审，下列哪些选项是正确的？（　　）（2012－1－57，多选）

A. 应由九卿、詹事、科道及军机大臣、内阁大学士等重要官员会同审理

B. 应在霜降后10日举行

C. 应由大理寺官员会同各道御史及刑部承办司会同审理

D. 应在小满后10日至立秋前1日举行

六、法律儒家化

【考点】法律儒家化的司法表现：春秋决狱

董仲舒解说"春秋决狱"："春秋之听狱也，必本其事而原其志；志邪者不待成，首恶者罪特重，本直者其论轻。"关于该解说之要旨和倡导，下列哪些表述是正确的？（　　）（2013－1－57，多选）

A. 断案必须根据事实，要追究犯罪人的动机，动机邪恶者即使犯罪未遂也不免刑责

B. 在着重考察动机的同时，还要依据事实，分别首犯、从犯和已遂、未遂

C. 如犯罪人主观动机符合儒家"忠""孝"精神，即使行为构成社会危害，也不给予刑事处罚

D. 以《春秋》经义决狱为司法原则，对当时传统司法审判有积极意义，但某种程度上为司法擅断提供了依据

【考点】法律儒家化的立法体现

汉宣帝地节四年下诏曰："自今子首匿父母、妻匿夫、孙匿大父母，皆勿坐。其父母匿子、夫匿妻、大父母匿孙，罪殊死，皆上请廷尉以闻""亲亲得相首匿"正式成为中国封建法律原则和制度。对此，下列哪一选项是错误的？（　　）（2010－1－13，单选）

A. 近亲属之间相互首谋隐匿一般犯罪行为，不负刑事责任

B. 近亲属之间相互首谋隐匿所有犯罪行为，不负刑事责任

C. “亲亲得相首匿”的本意在于尊崇伦理亲情

D. “亲亲得相首匿”的法旨在于宽宥缘自亲情发生的隐匿犯罪亲属的行为

参考答案及解析

【考点】古代法律思想

【答案】ACD

【解析】A项正确。①西周继承夏商的“天命观”，提出“以德配天，明德慎罚”的政治法律主张。②“明德慎罚”的要求体现为“实施德教，用刑宽缓”，德教的具体内容就是“礼治”，把道德教化即“礼治”与刑罚处罚相结合，形成了西周时期各种具体法律制度以“礼”“刑”结合为结构的宏观法制特色。③汉代中期以后，“以德配天，明德慎罚”的主张被儒家发挥成“德主刑辅、礼刑并用”的基本策略，从而为以“礼律结合”为特征的中国传统法制奠定了理论基础。

B项错误。战国时期，法家思想影响越来越大。自商鞅变法，秦国和秦朝均推行严刑峻法，主张“以法治国”，并不主张“德主刑辅，礼刑并用”。

C项正确。以《永徽律疏》为代表的唐律承袭和发展了以往礼法并用的统治方法，使得法律统治“一准乎礼”，真正实现了“礼律合一”。唐律是我国传统法典的楷模，标志中国古代立法达到最高水平，也是中华法系的代表作，同时，《永徽律疏》也是中国历史上目前保存下来的最早、最完整和最有社会影响的古代成文法典。

D项正确。宋朝著名理学家朱熹对“明刑弼教”做了新的阐释，有意提高了礼、刑关系中礼的地位，指出二者“不可偏废”。这标志中国传统法制指导原则沿着“德主刑辅一礼律合一一明刑弼教”的发展轨道，进入一个新的阶段，并对明清法制产生影响，为朱元璋推行“重典治国”政策提供了理论依据。

【考点】西周法制

【答案】B

【解析】周初统治者为了修补以往神权政治学说的缺陷，提出了“以德配天，明德慎罚”的政治法律主张。汉代中期以后，“以德配天，明德慎罚”的主张被儒家发挥成“德主刑辅，礼刑并用”的基本策略，从而为以“礼律结合”为特征的中国传统法制奠定了理论基础。故A项错误。

西周时期“刑”多指刑法和刑罚。“礼”正面、积极规范人们的言行，而“刑”则对一切违背礼的行为进行处罚，两者共同构成西周法律的完整体系。礼起源于原始社会祭祀鬼神时所举行的仪式，商、周两朝进行了补充和发展。尤其周朝，经过“周公治礼”，礼制的内容和规模都有了较大的调整。西周的礼是维护政治、宗法关系和宗法等级制度的一系列精神原则和言行规范的总称，已具备法的性质，包括规范性、国家意志性和国家强制性。(1) 礼是抽象的精神原则，其核心是“亲亲”和“尊尊”两个方面，在家族范围内要“亲”，在社会范围内要“尊”。(2) 礼是具体的礼仪形式，主要有五个方面，通称“五礼”：吉礼（祭祀之礼）、凶（丧葬之礼）、军（行兵打仗之礼）、宾（迎宾待客之礼）、嘉（冠婚之礼）。西周时“出礼则入刑”，刑是对一切违背礼的行为进行处罚。西周时期还坚持“礼不下庶人，刑不上大夫”，前者强调礼有等级差别，禁止任何越礼的行为；后者强调贵族官僚在适用刑罚上的特权。需要注意的是，不可把这句话理解成：庶人不适用礼，官僚不适用刑罚。故B项正确。

西周的借贷契约称为“傅别”，故C项错误。西周时期，在宗法制下已经形成了嫡长子继承制，即《春秋公羊传·隐公元年》所谓“立嫡以长不以贤，立子以贵不以长”。故D项“子女平均继承制”说法错误。汉代以后，中国逐渐形成了“诸子均分”的财产继承制度。

【考点】春秋时期公布成文法

【答案】C

【解析】公元前536年，郑国执政子产把郑国的法律刻在鼎上，公之于众，史称“铸刑书”，此为中国历史上首次公布成文法。公元前513年，晋国赵鞅把前任执政范宣子所编刑书正式铸在鼎上，公之于众，这是中国历史上第二次公布成文法。A选项错误。

成文法的公布，否定了“刑不可知，则威不可测”的旧传统，对旧贵族操纵和使用法律特权是严重的冲击，是新兴地主阶级的一次重大胜利。因此，遭到了以叔向为代表的奴隶主贵族的反对。因此，B选项错误，C选项正确。孔子也对赵鞅“铸刑鼎”的行为进行了批评。D选项错误。

【考点】中国古代法典

1. 【答案】C

【解析】《法经》是中国历史上第一部比较系统的成文法典，共六篇：《盗法》《贼法》《囚法》《捕法》《杂法》《具法》。《盗法》《贼法》是关于惩罚危害国家安全、危害他人及侵犯财产的法律规定。《囚法》是关于囚禁、审判罪犯的法律规定，《捕法》是关于追捕盗贼及其他犯罪者的法律规定，二者属于诉讼法的范围。《杂法》是关于“盗贼”以外的其他犯罪与刑罚的规定。《具法》是关于定罪量刑中从轻从重法律原则的规定，起着“具其加减”的作用，相当于近代刑法典中的总则部分。故A项正确。

西晋泰始三年，晋武帝制定《晋律》，又称《泰始律》。《晋律》对汉魏法律继续改革，精简法律条文，形成20篇的格局。与魏律相比，在“刑名”后增加“法例”，丰富了刑法总则的内容。故B项正确。

《北齐律》共12篇，其将“刑名”与“法例”合为“名例”一篇，作为刑法总则；刑法分则为11篇，《北齐律》在中国封建法律史上起着承先启后的作用，对封建后世的立法影响深远。《北齐律》并未对律文进行逐条逐句的疏议，故C项“《北齐律》……并对其进行逐条逐句的疏议”的表述错误。

《大清律例》的结构、形式、体例、篇目与《大明律》基本相同，共分“名例十六部篇”（名例律、吏律、户律、礼律、兵律、刑律、工律）七部分。自乾隆五年颁律以后律文部分基本定型，极少修订，后世各朝只是不断增修律文之后的“附例”。故D项正确。

2. 【答案】A

【解析】A正确。《法经》是中国历史上第一部比较系统的封建成文法典。本选项略有瑕疵，缺少“封建”两字。

《法经》《北齐律》和《唐律疏议》在中国封建法律史上起着承先启后的作用，对后世立法影响深远。B错误。

《宋刑统》是中国历史上第一部刊印颁行的法典。《刑统》的编纂体例可以追溯至唐宣宗时颁布的《大中刑律统类》。《刑统》在编纂上，以传统的刑律为主，同时将有关敕、令、格、式和朝廷禁令等条文编附于后，使其成为一部具有统括性和综合性的法典，这种体例形式称为“刑统”。所以《宋刑统》不是仅含刑事内容的法典。C错误。

《大明会典》是明朝编纂的一部行政法典，基本仿照《唐六典》以六部官制为纲，分述各行政机关职掌和事例，主要起着调整国家行政法律关系的作用。所以《大明会典》是以《唐六典》为渊源，而不是以《元典章》为渊源，D错误。法制史中需要记住的三个行政法典：《唐六典》《大明会典》《大清会典》。

3. 【答案】D

【解析】以《唐律疏议》为典型代表的唐律，继承和发展了以往礼法并用的传统，促使法律统治"一准乎礼"，真正实现了礼与律的统一。因此，A选项内容正确。唐律以科条简要、宽简适中为特点，立法技术高超，结构严谨。"乘之（指唐律）则过，除之则不及，过与不及，其失均矣。"体现了唐律立法技术的高超。因此，B选项内容正确。作为中华法系的代表作，唐律对亚洲诸国，主要是东亚的日本、越南、朝鲜等国家产生了重大影响。因此，C选项内容正确。唐律对欧洲法制发展并未产生影响，D选项内容错误。

【考点】秦朝刑事制度

1. 【答案】C

【解析】秦律以身高作为判定是否成年的标准，低于六尺五寸的为未成年人。A选项错误。秦律重视故意与过失犯罪的区别，故意诬告者实行反坐，主观上无故意，按告不审从轻处理。B选项错误。秦律对共犯、累犯加重处罚，自首减轻处罚，犯罪后主动消除犯罪后果的，可以减免处罚。C选项正确。教唆未成年人犯罪加重处罚，并非反坐教唆罪名。D选项错误。

2. 【答案】ABD

【解析】秦汉时期的刑罚可概括为"主五附二"，主刑包括笞刑、肉刑、徒刑、流放刑、死刑，附加刑包括羞辱刑（髡、耐）和经济刑（赀，即罚款。）

徒刑是一种限制犯人人身自由、强制劳役的徒刑制度。主要包括：（1）城旦舂。男者为城旦，罚役修筑长城或戍边；女者为舂刑，罚为舂米。刑期一般四年至六年。（2）鬼薪白粲，一般男为鬼薪，罚给神庙砍柴；女为白粲，罚给宗庙择米，刑期一般为三年。（3）隶臣妾，指罚为官府服殷。男者为隶臣，女者为隶妾。（4）司寇，伺察盗寇；（5）候，发到边境充斥候。

死刑：（1）戮，《说文》解释为杀戮耻辱之意。后改用斩刑。（2）磔，又称宅，支裂身体而杀之，也叫碎尸刑。（3）腰斩，拦腰斩截，秦律规定："不告奸者腰斩"。（4）车裂，又称五马分尸，即将犯罪者车裂而死。枭首，即指斩首后悬竿示众的刑罚。（5）弃市，即在人群集中的地方处以死刑。《释名》载"市死曰弃市，市，众所聚，与众人共弃之也。"（6）夷三族。指一人谋取反被处死后，父族、母族、妻族都被牵连抄斩的残酷刑罚。（7）具五刑，指"先黥、劓、斩左右趾，笞杀之、枭其首，菹其骨，肉于市。其诽谤詈诅者，又先断舌，故谓之具五刑"。

故A、B、D均为徒刑种类，当选。C属于死刑。

3. 【答案】B

【考点】秦律渎职罪

【解析】A项正确。秦律规定，"纵囚"指应当论罪而故意不论罪，以及设法减轻案情，故意使案犯达不到定罪标准，从而判其无罪。可见，故意使罪犯未受到惩罚是"纵囚"。

B项错误。秦律规定，"有敢偶语《诗》《书》者，弃市。以古非今者，族。吏见知不举者，与同罪。"可见，秦代的见知不举是明知犯罪行为而故意不予揭发、检举，不是过失犯罪。

C项正确。"失刑"是指因过失而量刑不当，因此，过失轻判的是"失刑"。

D项正确。"不直"是指罪应重而故意轻判，应轻而故意重判。因此，故意重判是"不直"。

【考点】唐代的刑事法律制度

1. 【答案】A

【解析】唐律规定:“诸断罪而无正条,其应出罪者,则举重以明轻;其应入罪者,则举轻以明重”,反映了唐代的类推原则。

A项正确。“诸断罪而无正条,其应入罪者,则举轻以明重”即对律文无明文规定的同类案件,凡应加重处罚的罪案,则列举轻罪处罚规定,比照以解决重案。题干中指出唐律规定,谋杀尊亲处斩,即指预谋杀害尊亲者应处斩刑,但无已伤已杀重罪的条文,那么在已杀已伤尊亲的案件时,比照预谋杀亲处以斩刑,则已伤尊亲更应处以斩刑,故A正确。

B项错误。“诸断罪而无正条,其应出罪者,则举重以明轻”即对律文无明文规定的同类案件,凡应减轻处罚的,则列举重罪处罚规定,比照以解决轻案。本题题干中的预谋杀害尊亲相较于已伤尊亲不属于列举重罪的情形。在唐代,斩刑相对绞刑来说更重。预谋杀害尊亲尚且要斩刑,已伤尊亲处以绞刑的做法已不符合该类推原则。故B项错误,不选。

C项错误。唐律所规定的谋杀尊亲处斩条款中“谋杀”,指的是“谋而未行”以及“行而未伤”,因此其危害性要比谋杀致伤要轻。而流三千里的惩罚远低于斩刑,不符合类推原则。

D项错误。所谓“十恶”是隋朝《开皇律》在《北齐律》“重罪十条”基础上制定的,它规定了严重危害统治阶级根本利益的十种最严重犯罪,包括:谋反、谋大逆、谋叛、恶逆、不道、大不敬、不孝、不睦、不义、内乱。其中不孝是指未经祖父母、父母同意私立门户或分异财产,对祖父母、父母供养有缺等不孝行为。谋杀祖父母属于“恶逆”。恶逆,即谋杀祖父母、父母,杀伯叔父母、姑、兄姐、外祖父母、夫、夫之祖父母、父母。可知,本题中已伤尊亲的行为不属于不孝。

2. 【答案】D

【解析】“诸断罪而无正条,其应出罪者,则举重以明轻;其应入罪者,则举轻以明重”的意思是:对律文无明文规定的同类案件,凡应减轻处罚的,则列举重罪处罚规定,比照以解决轻案;凡应加重处罚的罪案,则列举轻罪处罚规定,比照以解决重案。选项A错误。“诸断罪而无正条”,唐律中有明文规定时要直接适用法律,没有明文规定的才适用类推原则。选项B、C错误。被类推定罪的行为,处罚可能轻于也可能重于同类案件。选项D正确。《唐律》类推原则的完善反映了当时立法技术的发达。

3. 【答案】ABCD

【解析】“若杀祖父母、父母应偿死者,虽会赦,仍移乡避仇”,是指杀他人的祖父母、父母,依照法律应当判处死刑的,即使得到赦免,也必须移居外乡以避免受害人子孙复仇。据此,A、B、C、D项显然均正确,应选。

【考点】清代的杀人罪

【答案】B

【解析】清代的“谋杀”与“故杀”。这是当年的新增考点。根据王又槐对谋杀和故杀的有关论述,谋杀是有预谋的故意杀人;故杀是没有预谋、突然起意的故意杀人。选项A错误。浦某胞弟见浦某被张某殴打,为解救浦某而上前攻击张某,过失造成其死亡,这里并无事先预谋,故不成立谋杀。选项B正确。“洪某因父为赵某所杀,立志复仇”,属于事先有预谋的故意杀人,应认定为“谋杀”。选项C错误。“卢某恐其败露欲杀之”,属于临时起意的故意杀人,应认定为“故杀”,不能成立“谋杀”。

选项D错误。刘某为逃匿而故意杀人,并无事先预谋,应认定为“故杀”。

《唐律》依犯罪人主观意图区分了“六杀”，即所谓的“谋杀”“故杀”“斗杀”“误杀”“过失杀”“戏杀”等。唐律的“谋杀”指预谋杀人；“故杀”指事先虽无预谋，但情急杀人时已有杀人的意念；“斗杀”指由于种种原因错置了杀人对象；“过失杀”指“耳目所不及，思虑所不至”，即出于过失杀人；“戏杀”指“以力共戏”而导致杀人。

故杀：明清都继承了唐律对故杀的定义，并进一步阐释，将谋杀与故杀相区别。

清代谋杀的概念已经定型，是有预谋的故意杀人，而故杀是没有预谋、临时起意的故意杀人。有无事先预谋是区分谋杀和故杀的根本标准。

【考点】法制改革

【答案】C

【解析】作为法家的代表人物，商鞅主张运用法律手段“富国强兵”，在秦孝公的支持下，先后两次实施变法。该变法全面贯彻法家“明法重刑”，即在变法过程中，尽力贯彻重刑原则，加大量刑幅度，对轻罪也施以重刑。故A项正确。

汉文帝开始刑罚改革的直接起因是在文帝十三年，齐太仓令获罪当施黥刑，其小女缇萦上书请求将自己没官为奴，替父赎罪，并指出肉刑制度断绝犯人自新之路的严重问题。文帝为之所动，下令废除肉刑。故B项正确。

北魏时期开始改革以往五刑制度，增加鞭刑与杖刑，后北齐、北周相继采用。北朝、南朝相继宣布废除宫刑，自此结束了使用宫刑的历史。故C项称“唐代废除了宫刑制度，创设了鞭刑和杖刑”说法错误。

《大清新刑律》是清末正式公布、但并未真正施行的中国历史上第一部近代意义上的专门刑法典，它仍保持着旧律维护专制制度和封建伦理的传统。《大清新刑律》分总则和分则两篇，后附《暂行章程》5条。它抛弃了旧律诸法合体的编纂形式，以罪名和刑罚等专属刑法范畴的条文作为法典的唯一内容；在体例上抛弃了旧律的结构形式，将法典分为总则和分则；确立了新刑罚制度，规定刑罚分主刑、从刑；采用了一些近代西方资产阶级的刑法原则和刑法制度，如罪刑法定原则和缓刑制度等。故D项正确。

【考点】西周的契约法律制度

【答案】A

【解析】西周的买卖契约统称为“质剂”。“质”是买卖奴隶、牛马所使用的较长的契券；“剂”是买卖兵器、珍异之物所使用的较短的契券。“质”“剂”均由官府制作，并由“质人”管理。契约达成后，写在简牍上，一分为二，双方各执一份。因此，A选项内容正确。B、C选项错误。“傅别”是西周的借贷契约。因此，D选项错误。

此外，西周的婚姻制度也是考查的重点，规定结婚的原则：一夫一妻、同姓不婚、父母之命、媒妁之言；结婚的程序为“六礼”（纳彩、问名、纳吉、纳征、请期、亲迎）；离婚制度则为“七出”“三不去”；西周实行嫡长子继承制度，“立嫡以长不以贤，立子以贵不以长”，这种继承主要是政治身份的继承，土地、财产的继承是其次。

【考点】宋朝的婚姻制度

【答案】D

【解析】在离婚方面，宋朝仍然实行西周规定的“七出”“三不去”制度，但有少许变通。例如《宋刑统》规定：夫外出三年不归，六年不通问，准妻改嫁或离婚”；但是“妻擅走者徒三年，因而改嫁者流三千里，妾各减一等”。如果夫亡，妻“不守志”者，宋代规定：“若改适（嫁），其见在部曲、奴婢、田宅不得费用。”严格维护家族财产不得转移的固有传统。ABC项正确。D项规定的是继承制度中的“户绝”制度，与婚姻制度的变通关联不大，当选。

【考点】宋代的继承制度

【答案】D

【解析】南宋法律规定，户绝（指家无男子承继）之家，继子与户绝之女均享有继承权，但只有在室女（未嫁女）的，在室女享有3/4的财产继承权，继子享有1/4的财产继承权；只有出嫁女（已婚女）的，出嫁女享有1/3的财产继承权，继子享有1/3的财产继承权，另外1/3的财产收为官府所有。本案中，霍某户绝，有一出嫁女霍甲，立继子霍丙，遗产9000两，应由霍甲、霍丙和官府分别分得3000两。因此，选项D正确。

【考点】宋代的契约制度

【答案】B

【解析】A选项正确。宋代强调买卖之债双方的合意性，对强行签约违背当事人意愿的，要“重蚍典宪”。

B选项错误。宋代“典”中的“活卖”，通过让渡物的使用权收取部分利益而保留回赎权的一种交易。

C选项正确。宋代借贷契约将付息的消费借贷称为出举，举有利息，又称“出息”，规定：“出举者不得迴利为本”，不得超过法律规定收取高利贷盘剥。

D选项正确。地主与佃农签订租佃土地契约，可实行定额租，若佃农过期不交地租，地主可于每年十月初一至正月三十日向官府投诉，由官府代为索取。

【考点】唐代司法制度

1. 【答案】B

【解析】本题的考查，与其说是考察唐代司法制度，不如说是考查考生的文言阅读能力，如果能理解选项中的文字，则较容易选出正确答案。

A选项错误。这是唐律讯囚时的法律规定，规定了拷问的条件和数量，与据证定罪原则无关。

B选项正确，本选项中是对赃罪的证据进行检验，如果无可疑之处，可以援引断案。

C选项错误。该条指对享有一定身份，和老幼残疾之人，本着恤刑的原则不予拷打。

D选项错误。该条所引指的是审理案件必须引用律、令、格、式的正文，体现的不是据证定罪原则，而是案件审判的规范化，是唐律对罪刑法定原则的规定。

2. 【答案】C

【解析】《春秋》决狱是汉代的司法制度，依据儒家经典《春秋》等著作中提倡的精神原则审判案件，而不仅仅依据汉律审案，而此处并未体现这一点，A是错误的。

“听讼”，即听理诉讼，也就是今天我们常说的“审案”，“听讼”在古时主要是指审理民事案件，而“断狱”主要就是指审理刑事案件。该案中可以看出是刑事案件而没有民事案件，B是错误的。

“据状断之”是指对于人赃俱获却无法通过拷讯获得口供，或者拷讯后仍拒不认罪的，也可“据状断之”，即根据证据定罪。本案正是证据确凿而定案的例证。C是正确的，当选。

九卿会审是明朝的一种诉讼制度，又称“圆审”。是由六部尚书及都察院左都御使、大理寺卿、通政使司的通政使等九人会审皇帝交付的案件或已判决但囚犯仍翻供不服之案，D错误。

【考点】清朝的会审制度

1. 【答案】C

【解析】选项A错误。情实指罪情属实、罪名恰当者，奏请执行死刑。
选项B错误。缓决案情虽属实，但危害性不大者，可减为流三千里，或发烟瘴极边充军，或再押监候。
选项C正确。可矜指案情属实，但有可矜或可疑之处，可免于死刑，一般减为徒、流刑罚。
选项D错误。留养承嗣指案情属实、罪名恰当，但有亲老丁单情形，合乎申请留养条件者，按留养奏请皇帝裁决。

2.【答案】CD
【解析】朝审是对刑部判决的重案及京师附近绞、斩监候案件进行的复审，其审判组织、方式与秋审大体相同，每年霜降后十日举行由九卿、詹事、科道以及军机大臣、内阁大学士等重要官员会同审理，经过秋审和朝审后，案件结果分四种情况：①情实，即罪情属实，罪名恰当，则奏请执行。②缓决，案情属实、危害不大，减为流放、或充军、或再押监候。③可矜，免于死刑，减为徒、流刑。④留养承嗣，即案情属实、罪名恰当、但有亲老丁单情形，合乎留养条件者按留养奏请皇帝裁决。可见题目中的案件不属于朝审的范围，故A、B错误。
热审是对发生在京师的笞杖刑案件进行重审的制度，于每年小满后十日至立秋前一日，由大理寺官员会同各道御史及刑部承办司共同进行，快速决放在监笞杖刑案犯。可见该案属于热审的案件，C、D正确，当选。

【考点】法律儒家化的司法表现：春秋决狱
【答案】ABD
【解析】董仲舒解说"春秋决狱"："春秋之听狱也，必本其事而原其志；志邪者不待成，首恶者罪特重，本直者其论轻。"其要旨是：必须根据案情事实，追究行为人的动机；动机邪恶者即使犯罪未遂也不免刑责，故A项正确。首恶者从重惩治；主观上无恶念者从轻处理。强调审断时应重视行为人在案情中的主观动机；在着重考察动机时，还要依据事实，分别首犯、从犯和既遂、未遂，故B项正确。《春秋》决狱实行"论心定罪"原则，若犯罪人主观动机符合儒家"忠""孝"精神，即使其行为构成社会危害，也可以减免刑责，而非"不给予刑事处罚"，故C项错误；相反，犯罪人主观动机严重违背儒家倡导的精神，即使没有造成严重危害后果，也要认定犯罪给予严惩。以《春秋》经义决狱为司法原则，对传统司法和审判是一种积极的补充。但是，若专以主观动机"心""志"的"善恶"，判断有罪无罪或罪行轻重，也往往会成为司法官吏主观臆断和陷害无辜的口实，在某种程度上为司法擅断提供了依据。故D项正确。

【考点】法律儒家化的立法体现
【答案】B
【解析】"亲亲得相首匿"指直系三代血亲之间和夫妻之间，除犯谋反，大逆以外的罪行，有罪应相互包庇隐瞒，不得向官府告发；对于亲属之间容隐犯罪的行为，法律也不追究其刑事责任。但对于亲属之间容隐犯罪的行为中，卑幼亲属首匿尊长亲属的犯罪行为，不追究刑事责任，而尊长亲属首匿卑幼亲属，罪应处死的，可上请皇帝宽贷，而不是不负刑事责任。A项表述正确，B项表述错误
"亲亲得相首匿"是儒家思想在法律上的具体体现，其目的是支持礼的"亲亲"，尊崇伦理，对于缘自亲情发生的隐匿犯罪亲属的行为提倡宽宥，C、D项说法正确。

第二章　清末法制改革

一、预备立宪

【考点】《宪法重大信条十九条》

武昌起义爆发后，清王朝于1911年11月3日公布了《宪法重大信条十九条》。关于该宪法性文件，下列哪一说法是错误的？（　　）（2014—1—19，单选）

A. 缩小了皇帝的权力　　B. 扩大了人民的权利

C. 扩大了议会的权力　　D. 扩大了总理的权力

二、清末修律

【考点】清末修律的特点

1. 关于清末变法修律，下列哪些选项是正确的？（　　）（2011—1—57，多选）

A. 在指导思想上，清末修律自始至终贯穿着“仿效外国资本主义法律形式，固守中国封建法制传统”的原则

B. 在立法内容上，清末修律一方面坚行君主专制体制和封建伦理纲常“不可率行改变”，一方面标榜“吸引世界大同各国之良规，兼采近世最新之学说”

C. 在编纂形式上，清末修律改变了传统的“诸法合体”形式，明确了实体法之间、实体法与程序法之间的差别，形成了近代法律体系的雏形

D. 在法系承袭上，清末修律标志着延续几千年的中华法系开始解体，为中国法律的近代化奠定了初步基础

2. 中国法制近代化经历了曲折的渐进过程，贯穿着西方法律精神与中国法律传统的交汇与碰撞。关于中国法制近代化在修律中的特点，下列哪一选项是不正确的？（　　）（2010—1—14，单选）

A. 1910年《大清民律草案》完成后，修律大臣俞廉三上陈“奏进民律前三编草案折”，认为民律修订仍然没有超出“中学为体、西学为用”的思想格局

B. 1911年《大清新刑律》作为中国第一部近代意义的专门刑法典，在吸纳近代资产阶级罪刑法定等原则的同时，仍然保留了部分不必科刑的民事条款

C. 1910年颁行的《法院编制法》规定，国家司法审判实行四级三审制

D. 1947年颁行的《中华民国宪法》，所列各项民主自由权利比以往任何宪法性文件都充分

【考点】清末商事立法

1903年，清廷发布上谕：“通商惠工，为古今经国之要政，急应加意讲求，著派载振、袁世凯、伍廷芳，先定商律，作为则例。”下列哪一说法是正确的？（　　）（2016—1—19，单选）

A.《钦定大清商律》为清朝第一部商律，由《商人通例》《公司律》和《破产律》构成

B. 清廷制定商律，表明随着中国近代工商业发展，其传统工商政策从“重农抑商”转为“重商抑农”

C. 商事立法分为两阶段，先由新设立商部负责，后主要商事法典改由修订法律馆主持

起草

D.《大清律例》《大清新刑律》《大清民律草案》与《大清商律草案》同属清末修律成果

【考点】清末民事立法

清末修律时，修订法律大臣俞廉三在“奏进民律前三编草案折”中表示：“此次编辑之旨，约分四端：（一）注重世界最普通之法则。（二）原本后出最精确之法理。（三）求最适于中国民情之法则。（四）期于改进上最有利益之法则。”关于清末修订民律的基本思路，下列哪一表述是最合适的？（　　）（2013－1－17，单选）

A. 西学为体、中学为用　　B. 中学为体、西学为用

C. 坚持德治、排斥法治　　D. 抛弃传统、尽采西说

三、清末司法改革

【考点】清末司法改革、清末刑事立法

1. 鸦片战争后，清朝统治者迫于内外压力，对原有的法律制度进行了不同程度的修改与变革。关于清末法律制度的变革，下列哪一选项是正确的？（　　）（2015－1－18，单选）

A.《大清现行刑律》废除了一些残酷的刑罚手段，如凌迟

B.《大清新刑律》打破了旧律维护专制制度和封建伦理的传统

C. 改刑部为法部，职权未变

D. 改四级四审制为四级两审制

2. 关于中国法律制度的发展演变，下列哪一表述是错误的？（　　）（2011－1－19 改，单选）

A. 西周“七出”“三不去”“六礼”等婚姻法律的原则和制度，多为后世法律所继承和采用

B. 汉代“秋冬行刑”的死刑执行制度，对唐、明、清的法律制度有着深远影响

C. 清末规定的法官和检察官考试任用制度、监狱及狱政管理的改良制度，是清末司法体制上的重大变化

D. 清末颁行了正式的刑事诉讼法典

参考答案及解析

【考点】《宪法重大信条十九条》

【答案】B

【解析】选项B说法错误。《宪法重大信条十九条》是清王朝迫于武昌革命风暴，在3天之内仓促制定的。它是中国第一部成文宪法，形式上被迫缩小了皇帝的权力，相对扩大了议会和总理的权力，但仍强调皇权至上，且对人民权利只字未提。

【考点】清末修律的特点

1. 【答案】ABCD

【解析】选项A正确。在指导思想上，清末修律自始至终贯穿着“仿效外国资本主义法律形式，固守中国封建法制传统”的方针，借用西方近现代法律制度的形式，坚持中国固有的封建制度内容，即成为统治者变法修律的基本宗旨。

选项B正确。在内容上，清末新修订的法律表现出封建专制主义传统和西方资本主义法学最新成果的混合。清末修律一方面坚持君主专制体制和封建伦理纲常“不可率行改变”，在新修订的法律中继续肯定和维护专制统治；另一方面又标榜“吸引世界大同各国

之良规，兼采近世最新之学说”，大量引进西方法律理论、原则、制度和法律术语，使得保守落后的封建法律内容与先进的近现代法律形式同时呈现在这些新的法律法规之中。

选项C正确。在法典编纂形式上，清末修律改变了传统的“诸法合体”形式，明确了实体法之间、实体法与程序法之间的差别，分别制定、颁布或起草了宪法、刑法、民法、商法、诉讼法等方面的法典或法规，形成了近代法律体系的雏形。

选项D正确。随着变法修律，中国封建法律制度的传统格局被打破，不仅传统的诸法合体的形式被抛弃，而且中华法系“依伦理而轻重其刑”的原则也受到极大冲击，通过大规模立法，参照西方资产阶级法律体系和法律原则建立起来的一整套法律制度和司法体制，为中国法律的近代化奠定了初步基础。

2. 【答案】B

【解析】本题考查的内容纯属记忆性知识点。B项中，《大清新刑律》是一部近现代意义上的新式法典，在编纂体例上，采取了近代西方刑法典的模式，分为总则和分则两部分；在内容上，不再将民法、诉讼法等方面的内容纳入，突破了诸法合体的形式，是一部纯粹的刑法典。由此可知B说法错误。其他选项均正确。

【考点】清末商事立法

【答案】C

【解析】1904年清政府颁行《钦定大清商律》，此为清朝第一部商律，由《商人通例》和《公司律》组成；《破产律》是清政府1906年颁行的。A选项错误。

清廷制定商律，表明随着中国近代工商业发展，其传统工商政策发生了改变，原来“重农抑商”的政策遭到放弃，但农业仍是国家经济发展的重点，所以并未转为“重商抑农”。B选项错误。

清末商事立法大致分为两阶段，第一阶段，由新设立的商部负责。第二阶段，主要商事法典改由修订法律馆主持起草；单行法规仍由各有关机关拟订，经宪政编查馆和资政院审议后请旨颁行。C选项正确。

《大清律例》是乾隆年间颁行的中国历史上最后一部传统成文法典，它不是清末修律的成果。《大清新刑律》《大清民律草案》与《大清商律草案》均属于清末修律的成果。D选项错误。

【考点】清末民事立法

【答案】B

【解析】“注重世界最普通之法则”，即“西学为用”；“求最适于中国民情之法则”，即“中学为体”。故B项正确。

【考点】清末司法改革、清末刑事立法

1. 【答案】A

【解析】A项正确。《大清现行刑律》与《大清律例》相比，其废除了一些残酷的刑罚手段，如凌迟，故A正确，应选。

B项错误。《大清新刑律》仍保持着旧律维护专制制度和封建伦理的传统，突出表现为5条《附属章程》。

C项错误。清政府对旧的诉讼体制和审判制度进行了一系列改革，在清末司法机关的变化方面，主要表现在改刑部为法部，掌管全国司法行政事务，与之前的职权有重要变化；改大理寺为大理院，为最高审判机关。故C错误，不选。

D项错误。清末的法律改革中，在诉讼制度方面，实行四级三审制，而非“四级两审制”。

2. 【答案】D

【解析】选项A说法正确。西周“七出”“三不去”“六礼”制度是宗法制度下夫权专制的典型反映，西周婚姻立法的原则和制度多为后世法律所继承和采用，成为中国传统法律的重要组成部分。

选项B说法正确。汉代确立的“秋冬行刑”的死刑执行制度，对后世有着深远影响，唐律规定“立春后不决死刑”，明清律中的“秋审”制度亦溯源于此。

选项C说法正确。清末新政时期，参照西方法律制度，改革了法官和检察官考试任用制度、监狱及狱政管理的制度，这是清末司法体制上的重大变化。

选项D说法错误。清末制定了《刑事民事诉讼法草案》，但由于规定了律师、陪审制度，遭到反对而未通过，后来修订法律馆又分别起草了《刑事诉讼律草案》和《民事诉讼律草案》，但都没有正式通过颁行。

第五编

司法制度与法律职业道德

第一章 中国特色社会主义司法制度和法律职业道德概述

第一节 中国特色社会主义司法制度概述

【考点】司法的概念、特点和功能

【考点点拨】(1)司法的特点：独立性（只服从法律，不受非法干涉）、被动性（不告不理）、交涉性（多方参与）、程序性（依法定程序进行）、普遍性（最普适的纠纷解决方式）、终局性（最终解决方式）。

(2)司法的功能：司法具有解决纠纷的直接功能和调整社会关系、解释和补充法律、形成公共政策、保障人权等间接功能。解决纠纷是司法制度的普遍特征，它构成司法制度产生的基础、运作的主要内容和直接任务，也是其他功能发挥的先决条件。

1. 司法与行政都是国家权力的表现形式，但司法具有一系列区别于行政的特点。下列哪些选项体现了司法区别于行政的特点？(　　)(2014—1—83，多选)

A. 甲法院审理一起民事案件，未按照上级法院的指示作出裁判

B. 乙法院审理一起刑事案件，发现被告人另有罪行并建议检察院补充起诉，在检察院补充起诉后对所有罪行一并作出判决

C. 丙法院邀请人大代表对其审判活动进行监督

D. 丁法院审理一起行政案件，经过多次开庭审理，在原告、被告及其他利害关系人充分举证、质证、辩论的基础上作出判决

2. 关于司法和司法制度，下列哪些表述不成立？(　　)(2011—1—45 改，多选)

A. 司法历来以解决社会冲突为己任，与社会冲突相伴相随。从古至今，司法一直为一种独立的解纷形态和制度

B. 司法和司法权曾是反对专制、对抗王权的一道屏障，负责监督政府、保护人民，同时也能有效地保护法官

C. 司法具有解决纠纷、调整社会关系的直接功能和解释、补充法律及形成公共政策、秩序维持、文化支持等间接功能

D. 司法要求司法活动的公开性、裁判人员的中立性、当事人地位的平等性、司法过程的参与性、司法活动的合法性、案件处理的正确性

【考点】司法制度概述

【考点点拨】中国特色社会主义司法制度主要由司法规范体系、司法组织体系、司法制度体系、司法人员管理体系四个方面的体系组成。

中国特色社会主义司法制度是一个科学系统，既包括体制机制运行体系，也包括理念文化等丰富内容。关于我国司法制度的理解，下列哪一选项是正确的？(　　)(2017—1—46，单选)

A. 我国司法制度主要由四个方面的体系构成：司法规范体系、司法组织体系、司法制度体系、司法文化体系

B. 司法组织体系主要包括审判组织体系、律师组织体系、公证组织体系

C. 人民调解制度和死刑复核制度是独具中国特色的司法制度，司法解释制度和案例指导

制度是中外通行的司法制度

D. 各项司法制度既是司法机关职责分工、履行职能的依据和标准，也是监督和规范司法行为的基本规则

【考点】司法原则

【考点点拨】(1) 司法公正：司法公正是法律精神的内在要求，是法治的灵魂和核心，是民众对法治的必然要求。司法公正包括实体公正和程序公正。实体公正是裁判结果的公正，程序公正是办案过程的公正。司法公正主要体现在以下几个方面：司法活动的合法性；司法程序的公开性和参与性；司法结果的正确性；司法人员的中立性和廉洁性；当事人地位的平等性。(2) 司法效率要求以尽可能少的司法资源获得最大的效果。坚持"效率优先，兼顾公平"。(3) 审判独立和检察独立。

1. 建立领导干部、司法机关内部人员过问案件记录和责任追究制度，规范司法人员与当事人、律师、特殊关系人、中介组织接触交往行为，有利于保障审判独立和检察独立。据此，下列做法正确的是：(　　)(2017—1—98，不定项)

A. 某案承办检察官告知其同事可按规定为案件当事人转递涉案材料

B. 某法官在参加法官会议时，提醒承办法官充分考虑某案被告家庭现状

C. 某检察院副检察长依职权对其他检察官的在办案件提出书面指导性意见

D. 某法官在参加研讨会中偶遇在办案件当事人的律师，拒绝其研讨案件的要求并向法院纪检部门报告

2. 司法活动的公开性是体现司法公正的重要方面，要求司法程序的每一阶段和步骤都应以当事人和社会公众看得见的方式进行。据此，按照有关文件和规定精神，下列哪一说法是正确的？(　　)(2016—1—45，单选)

A. 除依法不在互联网公布的裁判文书外，法院的生效裁判文书均应在互联网公布

B. 检察院应通过互联网、电话、邮件、检察窗口等方式向社会提供案件程序性信息查询服务

C. 监狱狱务因特殊需要不属于司法公开的范围

D. 律师作为诉讼活动的重要参与者，其制作的代理词、辩护词等法律文书应向社会公开

3. 司法公正体现在司法活动各个方面和对司法人员的要求上。下列哪一做法体现的不是司法公正的内涵？(　　)(2014—1—45，单选)

A. 甲法院对社会关注的重大案件通过微博直播庭审过程

B. 乙法院将本院公开审理后作出的判决书在网上公布

C. 丙检察院为辩护人查阅、摘抄、复制案卷材料提供便利

D. 丁检察院为暴力犯罪的被害人提供医疗和物质救助

4. 关于法官在司法活动中如何理解司法效率，下列哪一说法是不正确的？(　　)(2014—1—46，单选)

A. 司法效率包括司法的时间效率、资源利用效率和司法活动的成本效率

B. 在遵守审理期限义务上，对法官职业道德上的要求更加严格，应力求在审限内尽快完成职责

C. 法官采取程序性措施时，应严格依法并考虑效率方面的代价

D. 法官应恪守中立，不主动督促当事人或其代理人完成诉讼活动

5. 我国司法承担着实现公平正义的使命，据此，下列哪些说法能够成立？(　　)(2013—1

—83，多选）

A. 中国特色社会主义司法制度是我国实现公平正义的重要保障

B. 司法通过解决纠纷这一主要功能，维持社会秩序和正义

C. 没有司法效率，谈不上司法公正，公平正义也将难以实现，因此应当选择“公正优先，兼顾效率”的价值目标

D. 在符合法律基本原则的前提下，司法兼顾法理和情理更利于公平正义的实现

6. 关于司法公正及实体公正、程序公正问题的理解，下列哪些表述是正确的？（　　）（2011—1—84，多选）

A. 司法公正是法治的组成部分和基本内容，是民众对法制的必然要求，司法公正包括实体公正和程序公正两个方面

B. 追求实体公正，是我国司法制度和法律职业道德的基本准则，主要指努力发现案件事实真相和正确适用实体法律

C. 程序公正包括当事人平等地参与、严格遵循法定程序及法官的居中裁判等，保证当事人受到公平对待

D. 根据形势及效率需要，可在有关司法过程中将“类推”和“自由心证”作为司法公正的补充手段

【考点】司法改革

【考点点拨】这部分内容重点考查考试近一二年的司法改革。

1. 最高法院设立巡回法庭有利于方便当事人诉讼、保证案件审理更加公平公正。关于巡回法庭的性质及职权，下列说法正确的是：（　　）（2017—1—99，不定项）

A. 巡回法庭是最高法院的派出机构、常设审判机构

B. 巡回法庭作出的一审判决当事人不服的，可向最高法院申请复议一次

C. 巡回法庭受理本巡回区内不服高级法院一审民事、行政裁决提起的上诉

D. 巡回区内应由最高法院受理的死刑复核、国家赔偿等案件仍由最高法院本部审理或者办理

2. 关于深化法院人事管理改革措施的表述，下列选项正确的是：（　　）（2016—1—99，不定项）

A. 推进法院人员分类管理制度改革，将法院人员分为法官、法官助理和书记员三类，实行分类管理

B. 建立法官员额制，对法官在编制限额内实行员额管理

C. 拓宽法官助理和书记员的来源渠道，建立法官助理和书记员的正常增补机制

D. 配合省以下法院人事改革，设立省市两级法官遴选委员会

3. 司法人员恪守司法廉洁，是司法公正与公信的基石和防线。违反有关司法廉洁及禁止规定将受到严肃处分。下列属于司法人员应完全禁止的行为是：（　　）（2016—1—98，不定项）

A. 为当事人推荐、介绍诉讼代理人、辩护人

B. 为律师、中介组织介绍案件

C. 在非工作场所接触当事人、律师、特殊关系人

D. 向当事人、律师、特殊关系人借用交通工具

第二节 法律职业道德概述

【考点】法律职业道德

【考点点拨】法律职业道德具有（1）主体的特定性；（2）职业的特殊性；（3）更强的约束性。

1. 法律职业道德具有不同于一般职业道德的职业性、实践性、正式性及更高标准的特征。关于法律职业道德的表述，下列哪些选项是正确的？（　　）（2017—1—83，多选）

   A. 法律职业人员专业水平的发挥与职业道德水平的高低具有密切联系

   B. 法律职业道德基本原则和规范的形成，与法律职业实践活动紧密相连

   C. 纵观伦理发展史和法律思想史，法律职业道德的形成与“实证法”概念的阐释密切相关

   D. 法律职业道德基本原则是对每个法律从业人员职业行为进行职业道德评价的标准

2. 法律在社会中负有分配社会资源、维持社会秩序、解决社会冲突、实现社会正义的功能，这就要求法律职业人员具有更高的法律职业道德水准。据此，关于提高法律职业道德水准，下列哪些表述是正确的？（　　）（2016—1—83，多选）

   A. 法律职业道德主要是法律职业本行业在职业活动中的内部行为规范，不是本行业对社会所负的道德责任和义务

   B. 通过长期有效的职业道德教育，使法律职业人员形成正确的职业道德认识、信念、意志和习惯，促进道德内化

   C. 以法律、法规、规范性文件等形式赋予法律职业道德以更强的约束力和强制力，并加强道德监督，形成他律机制

   D. 法律职业人员违反法律职业道德和纪律的，应当依照有关规定予以惩处，通过惩处教育本人及其他人员

3. 关于法律职业道德，下列哪一表述是不正确的？（　　）（2013—1—45，单选）

   A. 基于法律和法律职业的特殊性，法律职业人员被要求承担更多的社会义务，具有高于其他职业的职业道德品行

   B. 互相尊重、相互配合为法律职业道德的基本原则，这就要求检察官、律师尊重法官的领导地位，在法庭上听从法官的指挥

   C. 选择合适的内化途径和适当的内化方法，才能使法律职业人员将法律职业道德规范融进法律职业精神中

   D. 法律职业道德教育的途径和方法，包括提高法律职业人员道德认识、陶冶法律职业人员道德情感、养成法律职业人员道德习惯等

4. 关于法律职业道德的理解，下列哪一说法不能成立？（　　）（2012—1—46，单选）

   A. 法律职业道德与其他职业道德相比，具有更强的公平正义象征和社会感召作用

   B. 法律职业道德与一般社会道德相比，具有更强的约束性

   C. 法律职业道德的内容多以纪律规范形式体现，具有更强的操作性

   D. 法律职业道德通过严格程序实现，具有更强的外在强制性

5. 法学院同学就我国法律职业道德规范进行讨论。甲认为：①法律职业道德一般包括职业道德意识、职业道德行为和职业道德规范 3 个层次；②法官职业道德的核心是公正、廉洁、为民。乙认为：①如果缺乏无私奉献、敬业献身的精神，法律职业人员很容易进行“权力寻租”；②加强公证员职业道德建设是维护和增强公证公信力的保障。丙认为：①

法律职业人员的社会义务和道德要求不应高于一般社会成员；②直接影响律师职业形象的执业外行为受到律师职业道德的约束。对此，下列哪些选项是不能成立的？（　　）（2011—1—85，多选）

A. 甲①和乙②的说法均正确　　B. 甲②和丙②的说法均错误

C. 甲①、乙①和丙①的说法均正确　　D. 甲②、乙①和丙①的说法均错误

6. 关于司法制度与法律职业的表述，下列哪一选项不能成立？（　　）（2010—1—49，单选）

A. 为了客观、中立、公正地进行事实判断、解决纷争，在组织技术上，司法机关只服从法律，不受上级机关、行政机关的干涉

B. 根据检察权统一行使原则，我国各级检察机关构成不可分割的统一整体，其特点是在行使职权、执行职务时实行“上命下从”；每个检察机关和检察官的活动是检察机关全部活动的有机组成部分，均需依照法律赋予的权力进行

C. 法律职业以法官、检察官、律师为代表，法律职业之间具备同质性而无行业属性，因此多数国家规定担任法官、检察官、律师须通过专门培养和训练

D. 法律职业道德的基本原则是指法律职业道德的基本尺度、基本纲领和基本要求。法律职业道德的基本原则主要包括忠实执行宪法和法律、互相尊重互相配合、清正廉洁遵纪守法等方面

参考答案及解析

第一节　中国特色社会主义司法制度概述

【考点】司法的概念、特点和功能

1. 【答案】ABD

【解析】选项A体现了司法的独立性。在组织技术上，司法机关只服从法律，不受上级机关、行政机关、社会团体和个人的干涉。

选项B体现了司法的被动性。法律适用活动的惯常机制是“不告不理”。包括两个方面：(1) 没有原告的起诉，法院不得启动审判程序；(2) 法院审判的范围应与原告起诉的范围一致，不得对原告未提出诉讼请求的事项进行审判。在法院发现被告人另有罪行时，不能直接对其作出判决，要在检察院提起诉讼后才进行裁判，正是体现了被动性。

选项C不能体现司法的特征，行政活动和司法活动都要受人大监督，对人大负责，故不选。

选项D体现了司法的交涉性。法律适用过程离不开多方当事人的诉讼参与，在诉讼中需要原被告双方的协商、交涉、辩论。

2. 【答案】AC

【解析】在封建社会，封建君主独揽立法、行政和司法大权，司法行政不分，即司法是不独立的。选项A说法错误。

司法和司法权曾是反对专制、对抗王权的一道屏障，负责监督政府、保护人民，维护公平正义。法官是司法权的行使者，受到法律的保护。选项B说法正确。

司法具有解决纠纷的直接功能和调整社会关系、解释和补充法律、形成公共政策、秩序维持、文化支持等间接功能。调整社会关系不是直接功能，C项说法错误。

司法公正的含义包括司法活动的公开性、裁判人员的中立性、当事人地位的平等性、司法过程的参与性、司法活动的合法性、案件处理的正确性。D项说法正确。

【考点】司法制度概述

【答案】D

【解析】我国司法制度主要由四个方面的体系构成：司法规范体系、司法组织体系、司法制度体系、司法人员管理体系。A选项错误。注意：在大多数西方国家，司法制度仅指审判制度，我国一般认为司法制度是指审判制度和检察制度。从我国法律实践看，我国司法制度包括审判制度、检察制度、律师制度、公证制度等。

我国司法制度包括：(1) 司法规范体系是指构建中国特色社会主义司法制度、司法组织以及规范司法活动的各种法律规范。(2) 司法组织体系主要指审判组织体系和检察组织体系。B选项错误。(3) 司法制度体系主要包括六大制度：侦查、检察、审判、监狱、律师和公证制度，以及人民调解、人民陪审、死刑复核、审判监督、司法解释和案例指导制度等独具中国特色的司法制度。人民调解制度、死刑复核制度、司法解释制度和案例指导制度均是独具中国特色的司法制度。C选项错误。(4) 我国的司法人员是指有侦查、检察、审判、监管职责的工作人员及其辅助人员。

D选项正确。

【考点】司法原则

1. 【答案】ACD

【解析】本题考查“审判独立和检察独立”原则。

A选项正确。根据《检察官法》第6条的规定：检察官的职责包括依法进行法律监督工作。本选项中，案件当事人所递交的该检察官承办案件的涉案材料，是当事人对正在承办案件的所表达的一种法律意见，其同事可按规定转递这些部分涉案材料。

B选项错误。根据《法官职业道德基本准则》第14条的规定：“尊重其他法官对审判职权的依法行使，除履行工作职责或者通过正当程序外，不过问、不干预、不评论其他法官正在审理的案件。”本选项中，该法官在参加法官会议时，提醒承办法官充分考虑与案件审理无关联的被告家庭现状，是对承办法官审判职权的不当干预和不当评论，是不正确的。

C选项正确。《检察官法》第7条规定：检察长、副检察长、检察委员会除履行检察职责外，还应当履行与其职务相适应的职责。本题中，该副检察长依职权对其他检察官在办案件提出书面指导性意见，与其作为副检察长的领导职务身份是相适应的。

D选项正确。根据《法官职业道德基本准则》第13条规定：“自觉遵守司法回避制度，审理案件保持中立公正立场，平等对待当事人和其他诉讼参与人，不偏袒或歧视任何一方当事人，不私自单独会见当事人及其代理人、辩护人。”本选项中该法官会见当事人应在工作场合、工作时间，在研讨会上的偶遇不属于工作场合和工作时间，但该法官拒绝研讨案情并向本部位纪检部门报告的做法是正确的。

2. 【答案】A

【解析】本题考查“司法活动的公开性”。

根据《最高人民法院关于人民法院在互联网公布裁判文书的规定》第4条，人民法院的生效裁判文书应当在互联网公布，但有下列情形之一的除外：(一) 涉及国家秘密、个人隐私的；(二) 涉及未成年人违法犯罪的；(三) 以调解方式结案的；(四) 其他不宜在互联网公布的。A 选项正确。

根据《人民检察院案件信息公开工作规定（试行）》第 3 条，人民检察院应当通过互联网、电话、邮件、检察服务窗口等方式，向相关人员提供案件程序性信息查询服务，向社会公开重要案件信息和法律文书，以及办理其他案件信息公开工作。案件程序性信息查询服务只能提供给案件“相关人员”，而不可能社会所有人员都获得。B 选项错误。

《中共中央关于全面推进依法治国若干重大问题的决定》提出，要构建开放、动态、透明、便民的阳光司法机制，推进审判公开、检务公开、警务公开、狱务公开，依法及时公开执法司法依据、程序、流程、结果和生效法律文书，杜绝暗箱操作。狱务也属于公开的内容。C 选项错误。

司法公开是指国家机关在司法活动中的行为、过程和结果应当以当事人和社会公众看得见的方式进行。律师虽然是诉讼活动的重要参与者，但其制作的代理词、辩护词等法律文书并不属于国家司法活动，不属于公开的范围。D 选项错误。

3. 【答案】D

【解析】本题考查司法公正中的“司法活动的公开性”。

司法活动的公开性是指诉讼程序的每一阶段和步骤都应当以当事人和社会公众看得到的方式进行，是体现司法公正的重要方面。法院应努力实现立案公开、庭审公开、审判结果公开、裁判文书公开和执行过程公开；检察院应努力实现检务公开，让民众参与司法、了解司法、监督司法。选项 A、B、C 都是司法公开的重要举措，体现了司法公正。选项 D 是司法为民的体现，与司法公正无关。D 项应选。

4. 【答案】D

【解析】本题考查司法效率。

司法效率强调的是司法机关在司法活动中，在正确、合法的前提下，要提高办案效率，不拖延积压案件，及时审理和结案，合理利用和节约司法资源。司法效率要求迅速及时进行司法活动，在司法、诉讼的各个具体环节都要遵守法定的时限；同时司法程序的设计还应使当事人以最少的耗费利用诉讼制度。司法制度大致包括司法的时间效率、资源利用效率和司法活动的成本效率。因此，A、B、C 项正确。

D 项错误。法官在恪守中立的前提下，也应当主动督促当事人或其诉讼代理人完成诉讼活动，因此 D 选项说法错误。

5. 【答案】ABCD

【解析】本题考查司法公正。

司法制度是社会公平正义的重要保障。故 A 项正确。我国司法和其他社会纠纷解决手段都担负着实现公平正义的责任，但司法是解决社会纠纷、保证公平正义的最后一道防线。故 B 项正确。

司法公正与司法效率是相伴相随的、两位一体的概念，司法公正本身就含有对司法效率的要求，没有司法效率，就谈不上司法公正；司法不公正，司法效率也无从谈起。由于效率具有绝对性而公正具有相对性，所以司法效率与司法公正又存在内在的紧张关系；在司法价值取向问题上，当前我们宜选择“公正优先，兼顾效率”的价值目标。故 C 项正确。

在执法和司法过程中，在不违反法律基本原则，不损害法律权威的前提下，能动地运用法律技术和法律手段，兼顾法理与情理的要求，寻求相关利益的平衡与妥协，是纠纷的解决更趋于实质上的公正。故D项正确。

6. 【答案】ABC

【解析】本题考查司法公正。

选项A正确。公正是法治的灵魂和核心，司法公正是法治精神的内在要求，司法公正是法治的组成部分和基本内容，是民众对法制的必然要求。其中，司法公正包括实体公正和程序公正。

选项B、C正确。司法公正包括实体公正和程序公正。实体公正，主要是指案件事实真相的发现和对实体法的正确适用。程序公正主要是指司法程序具有正当性和合理性，当事人在司法过程中受到公平的对待。

选项D错误。司法应当节约成本，提高效率，但必须坚持以公正为前提。“类推”和“自由心证”违背了法治精神，应当排除类推的适用。

【考点】司法改革

1. 【答案】ACD

【解析】A选项正确。《最高人民法院关于巡回法庭审理案件若干问题的规定》（以下简称《规定》）第2条规定：“巡回法庭是最高人民法院派出的常设审判机构。”巡回法庭是最高法院的派出机构、常设审判机构。

B选项错误。《规定》第2条规定：“巡回法庭作出的判决、裁定和决定，是最高人民法院的判决、裁定和决定。”因此，巡回法庭的判决已经是最高法院判决，不能再次申请复议。

C选项正确。《规定》第3条第3款规定：“巡回法庭审理或者办理巡回区内应当由最高人民法院受理的以下案件：（三）不服高级人民法院作出的第一审行政或者民商事判决、裁定提起上诉的案件。”因此本选项正确。

D选项正确。《规定》第4条规定：“知识产权、涉外商事、海事海商、死刑复核、国家赔偿、执行案件和最高人民检察院抗诉的案件暂由最高人民法院本部审理或者办理。”因此本选项正确。

2. 【答案】BC

【解析】根据《最高人民法院关于全面深化人民法院改革的意见——人民法院第四个五年改革纲要（2014—2018）》，（1）推进法院人员分类管理制度改革，将法院人员分为法官、审判辅助人员和司法行政人员，实行分类管理。审判辅助人员包括法官助理、书记员和执行员。与之配套的，则是拓宽审判辅助人员的来源渠道，建立审判辅助人员的正常增补机制，减少法官事务性工作负担。A选项错误。C选项正确。（2）建立法官员额制，对法官在编制限额内实行员额管理，确保法官主要集中在审判一线，高素质人才能够充实到审判一线。B选项正确。（3）配合省以下法院人事统管改革，推动在省一级设立法官遴选委员会，从专业角度提出法官人选，由组织人事、纪检监察部门在政治素养、廉洁自律等方面考察把关，人大依照法律程序任免。D选项错误。（4）完善法官等级定期晋升机制，确保一线办案法官即使不担任领导职务，也可以正常晋升至较高的法官等级。（5）完善法官选任制度，针对不同层级的法院，设置不同的法官任职条件。初任法官首先到基层人民法院任职，上级法院法官原则上从下一级法院遴选产生。

3. 【答案】ABD

【解析】根据2015年颁发的《最高人民法院、最高人民检察院、公安部、国家安全部、司法部关于进一步规范司法人员与当事人、律师特殊关系人、中介组织接触交往行为的若干规定》第5条，严禁司法人员为当事人推荐、介绍诉讼代理人、辩护人，或者为律师、中介组织介绍案件，要求、建议或者暗示当事人更换符合代理条件的律师。A、B选项正确。

根据上述《规定》第6条，司法人员在案件办理过程中，应当在工作场所、工作时间接待当事人、律师、特殊关系人、中介组织。因办案需要，确需与当事人、律师、特殊关系人、中介组织在非工作场所、非工作时间接触的，应依照相关规定办理审批手续并获批准。所以，在特殊情况下，司法人员在非工作场所也可以接触当事人、律师、特殊关系人。C选项错误。

根据上述《规定》第5条，严禁司法人员向当事人、律师、特殊关系人、中介组织借款、租借房屋，借用交通工具、通讯工具或者其他物品；D选项正确。

第二节 法律职业道德概述

【考点】法律职业道德

1. 【答案】ABD

【解析】A选项正确。法律职业道德具有鲜明的职业性、实践性，与法律职业实践活动紧密相连，只有在法律实践过程中，坚持法律职业道德，才能真正发挥法律职业人员的专业水平。因此，法律职业人员专业水平的发挥与职业道德水平的高低具有密切联系。

B选项正确。法律职业道德的作用是调整法律职业关系，对从业人员的法律职业活动中的具体行为进行规范。因此，法律职业道德基本原则和规范的形成，与法律职业实践活动紧密相连。

C选项错误。法律职业道德是对法律职业人员进行道德约束的行为规范，与"实证法"的概念无关。

D选项正确。法律职业道德是对法官、检察官、律师、公证员等法律职业人员在进行法律职业活动过程中，所应遵循的符合法律职业要求的心理意识、行为准则和行为规范的总和。因此，就是对每一个法律从业人员职业行为进行职业道德评价的标准。

2. 【答案】BCD

【解析】法律职业道德既是法律职业本行业在职业活动中的内部行为规范，也是本行业对社会所负的道德责任和义务。A选项错误。

在实践中，只有选择合适的内化途径和适当的内化方法才能使法律职业者将法律职业道德规范融进法律职业精神中。通过长期有效的法律职业道德教育，使法律职业人员形成正确的职业道德认识、信念、意志和习惯，可以促进道德内化。B选项正确。

法律职业道德的表现形式较为正式，除了一般职业道德的规章制度、工作守则、服务公约、劳动规程、行为须知等表现形式外，还通过法律、法规、规范性文件等形式表现出来。以法律、法规、规范性文件等形式赋予法律职业道德以更强的约束力和强制力，有利于加强法律职业道德的监督，形成他律机制。C选项正确。

我国的《法官职业道德基本准则》《检察官职业道德基本准则》《律师执业行为规范》《公证员执业管理办法》等规定了违反法律职业道德和纪律应当承担相应的法律责任。D选项正确。

3. 【答案】B

【解析】法律职业道德和其他职业道德相比具有更强的象征意义和感召作用，法律是社会正义的最后一道阀门。法律职业人员所应该具有的道德品行必然要高于其他职业的道德要求，这是法律职业的特殊性所决定的。故A项正确。

法律职业人员在人格和依法履行职责上是平等的，不存在“领导关系”“指挥关系”。B项错误。

在实践中，只有选择合适的内化途径和适当的内化方法，才能使法律职业人员将法律职业道德规范融进法律职业精神中。法律职业者应当有意识地将被动学习与主动学习结合起来。故C项正确。

法律职业道德教育的途径和方法，主要包括提高法律职业人员道德认识、确立法律职业人员道德信念、陶冶法律职业人员道德情感、锻炼法律职业人员道德意志、养成法律职业人员道德习惯等方面。故D项正确。

4. 【答案】D

【解析】法律职业道德具有示范性、规范性和约束性三个主要特征。因此，法律职业道德具有更强的公平正义象征和社会感召作用，体现了示范性，故A项说法正确。

与一般社会道德相比，法律职业道德具有主体的特定性、职业的特殊性和更强的约束性的特征。B项是更强的约束性的体现，故B项说法正确。

C项是规范性的表现，正确。

法律职业道德在本质上是道德要求而不是法律要求，而道德要求主要靠内在的约束，包括内心信念和社会舆论，而法律要求主要是外在的强制力。因此，D项认为具有外在强制力是没有区分职业道德要求与法律要求，故D项说法不正确。本题是选非题，故D项符合题意，应选。

5. 【答案】BCD

【解析】法律职业道德一般包括职业道德意识、职业道德行为和职业道德规则3个层次。甲①说法正确。法官职业道德的核心是公正、廉洁、为民。甲②说法正确。

如果缺乏无私奉献、敬业献身的精神，法律职业人员很容易进行“权力寻租”。乙①说法正确。加强公证员职业道德建设是维护和增强公证公信力的保障，乙②说法正确。

法律职业人员的社会义务和道德要求不应高于一般社会成员。丙①说法错误。对法律职业人员的社会义务和道德要求要高于一般社会成员。直接影响律师职业形象的执业外行为受到律师职业道德的约束。丙②说法正确。

综上所述，甲①甲②、乙①乙②和丙②说法正确。

6. 【答案】C

【解析】《刑事诉讼法》第5条规定：“人民法院依照法律规定独立行使审判权，人民检察院依照法律规定独立行使检察权，不受行政机关、社会团体和个人的干涉。”这一规定确立了人民法院、人民检察院依法独立行使职权的原则。A项说法正确。

《宪法》第132条规定：“最高人民检察院是最高检察机关。最高人民检察院领导地方各级人民检察院和专门人民检察院的工作，上级人民检察院领导下级人民检察院的工作。”可见检察院体系内部是领导关系。B项说法正确。

法律职业具有行业属性。C项说法错误。

法律职业道德的基本原则有：忠于党、忠于国家、忠于人民、忠于法律；以事实为根据，以法律为准绳；严明纪律，保守秘密；互相尊重，相互配合；恪尽职守，勤勉尽责；清正廉洁，遵纪守法。基本原则有所改变，但是D项基本精神没有发生实质变化，符合题意。

第二章　审判、检察制度与法官、检察官职业道德

第一节　审判制度与检察制度

【考点】审判制度

1. 法院的下列哪些做法是符合审判制度基本原则的？（　　）（2016－1－84，多选）

A. 某法官因病住院，甲法院决定更换法官重新审理此案

B. 某法官无正当理由超期结案，乙法院通知其三年内不得参与优秀法官的评选

C. 对某社会高度关注案件，当地媒体多次呼吁法院尽快结案，丙法院依然坚持按期审结

D. 因人身损害纠纷，原告要求被告赔付医疗费，丁法院判决被告支付全部医疗费及精神损害赔偿金

2. 关于我国司法制度，下列哪一选项是错误的？（　　）（2011－1－46，单选）

A. 我国实行两审终审、人民陪审员、审判公开等审判制度，促进实现审判活动科学化、规范化

B. 基层法院除审判案件外，还处理不需要开庭审判的民事纠纷和轻微的刑事案件，但不能指导人民调解委员会的工作

C. 我国实行立案监督、侦查监督、审判监督等检察制度，实现对诉讼活动的法律监督

D. 检察官独立不同于“除了法律没有上司”的法官独立，要受到“检察一体化”的限制

3. 关于法官任免和法官行为，下列哪一说法是正确的？（　　）（2013－1－46，单选）

A. 唐某系某省高院副院长，其子系该省某县法院院长。对唐某父子应适用任职回避规定

B. 楼法官以交通肇事罪被判处有期徒刑一年、缓刑一年。对其无须免除法官职务

C. 白法官将多年办案体会整理为《典型案件法庭审理要点》，被所在中级法院推广到基层法院，收效显著。对其应予以奖励

D. 陆法官在判决书送达后，发现误将上诉期15日写成了15月，立即将判决收回，做出新判决书次日即交给当事人。其行为不违反法官职业规范规定

4. 关于法律职业人员权利的表述，下列哪一选项不能成立？（　　）（2010－1－50，单选）

A. 王法官在办理案件时，脸部被当事人泼洒硫酸致伤，要求享受工伤待遇。因所在法院不予批准，王法官向上一级法院提出申诉

B. 刘检察官工作不负责任，在生效的起诉意见书中出现了文字表述错误，后果严重。为此，刘检察官当年考核结果为不称职。刘检察官对考核结果有异议，申请复议

C. 皮法官作为妻子的代理人向另一法院起诉，要求妻子就职的公司给付被拖欠的十四个月工资

D. 毛律师在接待一起离婚案咨询时，以没时间为由拒绝当事人希望其担任代理人的委托要求

【考点】检察制度概述

1. 检察一体原则是指各级检察机关、检察官依法构成统一的整体，下级检察机关、下级检察官应当根据上级检察机关、上级检察官的批示和命令开展工作。据此，下列哪一表述是正确的？（　　）（2016－1－47，单选）

A. 各级检察院实行检察委员会领导下的检察长负责制

B. 上级检察院可建议而不可直接变更、撤销下级检察院的决定

C. 在执行检察职能时，相关检察院有协助办案检察院的义务

D. 检察官之间在职务关系上可相互承继而不可相互移转和代理

2. 职业保障是确保法官、检察官队伍稳定、发展的重要条件，是实现司法公正的需要。根据中央有关改革精神和《法官法》《检察官法》规定，下列哪一说法是错误的？（　　）（2015－1－46，单选）

A. 对法官、检察官的保障由工资保险福利和职业（履行职务）两方面保障构成

B. 完善职业保障体系，要建立符合职业特点的法官、检察官管理制度

C. 完善职业保障体系，要建立法官、检察官专业职务序列和工资制度

D. 合理的退休制度也是保障制度的重要组成部分，应予高度重视

3. 关于我国法律职业人员的入职条件与业内、业外行为的说法：①法官和检察官的任职禁止条件完全相同；②被辞退的司法人员不能担任律师和公证员；③王某是甲市中院的副院长，其子王二不能同时担任甲市乙县法院的审判员；④李法官利用业余时间提供有偿网络法律咨询，应受到惩戒；⑤刘检察官提出检察建议被采纳，效果显著，应受到奖励；⑥张律师两年前因私自收费被罚款，目前不能成为律所的设立人。对上述说法，下列判断正确的是：（　　）（2015－1－99，不定项）

A. ①⑤正确　　B. ②④错误

C. ②⑤正确　　D. ③⑥错误

第二节　法官、检察官职业道德

【考点】法官职业道德

【考点点拨】法官职业道德的主要内容：忠诚司法事业、保证司法公正、确保司法廉洁、坚持司法为民、维护司法形象。

1. 张法官与所承办案件当事人的代理律师系某业务培训班同学，偶有来往，为此张法官向院长申请回避，经综合考虑院长未予批准。张法官办案中与该律师依法沟通，该回避事项虽被对方代理人质疑，但审判过程和结果受到一致肯定。对照《法官职业道德基本准则》，张法官的行为直接体现了下列哪一要求？（　　）（2017－1－48，单选）

A. 严格遵守审限　　B. 约束业外活动

C. 坚持司法便民　　D. 保持中立地位

2. 法官的下列哪些做法体现了执法为民的要求？（　　）（2013－1－84，多选）

A. 民庭段法官加班加点，春节前及时审结拖欠农民工工资案件

B. 刑庭范法官拒绝承办案件辩护律师的宴请

C. 立案庭刘法官将收案材料细化分类整理，方便群众查询

D. 执行庭肖法官多方调查被执行人财产，成功执行赡养费支付判决

3. 法院领导在本院初任法官任职仪式上，就落实法官职业道德准则中的“文明司法”和践行执法为民理念的“理性文明执法”提出要求。下列哪些选项属于“文明执法”范围？（　　）（2012－1－83，多选）

A. 提高素质和修养，遵守执法程序，注重执法艺术

B. 仪容整洁、举止得当、言行文明

C. 杜绝与法官职业形象不相称的行为

D. 严守办案时限，禁止拖延办案

4. 某非法吸收公众存款刑事案件，因涉及人数众多，影响面广，当地领导私下曾有“必须重判”的说法。①主审李法官听此说法即向院长汇报。②开庭时，李法官对律师提出的非法证据排除的请求不予理睬。③李法官对刘检察官当庭反驳律师无罪辩护意见、严斥该律师立场有问题的做法不予制止。④李法官几次打断律师用方言发言，让其慢速并重复。⑤律师对法庭上述做法提出异议，遭拒后当即退庭抗议。⑥刘检察官大声对律师说：“你太不成熟，本地没你的饭吃了。”⑦律师担心报复，向当事人提出解除委托关系。⑧李法官、刘检察官应邀参加该律师所在律所的十周年所庆，该律师向李、刘赠送礼品。关于法律职业人员的不当行为，下列哪些选项是正确的？（　　）（2012－1－84，多选）

A. ①④⑤　　B. ②③④

C. ②⑥⑦　　D. ③⑦⑧

5. 下列哪些选项属于违反法官职业道德规范的情形？（　　）（2011－1－47，单选）

A. 甲市中级法院陈法官的妹妹接到乙县法院开庭传票，晚上到哥哥家咨询开庭注意事项。陈法官只叮嘱其妹庭上发言要有针对性，不要滔滔不绝

B. 乙市某法学院针对甲市中级法院在审案件组织模拟法庭，乙市中级法院钱法官应邀担任审判长。庭审后，钱法官就该案件审理和判决向同学们谈了看法

C. 林法官担任某法学院兼职博士生导师，每年招收法学博士研究生 1 名

D. 某省高级法院朱院长担任法学会法律文书学研究会副会长

【考点】法官职业责任

【考点点拨】法官职业责任是指法官违反法律、职业道德和审判执行纪律所应当承担的责任，包括执行职务中违反各种纪律和社会道德的违纪责任和犯罪的刑事责任。

1. 根据法官、检察官纪律处分有关规定，下列哪一说法是正确的？（　　）（2016－1－46，单选）

A. 张法官参与迷信活动，在社会中造成了不良影响，可予提醒劝阻，其不应受到纪律处分

B. 李法官乘车时对正在实施的盗窃行为视而不见，小偷威胁失主仍不出面制止，其应受到纪律处分

C. 何检察官在讯问犯罪嫌疑人时，反复提醒犯罪嫌疑人注意其聘请的律师执业不足 2 年，其行为未违反有关规定

D. 刘检察官接访时，让来访人前往国土局信访室举报他人骗取宅基地使用权证的问题，其做法是恰当的

2. 银行为孙法官提供了利率优惠的房屋抵押贷款，银行王经理告知孙法官，是感谢其在一年前的合同纠纷中作出的公正判决而进行的特殊安排，孙法官接受该笔贷款。关于法院对孙法官行为的处理，下列说法正确的是：（　　）（2016－1－100，不定项）

A. 法院认为孙法官的行为系违反廉政纪律的行为

B. 如孙法官主动交代，并主动采取措施有效避免损失的，法院应从轻给予处分

C. 由于孙法官行为情节轻微，如经过批评教育后改正，法院可免予处分

D. 确认属于违法所得的部分，法院可根据情况作出责令退赔的决定

3. 根据《法官法》及《人民法院工作人员处分条例》对法官奖惩的有关规定，下列哪一选项不能成立？（　　）（2012－1－48，单选）

A. 高法官在审判中既严格程序，又为群众行使权利提供便利；既秉公执法，又考虑情

理，案结事了成绩显著。法院给予其嘉奖奖励

B. 黄法官就民间借贷提出司法建议被采纳，对当地政府完善金融管理、改善服务秩序发挥了显著作用。法院给予其记功奖励

C. 许法官违反规定会见案件当事人及代理人，此事被对方当事人上网披露，造成不良影响。法院给予其撤职处分

D. 孙法官顺带某同学（律师）参与本院法官聚会，半年后该同学为承揽案件向聚会时认识的某法官行贿。法院领导严告孙法官今后注意

4. 关于不同法律职业责任，下列哪些表述是正确的？（　　）（2010—1—88，不定项）

A. 法官职业责任包括执行职务中违纪行为的纪律责任、执行职务中犯罪的刑事责任

B. 检察官职业责任包括执行职务中违纪行为的纪律责任、赔偿责任和执行职务中犯罪的刑事责任

C. 律师职业责任包括执业活动中违反有关律师法律、法规及执业纪律的民事、行政、刑事责任和纪律处分

D. 公证职业责任包括公证活动中违反有关公证法律、法规及职业道德规范的民事、行政、刑事责任和惩戒处分

【考点】 检察官职业道德

【考点点拨】 检察官执业道德的基本要求为：忠诚、为民、担当、公正、廉洁。

1. 检察官职业道德的主要内容概括为“忠诚、为民、担当、公正、廉洁”，下列体现了“公正”要求的是？（　　）（2013—1—47 改，不定项）

A. 检察官不得散布有损国家声誉的言论

B. 检察院内部严格执行“案件查处由不同机构承办、互相制约”的制度

C. 检察官应当树立证据意识、程序意识，全面、客观依照程序收集证据

D. 检察官本人或亲属与他人发生矛盾，应当通过合法途径解决，不得以检察官身份寻求照顾

2. 关于检察官的行为，下列哪一观点是正确的？（　　）（2012—1—49 改，单选）

A. 房检察官在同乡聚会时向许法官打听其在办案件审理情况，并让其估计判处结果。根据我国国情，房检察官的行为可以被理解

B. 关检察长以暂停工作要挟江检察官放弃个人意见，按照陈科长的判断处理某案。关检察长的行为与依法独立行使检察权的要求相一致

C. 容检察官在本地香蕉滞销，蕉农面临重大损失时，多方奔走将 10 万斤香蕉销往外地，为蕉农挽回了损失，本人获辛苦费 5000 元。容检察官没有违反有关经商办企业、违法违规营利活动的规定

D. 王检察官穿着检察正装、佩戴检察标识参加单位组织的慰问孤寡老人的公益活动

3. 2016 年 10 月 20 日，《检察人员纪律处分条例》修订通过。关于规范检察人员的行为，下列哪些说法是正确的？（　　）（2017—1—84，多选）

A. 领导干部违反有关规定组织、参加自发成立的老乡会、校友会、战友会等，属于违反组织纪律行为

B. 擅自处置案件线索，随意初查或者在初查中对被调查对象采取限制人身自由强制措施的，属于违反办案纪律行为

C. 在分配、购买住房中侵犯国家、集体利益的，属于违反廉洁纪律行为

D. 对群众合法诉求消极应付、推诿扯皮，损害检察机关形象的，属于违反群众纪律行为

参考答案及解析

第一节　审判制度与检察制度

【考点】审判制度

1. 【答案】ABC

【解析】我国法律中规定了直接言词原则，包括直接原则和言词原则。直接原则也称直接审理原则，要求参加审判的法官必须亲自参加证据审查、亲自聆听法庭辩论。这一原则强调审理法官与判决法官的一体化。言词原则也称言词审理原则，要求当事人等在法庭上须用言词开展质证辩论的原则。法官因病住院，无法亲自参加审判，甲法院决定更换法官，符合直接言词原则的要求。A选项正确。

我国法律要求人民法院及时审理案件，提高办案效率。及时审判原则有利于保障人权，促进诉讼进行，提高诉讼效率。根据《人民法院工作人员处分条例》第47条，人民法院工作人员故意违反规定拖延办案的，给予警告、记过、记大过、降级、撤职、开除处分。某法官无正当理由超期结案，违反了“及时审判”原则。B选项正确。

我国法律明确规定，人民法院依照法律规定独立行使审判权，不受行政机关、社会团体和个人的干涉。具体而言，审判独立包括法官的个体独立、司法机关整体上的独立以及相对于舆论民意的独立。丙法院的做法符合“审判独立”原则。C选项正确。

我国法律规定了“不告不理”原则，具体包括：(1) 未经控诉一方提起控诉，法院不得自行主动对案件进行裁判；(2) 法院审理案件的范围（诉讼内容和标的）由当事人确定，法院无权变更、撤销当事人的诉讼请求；(3) 在案件审理中，法院只能按照当事人提出的诉讼事实和主张进行审理，对超过当事人诉讼主张的部分不得主动审理。丁法院的做法违反了“不告不理”原则。D选项错误。

2. 【答案】B

【解析】选项A说法正确。我国的审判制度包括两审终审、人民陪审员、审判公开制度等，这些制度的实施促进实现审判活动科学化、规范化。

选项B说法错误。《人民调解法》第5条第2款规定，基层人民法院对人民调解委员会调解民间纠纷进行业务指导。

选项C说法正确。检察机关作为法律监督机关，有权对诉讼活动进行法律监督，包括立案监督、侦查监督和审判监督等。

选项D说法正确。我国的检察体制实行“检察一体化”，上级检察院领导下级检察院的工作。

3. 【答案】C

【解析】《法官法》第16条规定：“法官之间有夫妻关系、直系血亲关系、三代以内旁系血亲以及近姻亲关系的，不得同时担任下列职务：(一) 同一人民法院的院长、副院长、审判委员会委员、庭长、副庭长；(二) 同一人民法院的院长、副院长和审判员、助理审判员；(三) 同一审判庭的庭长、副庭长、审判员、助理审判员；(四) 上下相邻两级人民法院的院长、副院长。”根据该条第4项，唐某父子并非上下相邻两级法院的院长、副院长，故不应适用任职回避规定，A项错误。

《法官法》第 10 条规定，楼法官被判处有期徒刑，不能继续担任法官。第 13 条规定："法官有下列情形之一的，应当依法提请免除其职务：因违纪、违法犯罪不能继续任职的。"据此，对楼法官应当提请免职，故 B 项错误。

《法官法》第 30 条规定："法官有下列表现之一的，应当给予奖励：总结审判实践经验成果突出，对审判工作有指导作用的。"故 C 项正确。

根据《法官行为规范》第 54 条，裁判文书宣告或者送达后发现文字差错的，按照下列规定处理：（一）对一般文字差错或者病句，应当及时向当事人说明情况并收回裁判文书，以校对章补正或者重新制作裁判文书；（二）对重要文字差错或者病句，能立即收回的，当场及时收回并重新制作；无法立即收回的，应当制作裁定予以补正。判决书"误将上诉期 15 日写成了 15 月"，因影响当事人上诉权，属于"重要文字差错"。陈法官在送达后才发现错误，已经无法立即收回了，故"应当制作裁定予以补正"，而不应当"将判决收回，做出新判决书"。故 D 项错误。

4. 【答案】A

【解析】《法官法》第 44 条规定："法官对人民法院关于本人的处分、处理不服的，自收到处分、处理决定之日起三十日内可以向原处分、处理机关申请复议，并有权向原处分、处理机关的上级机关申诉。"由条文可知法官不仅可以提出申诉，还可以提出复议，A 项说法错误。

《检察官法》第 28 条规定："考核结果以书面形式通知本人，本人对考核结果如有异议，可以申请复议。"由条文可知 B 项说法正确。

《法官法》第 17 条第 1 款和《关于规范法官与当事人及其辩护人代理人关系的暂行规定》，法官担任代理人只有两个限制，第一，在离任后两年内必须以非律师身份担任诉讼代理人或辩护人，第二，不得担任原任职法院的代理人和辩护人，除非是近亲属或者是监护人。本案中皮法官在另一法院以律师的身份担任近亲属的代理人，无须回避，选项 C 说法正确。

《律师法》第 32 条第 2 款规定："律师接受委托后，无正当理由，不得拒绝辩护……"题中是委托之前，律师可以拒绝委托要求。D 项说法正确。

【考点】检察制度概述

1. 【答案】C

【解析】根据《人民检察院组织法》第 3 条，各级人民检察院设检察长一人，副检察长和检察员若干人。检察长统一领导检察院的工作。各级人民检察院设立检察委员会。检察委员会实行民主集中制，在检察长的主持下，讨论决定重大案件和其他重大问题。如果检察长在重大问题上不同意多数人的决定，可以报请本级人民代表大会常务委员会决定。因此，各级检察院内部实行检察长负责制与检察委员会集体领导相结合的领导体制。A 选项错误。

检察一体的基本内涵主要有以下三个方面：(1) 在上下级检察机关和检察官之间存在着领导关系；上下级检察院之间是领导关系，上级检察院可以纠正或撤销下级人民检察院的决定。B 选项错误。(2) 各地和各级检察机关之间具有职能协助的义务；上级人民检察院交办或者指定管辖的案件，侦查、审查起诉不在同一人民检察院，需要补充侦查的，一般由负责侦查案件的人民检察院补充侦查；由负责审查起诉的人民检察院补充侦查的，原负责侦查案件的人民检察院应当予以协助。C 选项正确。(3) 检察官之间和人民检察院之间在职务上可以发生相互承继、移转和代理的关系。D选项错误。

2. 【答案】A

【解析】A项错误。根据《法官法》《检察官法》的有关规定，我国对法官、检察官的保障由职业（履行职务）保障、人身和财产保障以及工资保险福利保障三个方面保障构成。可知，A项只提及其中两个方面，故A错误，应选。

B、C、D正确。符合职业特点的法官、检察官管理制度，法官、检察官专业职务序列和工资制度，合理的退休制度都是法律职业保障制度中的重要组成部分。

3. 【答案】AD

【解析】①正确。《法官法》第10条和《检察官法》第11条分别对法官、检察官的任职禁止条件作出规定，即曾因犯罪受过刑事处罚或曾被开除公职的人员，不得担任法官、检察官。因此法官和检察官的任职禁止条件完全相同。

②错误。《律师法》第7条规定："申请人有下列情形之一的，不予颁发律师执业证书：被开除公职或者被吊销律师执业证书的。"《公证法》第20条规定："有下列情形之一的，不得担任公证员：被开除公职的。"并未规定，被辞退的司法人员不能担任律师和公证员。

③错误。《法官法》第16条规定："法官之间有夫妻关系、直系血亲关系、三代以内旁系血亲以及近姻亲关系的，不得同时担任下列职务：上下相邻两级人民法院的院长、副院长。"可知，父子同时担任上下相邻两级法院的副院长和审判员不适用任职回避的规定。

④正确。根据《法官法》第32条第11项规定，法官不得从事营利性的经营活动。李法官提供有偿的网络法律咨询属于从事营利性的经营活动，应当受到惩戒。

⑤正确。《检察官法》第33条第2项规定，检察官提出检察建议或者对检察工作提出改革建议被采纳，效果显著的，应当给予奖励。

⑥错误。《律师法》第53条规定："受到六个月以上停止执业处罚的律师，处罚期满未逾三年的，不得担任合伙人。"《律师事务所管理办法》第8条第3项规定"设立人应当是具有一定的执业经历并能够专职执业的律师，且在申请设立前三年内未受过停止执业处罚。"张律师受到罚款处罚，并不在禁止之列，可以成为律所的设立人。

综上，选AD。

第二节　法官、检察官职业道德

【考点】法官职业道德

1. 【答案】D

【解析】本题中张法官的行为与审限无关。A选项错误。法官业外活动，是指法官司法职务以外的所有活动，又称"八小时以外"或职务外活动。本题中涉及的是张法官申请回避的行为，都是职务行为，并非业外行为。B选项错误。张法官的行为未涉及到为当事人或为诉讼参与人提供必要的诉讼便利。C选项错误。张法官主动遵守回避制度，审理案件保持中立公正的立场，平等对待当事人和其他诉讼参与人。D选项正确。

2. 【答案】ACD

【解析】执法为民就是要求在法治实践中，充分关注民情，着力改善民生，切实保障民权，努力扩大和发展民主。A、C、D项体现了执法为民的要求。公平的朴素含义是公允持平、不偏不倚、办事公道、利益均衡；正义则意味着惩恶扬善、激浊扬清、是否清楚、道义分明。B项体现了司法公正的要求，故不选。

3. **【答案】** ABC

【解析】《法官职业道德基本准则》第25条规定，加强自身修养，培育高尚道德操守和健康生活情趣，杜绝与法官职业形象不相称、与法官职业道德相违背的不良嗜好和行为，遵守社会公德和家庭美德，维护良好的个人声誉。故A、C正确。第24条规定，坚持文明司法，遵守司法礼仪，在履行职责过程中行为规范、着装得体、语言文明、态度平和，保持良好的职业修养和司法作风。故B正确。D选项属于保证司法公正，本题正确答案为A、B、C项。

4. **【答案】** CD

【解析】 由于本案遇到一定的案外因素，案件主审李法官向院长汇报是正确的，①不选，故A错误。

开庭时，律师有权提出非法证据排除的申请，根据法律的规定，法院应当进行调查和确认。而李法官不予理睬是错误的，②表述错误。法官作为中立的裁判者，对检查官的无理斥责律师，应该予以制止，故③说法错误。在庭审过程中，法官有权力对律师不使用普通话提出异议，让庭审顺利进行，故李法官几次打断律师用方言发言，让其慢速并重复，④做法正确。故B错误。

律师在没有委托人的“特别授权”下，没有权利未经法庭许可而退庭抗议的权利，否则视为放弃辩护。⑤做法错误。检察官不能利用检察官身份威胁律师，故⑥做法错误。如果没有法定事由，律师一般不能擅自解除委托关系，故⑦做法错误，应选，律师与法官应当保持距离，以免产生对法官中立性的合理怀疑，故⑧做法错误。故本题正确答案为C、D选项。

5. **【答案】** B

【解析】 甲市中级法院与乙县法院是不同的法院，且陈法官也没有对案件的审理和审判工作发表意见，其叮嘱的内容没有违反法官职业道德规范。选项A没有违反法官职业道德规范。

《法官职业道德基本准则》第14条规定，尊重其他法官对审判职权的依法行使，除履行工作职责或者通过正当程序外，不过问、不干预、不评论其他法官正在审理的案件。本项中，钱法官就本院在审案件的审理和判决发表意见，违反了法官职业道德。选项B违反了法官职业道德规范。

《法官行为规范》第83条第1款，在不影响审判工作的前提下，可以利用业余时间从事写作、授课等活动。选项C没有违反法官职业道德规范。

《法官行为规范》第82条规定，受邀请参加各类社团组织或者联谊活动：（一）确需参加在各级民政部门登记注册的社团组织的，及时报告并由所在法院按照法官管理权限审批；（二）不参加营利性社团组织；（三）不接受有违清正廉洁要求的吃请、礼品和礼金。本项中，朱院长可以担任法学会法律文书学研究会副会长，没有违反法官职业道德规范。

【考点】 法官职业责任

1. **【答案】** D

【解析】 根据《人民法院工作人员处分条例》第104条，法官参与迷信活动，造成不良影响的，给予警告、记过或者记大过处分。A选项错误。

李法官乘车时对正在实施的盗窃行为视而不见，小偷威胁失主仍不出面制止。李法官没有见义勇为，该行为不可提倡。但该行为并没有违反法官职业道德要求，其不应受到纪律处分。B 选项错误。

根据 2015 年颁发的《最高人民法院、最高人民检察院、公安部、国家安全部、司法部关于进一步规范司法人员与当事人、律师特殊关系人、中介组织接触交往行为的若干规定》第 5 条，严禁司法人员为当事人推荐、介绍诉讼代理人、辩护人，或者为律师、中介组织介绍案件，要求、建议或者暗示当事人更换符合代理条件的律师。何检察官在讯问犯罪嫌疑人时，反复提醒犯罪嫌疑人注意其聘请的律师执业不足 2 年，其行为有暗示当事人更换符合代理条件律师的嫌疑。C 选项错误。

我国《宪法》第 41 条规定，中华人民共和国公民对于任何国家机关和国家工作人员的违法失职行为，有向有关国家机关提出申诉、控告或者检举的权利，但是不得捏造或者歪曲事实进行诬告陷害。对于公民的申诉、控告或者检举，有关国家机关必须查清事实，负责处理。宅基地使用权证属于特定机关处理的问题。刘检察官接访时，让来访人前往国土局信访室举报他人骗取宅基地使用权证的问题，是符合法律规定的。D 选项正确。

2. **【答案】** ACD

【解析】 根据《人民法院工作人员处分条例》第 59 条，接受案件当事人、相关中介机构及其委托人的财物、宴请或者其他利益的，给予警告、记过或者记大过处分；情节较重的，给予降级或者撤职处分；情节严重的，给予开除处分。孙法官的行为违反了廉政纪律。A 选项正确。

根据上述《条例》第 14 条，主动交待违纪违法行为，并主动采取措施有效避免或者挽回损失的，应当在本条例分则规定的处分幅度以外降低一个档次给予减轻处分。应当给予警告处分，又有减轻处分情形的，免予处分。若孙法官本来情节轻微，给予警告处分的，在主动交待违纪违法行为，并主动采取措施有效避免或者挽回损失的情况下，应免予处分。B 选项错误。

根据上述《条例》第 15 条违纪违法行为情节轻微，经过批评教育后改正的，可以免予处分。C 选项正确。

根据上述《条例》第 18 条，对违纪违法取得的财物和用于违纪违法的财物，应当没收、追缴或者责令退赔。D 选项正确。

3. **【答案】** C

【解析】 法官的奖励分为嘉奖，记三等功、二等功、一等功，授予荣誉称号。根据《法官法》第 30 条，法官有下列表现的，应当予以奖励：（一）在审理案件中秉公执法，成绩显著的；（二）总结审判实践经验成果突出，对审判工作有指导作用的；（三）对审判工作提出改革建议被采纳，效果显著的；（四）保护国家、集体和人民利益，使其免受重大损失，事迹突出的；（五）勇于同违法犯罪行为作斗争，事迹突出的；（六）提出司法建议被采纳或者开展法制宣传、指导人民调解委员会工作，效果显著的；（七）保护国家秘密和审判工作秘密，有显著成绩的；（八）有其他功绩的。高法官和黄法官分别符合第一项和第三项，对其予以奖励符合法规，A、B 是正确的。

根据《法官法》第 32 条法官不得有下列行为：（一）散布有损国家声誉的言论，参加非法组织，参加旨在反对国家的集会、游行、示威等活动，参加罢工；（二）贪污受贿；（三）徇私枉法；（四）刑讯逼供；（五）隐瞒证据或者伪造证据；（六）泄露国家秘密或者审判工作秘密；（七）滥用职权，侵犯自然人、法人或者其他组织的合法权益；（八）

玩忽职守，造成错案或者给当事人造成严重损失；（九）拖延办案，贻误工作；（十）利用职权为自己或者他人谋取私利；（十一）从事营利性的经营活动；（十二）私自会见当事人及其代理人，接受当事人及其代理人的请客送礼；（十三）其他违法乱纪的行为。《人民法院工作人员处分条例》第59条规定，接受案件当事人、相关中介机构及其委托人的财物、宴请或者其他利益的，给予警告、记过或者记大过处分；情节较重的，给予降级或者撤职处分；情节严重的，给予开除处分。但是，孙法官带自己同学参加法院聚会，导致其同学向聚会时认识的法官行贿，却不是孙法官的介绍受贿，因此，法院领导严告孙法官今后注意是正确的。

根据《人民法院工作人员处分条例》第31条规定，违反规定会见案件当事人及其辩护人、代理人、请托人的，给予警告处分；造成不良后果的，给予记过或者记大过处分。还没有到撤职的程度，故C做法错误。本题只有C符合题意，应选。

4. 【答案】ACD

【解析】法官、检察官职业责任是法官、检察官违反有关法律职业人员的法律和道德要求所应承担的不利的责任，包括纪律责任和刑事责任。A项正确。法官、检察官不承担赔偿责任，B项错误。律师职业责任，是指律师在执业活动中，因为违反相关执业规范所应承担的责任，包括民事责任、行政责任、刑事责任和纪律处分。C项正确。公证职业责任，是指公证机构和公证员在公证活动中，因违反有关公证的法律、法规和职业道德规范所应当承担的责任，包括民事责任，行政责任、刑事责任和惩戒处分。D项正确。

【考点】检察官职业道德

1. 【答案】BC

【解析】《检察官职业道德基本准则》第1条规定“坚持忠诚品格，永葆政治本色”。具体包括：忠于党、忠于国家、忠于人民、忠于宪法和法律、忠于检察事业。A项体现忠诚要求。《准则》第4条规定“坚持公正理念，维护法制统一”，要求检察官忠于职守、秉公办案，具体包括：独立、理性履职，自觉遵守回避制度，重视证据、遵守程序、保障人权、尊重律师和法官。检察院内部严格执行“案件查处由不同机构承办、互相制约”的制度，是遵守程序的规定，体现公正要求。检察官应当树立证据意识、程序意识，全面、客观依照程序收集证据，体现了“重视证据”的要求。B、C正确。D选项体现了廉洁的要求。

2. 【答案】D

【解析】《准则》第4条规定“坚持公正理念，维护法制统一”，要求检察官遵守检察纪律。检察官应当严格遵守检察纪律，不违反规定过问、干预、探寻、泄露其他检察官、其他人民检察院或其他司法机关正在办理的案件，不违反规定会见案件当事人、诉讼代理人、辩护人及其他与案件有利害关系的人员。房检察官违反了检察官纪律要求。

B选项中，关检察长的行为违反了“检察独立”原则。

C选项中，容检察官作为国家工作人员从事其他活动并获取了辛苦费5000元就是从事营利活动，违反了法官、检察官不从事、参与经商办企业、违法违规营利活动，属于可能有损检察官廉洁形象的商业、经营活动。

检察官执行公务、参加政务活动时，按照检察人员着装规定穿着检察制服，佩戴检察标识徽章，严格守时，遵守活动纪律。D选项中“参加单位组织的慰问孤寡老人的公益活动”属于公务活动，应当穿着检察正装、佩戴检察标识。

3. 【答案】ABCD

【解析】A选项正确。根据《检察人员纪律处分条例》第66条规定："领导干部违反有关规定组织、参加自发成立的老乡会、校友会、战友会等，情节严重的，给予警告、记过、记大过或者降级处分。"

B选项正确。根据《检察人员纪律处分条例》第78条规定："擅自处理案件线索、随意初查或在初查中对被调查对象采取限制人身自由强制措施的，给予记过或记大过处分；情节较重的，给予降级或者撤职处分；情节严重的，给予开除处分。"

C选项正确。根据《检察人员纪律处分条例》第113条的规定："在分配、购买住房中侵犯国家、集体利益，情节较轻的，给予警告、记过或者记大过处分；情节较重的，给予降级或撤职处分；情节严重的，给予开除处分。"

D选项正确，根据《检察人员纪律处分条例》第127条规定："对群众合法诉求消极应付、推诿扯皮，损害检察机关形象，情节较重的，给予警告、记过或者记大过处分；情节严重的，给予降级或撤职处分。"

第三章　律师制度与律师职业道德

第一节　律师制度

【考点】律师权利与义务

【考点点拨】执业律师的主要权利：(1) 拒绝辩护代理权；(2) 会见权；(3) 查阅案卷权；(4) 调查取证权；(5) 人身特别保护权。执业律师的主要义务：(1) 一般执业义务；(2) 保密义务；(3) 禁止利益冲突；(4) 正当竞争义务。

1. 加强人权司法保障是司法机关的重要职责，也是保证公正司法的必然要求。下列哪一做法符合上述要求？(　　)(2017－1－45，单选)

   A. 某公安机关第一次讯问犯罪嫌疑人时告知其有权委托辩护人，但未同时告知其如有经济困难可申请法律援助

   B. 某省法院修订进入法庭的安检流程，明确"禁止对律师进行歧视性安检"

   C. 某法官在一伤害案判决书中，对被告人及律师"构成正当防卫"的证据和意见不采信而未做回应和说明

   D. 某法庭对辩护律师在辩论阶段即将结束时提出的"被告人庭前供述系非法取得"的意见及线索，未予调查

2. 法院、检察院、公安机关、国家安全机关、司法行政机关应当尊重律师，健全律师执业权利保障制度。下列哪一做法是符合有关律师执业权利保障制度的？(　　)(2016－1－48，单选)

   A. 县公安局仅告知涉嫌罪名，而以有碍侦查为由拒绝告知律师已经查明的该罪的主要事实

   B. 看守所为律师提供网上预约会见平台服务，并提示律师如未按期会见必须重新预约方可会见

   C. 国家安全机关在侦查危害国家安全犯罪期间，多次不批准律师会见申请并且说明理由

   D. 在庭审中，作无罪辩护的律师请求就被告量刑问题发表辩护意见，合议庭经合议后当庭拒绝律师请求

3. 为促进规范司法，维护司法公正，最高检察院要求各级检察院在诉讼活动中切实保障律师依法行使执业权利。据此，下列选项正确的是：(　　)(2015－1－100，不定项)

   A. 检察院在律师会见犯罪嫌疑人时，不得派员在场

   B. 检察院在案件移送审查起诉后律师阅卷时，不得派员在场

   C. 律师收集到犯罪嫌疑人不在犯罪现场的证据，告知检察院的，其相关办案部门应及时审查

   D. 法律未作规定的事项，律师要求听取意见的，检察院可以安排听取

【考点】律师职业道德

【考点点拨】律师职业道德的基本准则：忠诚、为民、法治、正义、诚信、敬业。

律师在推进全面依法治国进程中具有重要作用，律师应依法执业、诚信执业、规范执业。根据《律师执业管理办法》，下列哪些做法是正确的？(　　)(2017－1－85，多选)

A. 甲律师依法向被害人收集被告人不在聚众斗殴现场的证据，提交检察院要求其及时进行审查

B. 乙律师对当事人及家属准备到法院门口静坐、举牌、声援的做法，予以及时有效的劝阻

C. 丙律师在向一方当事人提供法律咨询中致电对方当事人，告知对方诉讼请求缺乏法律和事实依据

D. 丁律师在社区普法宣传中，告知群众诉讼是解决继承问题的唯一途径，并称其可提供最专业的诉讼代理服务

第二节　律师和律所管理制度

【考点】律师和律所管理制度

1. 律师事务所应当建立健全执业管理和各项内部管理制度，履行监管职责，规范本所律师执业行为。根据《律师事务所管理办法》，某律师事务所下列哪一做法是正确的？（　　）（2017—1—49，单选）

A. 委派钟律师担任该所出资成立的某信息咨询公司的总经理

B. 合伙人会议决定将年度考核不称职的刘律师除名，报县司法局和律协备案

C. 对本所律师执业表现和遵守职业道德情况进行考核，报律协批准后给予奖励

D. 对受到6个月停止执业处罚的祝律师，在其处罚期满1年后，决定恢复其合伙人身份

2. 某律师事务所律师代理原告诉被告买卖合同纠纷案件，下列哪一做法是正确的？（　　）（2016—1—49，单选）

A. 该律师接案时，得知委托人同时接触他所律师，私下了解他所报价后以较低收费接受委托

B. 在代书起诉状中，律师提出要求被告承担精神损害赔偿20万元的诉讼请求

C. 在代理合同中约定，如胜诉，在5万元律师代理费外，律师事务所可按照胜诉金额的一定比例另收办案费用

D. 因律师代理意见未被法庭采纳，原告要求律师承担部分诉讼请求损失，律师事务所予以拒绝

3. 王某和李某斗殴，李某与其子李二将王某打伤。李某在王某提起刑事自诉后聘请省会城市某律师事务所赵律师担任辩护人。关于本案，下列哪一做法符合相关规定？（　　）（2015—1—48，单选）

A. 赵律师同时担任李某和李二的辩护人，该所钱律师担任本案王某代理人

B. 该所与李某商定辩护事务按诉讼结果收取律师费

C. 该所要求李某另外预交办案费

D. 该所指派实习律师代赵律师出庭辩护

4. 某律师事务所一审代理了原告张某的案件。一年后，该案再审。该所的下列哪一做法与律师执业规范相冲突？（　　）（2014—1—48，单选）

A. 在代理原告案件时，拒绝与该案被告李某建立委托代理关系

B. 在拒绝与被告李某建立委托代理关系时，承诺可在其他案件中为其代理

C. 得知该案再审后，主动与原告张某联系

D. 张某表示再审不委托该所，该所遂与被告李某建立委托代理关系

5. 下列哪一情形下律师不得与当事人建立或维持委托关系？（　　）（2013—1—48，单选）

A. 律师与委托当事人系多年好友

B. 接受民事诉讼一方当事人委托，同一律师事务所其他律师系该案件对方当事人的近亲属，但委托人知悉且同意

C. 同一律师事务所不同律师同时担任同一民事案件争议双方当事人代理人

D. 委托关系停止后二年，律师就同一法律业务接受与原委托人有利害关系的对方当事人委托

参考答案及解析

第一节 律师制度

【考点】律师权利与义务

1. 【答案】B

【解析】A 选项错误。根据最高人民法院、最高人民检察院、公安部、司法部《关于刑事诉讼法律援助工作的规定》第 5 条的规定，公安机关、人民检察院在第一次讯问犯罪嫌疑人或者采取强制措施的时候，应当告知犯罪嫌疑人有权委托辩护人，告知其如有经济困难本人及其近亲属可申请法律援助。

B 选项正确。根据最高人民法院《关于全面深化人民法院改革的意见——人民法院第四个五年改革纲要（2014—2018）》指出："完善律师执业权利保障机制，强化控辩对等诉讼理念，禁止对律师进行歧视性安检，为律师依法履职提供便利。"某省法院的这一规定符合这一要求。

C 选项错误。根据《关于依法保障律师执业权利的规定》第 36 条的规定，人民法院采用普通程序审理案件，应当在裁判文书中写明律师依法提出的辩护、代理意见，以及是否采纳的情况，并说明理由。本题中，法官对被告人及律师"构成正当防卫"的证据和意见不采信未做出回应和说明，这一做法不符合公正司法的必然要求。

D 选项错误。根据《关于依法保障律师执业权利的规定》第 38 条的规定，辩护律师在辩论阶段即将结束时提出的非法证据排除的意见及线索，法庭应当休庭进行审查，依照法定程序作出决定。

2. 【答案】C

【解析】根据《关于依法保障律师执业权利的规定》第 6 条，辩护律师接受犯罪嫌疑人、被告人委托或者法律援助机构的指派后，应当告知办案机关，并可以依法向办案机关了解犯罪嫌疑人、被告人涉嫌或者被指控的罪名及当时已查明的该罪的主要事实，犯罪嫌疑人、被告人被采取、变更、解除强制措施的情况，侦查机关延长侦查羁押期限等情况，办案机关应当依法及时告知辩护律师。"县公安局拒绝告知律师已经查明的该罪的主要事实"的做法是错误的。

根据上述《规定》第 7 条第 3 款，看守所应当设立会见预约平台，采取网上预约、电话预约等方式为辩护律师会见提供便利，但不得以未预约会见为由拒绝安排辩护律师会见。B 选项错误。

根据上述《规定》第 9 条第 1 款，辩护律师在侦查期间要求会见危害国家安全犯罪案件在押的犯罪嫌疑人的，应当向侦查机关提出申请。侦查机关应当依法及时审查辩护律师提出的会见申请，在三日以内将是否许可的决定书面答复辩护律师，并明确告知负责与辩护律师联系的部门及工作人员的联系方式。对许可会见的，应当向辩护律师出具许可

决定文书；因有碍侦查或者可能泄露国家秘密而不许可会见的，应当向辩护律师说明理由。C选项正确。

根据上述《规定》第35条，辩护律师作无罪辩护的，可以当庭就量刑问题发表辩护意见，也可以庭后提交量刑辩护意见。D选项错误。

3. 【答案】AC

【解析】A项正确。根据《最高人民检察院关于依法保障律师执业权利的规定》第5条规定："人民检察院应当依法保障律师在刑事诉讼中的会见权。人民检察院办理直接受理立案侦查案件，除特别重大贿赂犯罪案件外，其他案件依法不需要经许可会见。律师在侦查阶段提出会见特别重大贿赂案件犯罪嫌疑人的，人民检察院应当严格按照法律和相关规定及时审查决定是否许可，并在三日以内答复；有碍侦查的情形消失后，应当通知律师，可以不经许可会见犯罪嫌疑人；侦查终结前，应当许可律师会见犯罪嫌疑人。人民检察院在会见时不得派员在场，不得通过任何方式监听律师会见的谈话内容。"可知，A正确，应选。

B项错误。根据《最高人民检察院关于依法保障律师执业权利的规定》第6条规定："人民检察院应当依法保障律师的阅卷权。自案件移送审查起诉之日起，人民检察院应当允许辩护律师查阅、摘抄、复制本案的案卷材料；经人民检察院许可，诉讼代理人也可以查阅、摘抄、复制本案的案卷材料。人民检察院应当及时受理并安排律师阅卷，无法及时安排的，应当向律师说明并安排其在三个工作日以内阅卷。人民检察院应当依照检务公开的相关规定，完善互联网等律师服务平台，并配备必要的速拍、复印、刻录等设施，为律师阅卷提供尽可能的便利。律师查阅、摘抄、复制案卷材料应当在人民检察院设置的专门场所进行。必要时，人民检察院可以派员在场协助。"可知，律师在阅卷时，检察院必要时可以派员在场协助，故B错误，不选。

C项正确。根据《最高人民检察院关于依法保障律师执业权利的规定》第7条规定："人民检察院应当依法保障律师在刑事诉讼中的申请收集、调取证据权。律师收集到有关犯罪嫌疑人不在犯罪现场、未达到刑事责任年龄、属于依法不负刑事责任的精神病人的证据，告知人民检察院的，人民检察院相关办案部门应当及时进行审查。"可知，C正确，应选。

D项错误。根据《最高人民检察院关于依法保障律师执业权利的规定》第8条规定："人民检察院应当依法保障律师在诉讼中提出意见的权利。人民检察院应当主动听取并高度重视律师意见。法律未作规定但律师要求听取意见的，也应当及时安排听取。听取律师意见应当制作笔录，律师提出的书面意见应当附卷。对于律师提出不构成犯罪，罪轻或者减轻、免除刑事责任，无社会危险性，不适宜羁押，侦查活动有违法情形等书面意见的，办案人员必须进行审查，在相关工作文书中叙明律师提出的意见并说明是否采纳的情况和理由。"对法律未作规定但律师要求听取意见的，检察院"应当"安排听取，而不是"可以"安排听取，故D错误，不选。

【考点】律师职业道德

【答案】AB

【解析】A选项正确。根据《律师执业管理办法》第31的规定："律师担任辩护人的，应当根据事实和法律，提出犯罪嫌疑人、被告人无罪、罪轻或者减轻、免除其刑事责任的材料和意见，维护犯罪嫌疑人、被告人的诉讼权利和其他合法权益。"本题中，甲律师担任辩护人，依法收集证明被告人无罪的证据并提交给检察院的做法是正确的。

B选项正确。根据《律师执业管理办法》第37条的规定："律师承办业务，应当引导当事人通过合法的途径、方式解决争议，不得采取煽动、教唆和组织当事人或者其他人员到司法机关或者其他国家机关静坐、举牌、打横幅、喊口号、声援、围观等扰乱公共秩序、危害公共安全的非法手段，聚众滋事、制造影响，向有关部门施加压力。"乙律师及时有效劝阻当事人及家属准备到法院门口静坐、举牌、声援的做法是正确的。

C选项错误。根据《律师执业管理办法》第35条的规定："律师承办业务，应当诚实守信，不得接受对方当事人的财物及其他利益，与对方当事人、第三人恶意串通，向对方当事人、第三人提供不利于委托人的信息、证据材料，侵害委托人的利益。"本题中，丙律师在向一方当事人提供法律咨询中，在承办这一咨询业务的过程中致电对方当事人，向对方当事人提供了不利于委托人的信息，这一做法是错误的。

D选项错误。根据《律师执业管理办法》第41条的规定："律师应当按照有关规定接受业务，不得为争揽业务哄骗、唆使当事人提起诉讼，制造、扩大矛盾，影响社会稳定"。本题中，丙律师说诉讼是解决继承问题的唯一途径，并称其可提供最专业的诉讼代理服务，就是为了争揽业务唆使当事人提起诉讼，其行为是错误的。

第二节 律师和律所管理制度

【考点】律师和律所管理制度

1. 【答案】B

【解析】A选项错误。根据《律师事务所管理办法》第44条规定"律师事务所应当在法定业务范围内开展业务活动，不得以独资、与他人合资或者委托持股方式兴办企业，并委派律师担任企业法定代表人、总经理职务，不得从事与法律服务无关的其他经营性活动。"

B选项正确。《律师事务所管理办法》第43条规定"律师事务所应当建立违规律师辞退和除名制度，对违法违规执业、违反本所章程及管理制度或者年度考核不称职的律师，可以将其辞退或者经合伙人会议通过将其除名，有关处理结果报所在地县级司法行政机关和律师协会备案。"合伙人会议决定将年度考核不称职的刘律师除名，报县司法局和律协备案符合规定。

C选项错误。《律师事务所管理办法》第58条规定："律师事务所应当建立律师执业年度考核制度，按照规定对本所律师的执业表现和遵守职业道德、执业纪律的情况进行考核，评定等次，实施奖惩，建立律师执业档案和诚信档案。"该所对本所律师执业表现和遵守职业道德情况进行考核后，建立律师执业档案和诚信档案。

D选项错误。《律师事务所管理办法》第57条第2款规定："已担任合伙人的律师受到六个月以上停止执业处罚的，自处罚决定生效之日起至处罚期满后三年内，不得担任合伙人。"在其处罚期满三年后，才能恢复其合伙人身份。

2. 【答案】D

【解析】根据《律师执业行为规范》第82条，律师或律师事务所不得采用下列手段排挤竞争对手的公平竞争：为争揽业务，不正当获取其他律师和律师事务所收费报价或者其他提供法律服务的条件。A选项错误。

《律师执业行为规范》第6条规定，律师应当诚实守信、勤勉尽责，依据事实和法律，维护当事人合法权益，维护法律正确实施，维护社会公平和正义。《律师执业行为规范》第43条规定，律师根据委托人提供的事实和证据，依据法律规定进行分析，向委托人提出分析性意见。买卖合同纠纷案件并不属于提出精神损害赔偿案件的范围，律师提出该要求，属于误导当事人，违反了上述“以事实为根据，以法律为准绳”的执业原则以及诚实守信、勤勉尽责的要求。B选项错误。

律师收取的费用可以分为律师费和办案费。律师费是指律师事务所因本所执业律师为当事人提供法律服务，根据国家法律规定或双方的自愿协商，向当事人收取的一定数量的费用。办案费是指律师在办理案件过程中发生的律师费以外的其他费用，包括（1）司法、行政、仲裁、裁定、公证等部门收取的费用；（2）合理的通讯费、复印费、翻译费、交通费、食宿费等；（3）经委托人同意的专家论证费；（4）委托人同意的其他费用。本案为买卖合同纠纷案件，可以实行风险代理收费。但风险代理只能是律师费，而不能是办案费。C选项中针对办案费实行风险代理，是错误的。

根据《律师执业行为规范》第43、44条，律师根据委托人提供的事实和证据，依据法律规定进行分析，向委托人提出分析性意见。律师的辩护、代理意见未被采纳，不属于虚假承诺。原告因律师的代理意见未被法庭采纳而要求律师承担部分诉讼请求损失，律师事务所有权予以拒绝。D选项正确。

3. 【答案】C

【解析】A项错误。错误一，根据最高人民法院《关于适用《中华人民共和国刑事诉讼法》的解释》（以下简称《刑诉解释》）第38条，“一名辩护人不得为两名以上的同案被告人，或者未同案处理但犯罪事实存在关联的被告人辩护。”赵律师同时担任李某和李二的辩护人违反了法律规定。错误二，根据《律师执业行为规范》第50条，“有下列情形之一的，律师及律师事务所不得与当事人建立或维持委托关系：同一律师事务所的不同律师同时担任同一刑事案件的被害人的代理人和犯罪嫌疑人、被告人的辩护人，但在该县区域内只有一家律师事务所且事先征得当事人同意的除外。”省会城市不可能只有一家律师事务所，所以同一律师事务所的赵律师与钱律师不能分别担任李某、李二的辩护人和王某的代理人。故A错误，不选。

B项错误。根据《律师服务收费管理办法》第12条规定：“禁止刑事诉讼案件、行政诉讼案件、国家赔偿案件以及群体性诉讼案件实行风险代理收费。”题干中案例属于刑事自诉案件．不适用风险代理收费，不能与委托人约定按诉讼结果收费。故B错误，不选。

C项正确。根据《律师服务收费管理办法》第20条规定：“律师事务所需要预收异地办案差旅费的，应当向委托人提供费用概算，经协商一致，由双方签字确认。确需变更费用概算的，律师事务所必须事先征得委托人的书面同意。”可知，律所可以要求当事人预交差旅费等办案费用，故C符合相关规定，应选。

D项错误。实习律师没有获得律师执业证，不符合律师执业的前提条件，不能出庭辩护。故D错误，不选。

4. 【答案】D

【解析】我国《律师执业行为规范》第50条第1项规定：“有下列情形之一的，律师及律师事务所不得与当事人建立或维持委托关系：（一）律师在同一案件中为双方当事人担任代理人，或代理与本人或者其近亲属有利益冲突的法律事务的。”可知，律所在代理原告案件时，不得与被告建立委托关系，A项做法符合该规定，不选。

我国《律师执业行为规范》第 51 条第 1 款第 3 项规定："有下列情形之一的，律师应当告知委托人并主动提出回避，但委托人同意其代理或者继续承办的除外：同一律师事务所接受正在代理的诉讼案件或者非诉讼业务当事人的对方当事人所委托的其他法律业务的。"可知，经委托人同意，同一律师事务所可代理对方当事人的其他案件，B 项做法符合该规定，不选。

我国《律师执业管理办法》第 33 条第 1、2 款规定："律师承办业务，应当告知委托人该委托事项办理可能出现的法律风险，不得用明示或者暗示方式对办理结果向委托人作出不当承诺。律师承办业务，应当及时向委托人通报委托事项办理进展情况；需要变更委托事项、权限的，应当征得委托人的同意和授权。"可知，在再审程序启动后该所主动告知原告张某，是向其通报委托事项办理进展情况，符合该规定，不选。

根据《律师执业行为规范》第 50 条第 1 款第 7 项的规定："下列情形之一的，律师及律师事务所不得与当事人建立或维持委托关系：在委托关系终止后，同一律师事务所或同一律师在同一案件后续审理或者处理中又接受对方当事人委托的。"可知，该律师事务所在张某表示再审不委托该所之后与被告李某建立委托代理关系的做法违反该规定，应选。

5. **【答案】**C

【解析】律师同时为委托人的亲友，信任关系更好建立，自然可以建立和维持委托关系，故排除 A 项。

《律师执业行为规范》第 51 条第 1 款规定："有下列情形之一的，律师应当告知委托人并主动提出回避，但委托人同意其代理或者继续承办的除外：(一) 接受民事诉讼、仲裁案件一方当事人的委托，而同所的其他律师是该案件中对方当事人的近亲属的。"根据该款第 1 项之规定，既然委托人知悉且同意，故仍可与当事人建立或维持委托关系，排除 B 项。

《律师执业行为规范》第 50 条规定："有下列情形之一的，律师及律师事务所不得与当事人建立或维持委托关系：在民事诉讼、行政诉讼、仲裁案件中，同一律师事务所的不同律师同时担任争议双方当事人的代理人，或者本所或其工作人员为一方当事人，本所其他律师担任对方当事人的代理人的。"据此，C 项应选。

《律师执业行为规范》第 51 条第 1 款规定："有下列情形之一的，律师应当告知委托人并主动提出回避，但委托人同意其代理或者继续承办的除外：在委托关系终止后一年内，律师又就同一法律事务接受与原委托人有利害关系的对方当事人的委托的。"

注意该款第 5 项"一年内"的规定，故排除 D 项。

第四章　法律援助

【考点】法律援助

【考点点拨】(1) 法律援助是政府的职责；(2) 我国法律援助的特点：援助主体的明确性、援助工作的统一性、援助服务的无偿性、援助形式的多样性；(3) 申请援助，不需要审查经济状况的四种情况，指派援助的五种情况。

1. 来某县打工的农民黄某欲通过法律援助帮其讨回单位欠薪。根据《法律援助条例》等规定，有关部门下列做法正确的是：(　　)(2017－1－100，不定项)
   A. 县法律援助中心以黄某户籍不在本县为由拒绝受理其口头申请，黄某提出异议
   B. 县司法局受理黄某异议后函令县法律援助中心向其提供法律援助
   C. 县某律所拒绝接受县法律援助中心指派，县司法局对该所给予警告的行政处罚
   D. 县法院驳回了黄某以“未能指派合格律师、造成损失应予赔偿”为由对县法律援助中心的起诉
2. 根据《法律援助条例》和《关于刑事诉讼法律援助工作的规定》，下列哪些表述是正确的？(　　)(2016－1－85，多选)
   A. 区检察院提起抗诉的案件，区法院应当通知区法律援助中心为被告人甲提供法律援助
   B. 家住A县的乙在邻县涉嫌犯罪被邻县检察院批准逮捕，其因经济困难可向A县法律援助中心申请法律援助
   C. 县公安局没有通知县法律援助中心为可能被判处无期徒刑的丙提供法律援助，丙可向市检察院提出申诉
   D. 县法院应当准许强制医疗案件中的被告丁以正当理由拒绝法律援助，并告知其可另行委托律师
3. 某检察院对王某盗窃案提出二审抗诉，王某未委托辩护人，欲申请法律援助。对此，下列哪一说法是正确的？(　　)(2015－1－49，单选)
   A. 王某申请法律援助只能采用书面形式
   B. 法律援助机构应当严格审查王某的经济状况
   C. 法律援助机构只能委派律师担任王某的辩护人
   D. 法律援助机构决定不提供法律援助时，王某可以向该机构提出异议
4. 某法律援助机构实施法律援助的下列做法，哪一项是正确的？(　　)(2014－1－50，单选)
   A. 经审查后指派律师担任甲的代理人，并根据甲的经济情况免除其80％的律师服务费
   B. 指派律师担任乙的辩护人以后，乙自行另外委托辩护人，故决定终止对乙的法律援助
   C. 为未成年人丙指派熟悉未成年人身心特点但无律师执业证的本机构工作人员担任辩护人
   D. 经审查后认为丁的经济状况较好，不符合法律援助的经济条件，故拒绝向其提供法律咨询
5. 根据《法律援助条例》等规定，下列关于法律援助的哪一说法是不能成立的？(　　)(2013－1－50，单选)

A. 在共同犯罪案件中，其他犯罪嫌疑人、被告人已委托辩护人的，本人及其近亲属可向法律援助机构提出法律援助申请，法律援助机构无须进行经济状况审查

B. 律师事务所拒绝法律援助机构的指派，不安排本所律师办理法律援助案件的，由司法行政部门给予警告，责令改正

C. 我国的法律援助实行部分无偿服务、部分为“缓交费”或“减费”形式有偿服务的制度

D. 检察院审查批准逮捕时，认为公安机关对犯罪嫌疑人应当通知辩护而没有通知的，应当通知公安机关予以纠正，公安机关应当将纠正情况通知检察院

6. 我国法律援助制度因其保障人权而体现司法正义，因其救助贫困而体现社会公平。关于该制度，下列哪一表述是不正确的？（　　）（2011－1－49，单选）

A. 我国法律援助是政府的一项重要职责，在性质上是一种社会保障制度

B. 实施法律援助的既有律师、法援机构，也有社会组织，形式上包括诉讼法律援助、非诉讼法律援助及公证、法律咨询

C. 对公民的法律援助申请和法院指派的法律援助案件，由法援机构统一受理、审查、指派、监督，必要时可以委托慈善机构协助受理事宜

D. 法援对象包括符合法定受援条件的经济困难者、残疾者、弱者，及符合规定的外国公民及无国籍人

7. 根据司法制度的有关规定，下列哪些选项是正确的？（　　）（2010－1－90，不定项）

A. 沈律师从2003年至今专职从事律师业务，未受过停止执业处罚，可成为律师事务所的设立人

B. 孙检察官工作勤奋，业务水平高，是检察院公认的业务骨干，虽然曾经为办案而违反有关警车、警械、警具管理规定，年终考核仍可得到优秀的考核结果

C. 郭法官认真总结审判经验，成果突出，对审判工作有指导作用，根据《法官法》的规定他应受到奖励

D. 曾某为刑事被告人，四十六岁且有身孕，因经济困难未聘请辩护律师，可通过申请获得法律援助

参考答案及解析

【考点】法律援助

1. 【答案】BD

【解析】A选项错误。根据《法律援助条例》（以下简称《条例》）第10条规定了因经济困难没有委托代理人的，可以向法律援助机构申请法律援助的六种情形：依法请求国家赔偿的；请求给予社会保险待遇或者最低生活保障待遇的；请求发给抚恤金、救济金的；请求给付赡养费、抚养费；请求支付劳动报酬的；主张因见义勇为行为产生的民事权益的。本题中，黄某符合法律援助条件，法律援助拒绝的理由是“黄某户籍不在本县”，于法无据。且是口头拒绝，不符合规定，黄某可以提出异议。

B选项正确。根据《条例》第19条“申请人对法律援助机构作出的不符合法律援助条件的通知有异议的，可以向确定该法律援助机构的司法行政部门提出，司法行政部门应当在收到异议之日起15工作日进行审查，经审查认为申请人符合法律援助条件的，应当以书面形式责令法律援助机构及时对该申请人提供法律援助。”县司法局受理后认为黄某应

被法律援助，函令县法律援助中心向其提供法律援助。

C选项错误。根据《条例》第27条规定，律师事务所拒绝法律援助机构的指派，由司法行政部门给予警告、责令改正；情节严重的，给予1个月以上3个月以下停业整顿的处罚。据此，除给予警告处分，还应责令改正。

D选项正确。法院驳回黄某的诉讼请求，是因为该诉讼请求既缺乏事实基础又缺乏法律依据。"未指派合格律师"与"损失"之间并无直接因果关系，原告诉求缺乏事实根据。

2. 【答案】CD

【解析】根据《关于刑事诉讼法律援助工作的规定》第2条，犯罪嫌疑人、被告人因经济困难没有委托辩护人的，本人及其近亲属可以向办理案件的公安机关、人民检察院、人民法院所在地同级司法行政机关所属法律援助机构申请法律援助。具有下列情形之一，犯罪嫌疑人、被告人没有委托辩护人的，可以依照前款规定申请法律援助：(一) 有证据证明犯罪嫌疑人、被告人属于一级或者二级智力残疾的；(二) 共同犯罪案件中，其他犯罪嫌疑人、被告人已委托辩护人的；(三) 人民检察院抗诉的；(四) 案件具有重大社会影响的。对于区检察院提起抗诉的案件，被告人甲或其近亲属可以向区法律援助机构申请法律援助，而不是由区法院直接通知区法律援助中心为被告人甲提供法律援助。A选项错误。家住A县的乙在邻县涉嫌犯罪被邻县检察院批准逮捕，若其经济困难可向办理案件的邻县法律援助中心申请法律援助，而不是向A县法律援助中心申请法律援助。B选项错误。

根据《关于刑事诉讼法律援助工作的规定》第9条规定，犯罪嫌疑人、被告人具有下列情形之一没有委托辩护人的，公安机关、人民检察院、人民法院应当自发现该情形之日起3日内，通知所在地同级司法行政机关所属法律援助机构指派律师为其提供辩护：(一) 未成年人；(二) 盲、聋、哑人；(三) 尚未完全丧失辨认或者控制自己行为能力的精神病人；(四) 可能被判处无期徒刑、死刑的人。C选项中，因为丙可能被判处无期徒刑，公安局应当通知县法律援助中心为其提供法律援助。根据《关于刑事诉讼法律援助工作的规定》第24条，犯罪嫌疑人、被告人及其近亲属、法定代理人，强制医疗案件中的被申请人、被告人的法定代理人认为公安机关、人民检察院、人民法院应当告知其可以向法律援助机构申请法律援助而没有告知，或者应当通知法律援助机构指派律师为其提供辩护或者诉讼代理而没有通知的，有权向同级或者上一级人民检察院申诉或者控告。由于县公安局没有通知县法律援助中心为可能被判处无期徒刑的丙提供法律援助，丙可向县检察院或市检察院提出申诉或者控告。C选项正确。

根据《关于刑事诉讼法律援助工作的规定》第11条，人民法院自受理强制医疗申请或者发现被告人符合强制医疗条件之日起3日内，对于被申请人或者被告人没有委托诉讼代理人的，应当向法律援助机构送交通知代理公函，通知其指派律师担任被申请人或被告人的诉讼代理人，为其提供法律帮助。根据《规定》第15条第2款，对于应当通知辩护的案件，犯罪嫌疑人、被告人拒绝法律援助机构指派的律师为其辩护的，公安机关、人民检察院、人民法院应当查明拒绝的原因，有正当理由的，应当准许，同时告知犯罪嫌疑人、被告人需另行委托辩护人。强制医疗案件属于应当通知辩护的案件，县法院应当准许强制医疗案件中的被告丁以正当理由拒绝法律援助，并告知其可另行委托律师。D选项正确。

3. 【答案】C

【解析】A 项错误。根据《法律援助条例》第 17 条第 2 款，“申请应当采用书面形式，填写申请表；以书面形式提出申请确有困难的，可以口头申请，由法律援助机构工作人员或者代为转交申请的有关机构工作人员作书面记录。”可知，申请法律援助并非只能采用书面形式。故 A 错误，不选。

B 项错误。《关于刑事诉讼法律援助工作的规定》第 2 条规定了“犯罪嫌疑人、被告人因经济困难没有委托辩护人的，本人及其近亲属可以向办理案件的公安机关、人民检察院、人民法院所在地同级司法行政机关所属法律援助机构申请法律援助。具有下列情形之一，犯罪嫌疑人、被告人没有委托辩护人的，可以依照前款规定申请法律援助：（一）有证据证明犯罪嫌疑人、被告人属于一级或者二级智力残疾的；（二）共同犯罪案件中，其他犯罪嫌疑人、被告人已委托辩护人的；（三）人民检察院抗诉的；（四）案件具有重大社会影响的。”可知，在以上四种情形下，犯罪嫌疑人、被告人无须符合经济困难这一条件即可申请法律援助。本案属于检察院抗诉案件，故王某无须符合经济困难这一条件，法律援助机构也无须审查经济状况。因此 B 错误。

C 项正确。根据《刑事诉讼法》第 34 条规定，“犯罪嫌疑人、被告人因经济困难或者其他原因没有委托辩护人的，本人及其近亲属可以向法律援助机构提出申请。对符合法律援助条件的，法律援助机构应当指派律师为其提供辩护。”可知，法律援助机构只能委派律师为王某进行刑事辩护。故 C 正确，应选。

D 项错误。《关于刑事诉讼法律援助工作的规定》第 23 条规定：“申请人对法律援助机构不予援助的决定有异议的，可以向主管该法律援助机构的司法行政机关提出。”可知，王某应向主管该法律援助机构的司法行政机关提出异议，而非向该机构提出异议。故 D 错误，不选。

4. 【答案】B

【解析】选项 A 错误。《法律援助条例》第 2 条规定：“符合本条例规定的公民，可以依照本条例获得法律咨询、代理、刑事辩护等无偿法律服务。”因此，法律援助服务是完全无偿的，而不是免除部分费用。

选项 B 正确。《法律援助条例》第 23 条规定，受援人又自行委托律师或者其他代理人的，经法律援助机构经审查核实的，应当终止该项法律援助。B 项中乙又自行另外委托了辩护人，决定终止法律援助是正确的。

选项 C 错误。《刑事诉讼法》第 267 条规定，未成年犯罪嫌疑人、被告人没有委托辩护人的，人民法院、人民检察院、公安机关应当通知法律援助机构指派律师为其提供辩护。因此，法律援助只能指派执业律师，不能指派无律师执业证的人员。

选项 D 错误。法律援助机构提供的法律咨询是对咨询者提出的有关法律援助方面的问题以及日常碰到的简单法律问题进行解答。法律咨询不需要审查经济条件。故拒绝提供法律咨询的行为错误。

5. 【答案】C

【解析】根据《关于刑事诉讼法律援助工作的规定》第 2 条第 2 款规定，共同犯罪案件中，其他犯罪嫌疑人、被告人已委托辩护人的，本人及其近亲属可向法律援助机构提出法律援助申请，法律援助机构无须进行经济状况审查。A 项正确。

《法律援助条例》第 27 条规定：“律师事务所拒绝法律援助机构的指派，不安排本所律师办理法律援助案件的，由司法行政部门给予警告、责令改正；情节严重的，给予 1 个月以上3个月以下停业整顿的处罚。”故B项正确。

《法律援助条例》第2条规定：“符合本条例规定的公民，可以依照本条例获得法律咨询、代理、刑事辩护等无偿法律服务。”据此，法律援助对受援助人来说是完全无偿的，故C项错误。

《关于刑事诉讼法律援助工作的规定》第16条规定：“人民检察院审查批准逮捕时，认为犯罪嫌疑人具有应当通知辩护的情形，公安机关未通知法律援助机构指派律师的，应当通知公安机关予以纠正，公安机关应当将纠正情况通知人民检察院。”D项正确。

6. 【答案】C

【解析】选项A说法正确。法律援助制度，也称法律救助，是指由政府设立的法律援助机构组织法律援助人员和社会志愿人员，为某些经济困难的公民或者特殊案件的当事人提供免费的法律帮助，以保障其合法权益得以实现的一项法律保障制度。

选项B说法正确。实施法律援助的既有律师、法援机构，也有社会组织。形式上包括诉讼法律援助、非诉讼法律援助及公证、法律咨询等。

选项C说法错误。对公民的法律援助申请和法院指派的法律援助案件，由法援机构统一受理、审查、指派、监督。要坚持“四统一”原则，不能委托慈善机构办理。

选项D说法正确。《法律援助条例》第12条规定，公诉人出庭公诉的案件，被告人因经济困难或者其他原因没有委托辩护人，人民法院为被告人指定辩护时，法律援助机构应当提供法律援助。被告人是盲、聋、哑人或者未成年人而没有委托辩护人的，或者被告人可能被判处死刑而没有委托辩护人的，人民法院为被告人指定辩护时，法律援助机构应当提供法律援助，无须对被告人进行经济状况的审查。法援对象包括符合法定受援条件的经济困难者、残疾者、弱者。符合规定的外国公民及无国籍人也属于法律援助的范围。

7. 【答案】ACD

【解析】《律师法》第14条规定：“律师事务所是律师的执业机构。设立律师事务所应当具备下列条件：（一）有自己的名称、住所和章程；（二）有符合本法规定的律师；（三）设立人应当是具有一定的执业经历，且三年内未受过停止执业处罚的律师；（四）有符合国务院司法行政部门规定数额的资产。”由此可知，沈律师具备设立律所的条件，A项正确。

《检察官法》第26条规定：“对检察官的考核内容包括：检察工作实绩，思想品德，检察业务和法学理论水平，工作态度和工作作风。”重点考核检察工作实绩。孙检察官受了处分，年终考核不可得到优秀的考核结果，B项错误。

《法官法》第30条规定：“法官有下列表现之一的，应当给予奖励：总结审判实践经验成果突出，对审判工作有指导作用的。”由此可知，C项正确。

《法律援助条例》第11条规定：“刑事诉讼中有下列情形之一的，公民可以向法律援助机构申请法律援助：（一）犯罪嫌疑人在被侦查机关第一次讯问后或者采取强制措施之日起，因经济困难没有聘请律师的。”犯罪嫌疑人是在起诉前的称谓，由此可知，审判过程中刑事被告人符合条件的也可申请法律援助，D项表述正确。

第五章 公证制度与公证员职业道德

【考点】公证机构和公证员

【考点点拨】(1) 公证机构不以营利为目的；公证机构不按照行政区域层层设立；(2) 公证员任职条件：年龄 25—65 岁，中国公民。故意犯罪或职务过失犯罪受过刑罚的人，不得担任公证员。

1. 公证制度是司法制度重要组成部分，设立公证机构、担任公证员具有严格的条件及程序。关于公证机构和公证员，下列哪一选项是正确的？（ ）（2017—1—50，单选）
   A. 公证机构可接受易某申请为其保管遗嘱及遗产并出具相应公证书
   B. 设立公证机构应由省级司法行政机关报司法部依规批准后，颁发公证机构执业证书
   C. 贾教授在高校讲授法学 11 年，离职并经考核合格，可以担任公证员
   D. 甄某交通肇事受过刑事处罚，因此不具备申请担任公证员的条件
2. 关于公证制度和业务，下列哪一选项是正确的？（ ）（2016—1—50，单选）
   A. 依据统筹规划、合理布局设立的公证处，其名称中的字号不得与国内其他公证处的字号相同或者相近
   B. 省级司法行政机关有权任命公证员并颁发公证员执业证书，变更执业公证处
   C. 黄某委托其子代为办理房屋买卖手续，其住所地公证处可受理其委托公证的申请
   D. 王某认为公证处为其父亲办理的放弃继承公证书错误，向该公证处提出复议的申请

【考点】公证程序和公证效力

【考点点拨】经公证的民事法律行为、有法律意义的事实和文书，应当作为认定事实的根据，但有相反证据足以推翻该项公证的除外。对经公证的以给付为内容并载明债务人愿意接受强制执行承诺的债权文书，债务人不履行或履行不适当的，债权人可以向法院申请执行。

1. 关于我国公证的业务范围、办理程序和效力，下列哪一选项符合《公证法》的规定？（ ）（2015—1—50，单选）
   A. 申请人向公证机关提出保全网上交易记录，公证机关以不属于公证事项为由拒绝
   B. 自然人委托他人办理财产分割、赠与、收养关系公证的，公证机关不得拒绝
   C. 因公证具有较强的法律效力，要求公证机关在办理公证业务时不能仅作形式审查
   D. 法院发现当事人申请执行的公证债权文书确有错误的，应裁定不予执行并撤销该公证书
2. 法律职业人员在业内、业外均应注重清正廉洁，严守职业道德和纪律规定。下列哪些行为违反相关职业道德和纪律规定？（ ）（2015—1—84 改，多选）
   A. 赵法官参加学术研讨时无意透露了未审结案件的内部讨论意见
   B. 在法庭上，公诉人车某发现李律师发微博，当庭予以训诫，审判长怀法官未表明态度
   C. 孙律师在执业中了解到委托人公司存在严重的涉嫌偷税犯罪行为，未向税务机关举报
   D. 李公证员代其同学在自己工作的公证处申办学历公证

【考点】转委托代理、虚假承诺、公证事务的范围

1. 下列哪一选项属于违反律师或公证有关制度及执业规范规定的情形？（ ）（2012—1—

50，单选）

A. 刘律师受当事人甲委托为其追索1万元欠款，因该事项与另一委托事项时间冲突，经甲同意后另交本所律师办理，但未告其支出增加

B. 李律师承办当事人乙的继承纠纷案，表示乙依法可以继承2间房屋，并作为代理意见提交法庭，未被采纳，乙仅分得万元存款

C. 林公证员对丙以贵重金饰用于抵押的事项，办理了抵押登记

D. 王公证员对丁代理他人申办合同和公司章程公证的事项，出具了公证书

2. 甲病危，欲将部分财产留给保姆，咨询如何处理。下列哪一意见是正确的？（　　）（2011—1—50，单选）

A. 甲行走不便，可由身为公证员的侄子办理公证遗嘱

B. 甲提出申请，可由公证机构到医院办理公证遗嘱

C. 公证机构无权办理甲的遗嘱文书及财产保管事务

D. 甲如对该财产曾有其他形式遗嘱，以后公证的遗嘱无效

3. 法律职业人员应自觉遵守回避制度，确保司法公正。关于法官、检察官、律师和公证员等四类法律职业人员的回避规定，下列哪些判断是正确的？（　　）（2015—1—85，多选）

A. 与当事人（委托人）有近亲属关系，是法律职业人员共同的回避事由

B. 法律职业人员的回避，在其《职业道德基本准则》中均有明文规定

C. 法官和检察官均有任职回避的规定，公证员则无此要求

D. 不同于其他法律职业，律师回避要受到委托人意思的影响

参考答案及解析

【考点】公证机构和公证员

1. 【答案】C

【解析】A选项错误。根据《公证法》第12条第3款的规定，公证机构可“保管遗嘱、遗产或者其他与公证事项有关的财产、物品、文书”。公证机构保管遗嘱及遗产，不需要出具相应公证书。

B选项错误。根据《公证法》第7条规定：“设立公证机构，由所在地的司法行政部门报省、自治区、直辖市司法行政机关审核批准”，本题中设立公证机构直接报省司法行政机关审核，无需报司法部批准。

C项正确。根据《公证员执业管理办法》第7条、第8条规定：具有中华人民共和国国籍；年龄二十五周岁以上六十五周岁以下；公道正派，遵纪守法，品行良好；并具备下列条件之一，已经离开原工作岗位的，经考核合格，可以担任公证员：从事法学教学、研究工作，具有高级职称的人员；具有本科以上学历，从事审判、检察、法制工作、法律服务满十年的公务员、律师。本题中贾教授具有高级职称并已从高校离职，经考核合格，可以担任公证员。

D选项错误。《公证员执业管理办法》第9条规定，因故意犯罪或职务过失犯罪受过刑事处罚的不能担任公证员。甄某交通肇事，是过失犯罪受过刑事处罚，可以担任公证员。

2. 【答案】C

【解析】根据《公证机构执业管理办法》第19条第2款，公证机构名称中的字号，应当

由两个以上文字组成，并不得与所在省、自治区、直辖市内设立的其他公证机构的名称中的字号相同或者近似。A选项错误。

根据《公证法》第21条，担任公证员，应当由符合公证员条件的人员提出申请，经公证机构推荐，由所在地的司法行政部门报省、自治区、直辖市人民政府司法行政部门审核同意后，报请国务院司法行政部门任命，并由省、自治区、直辖市人民政府司法行政部门颁发公证员执业证书。《公证员执业管理办法》第15条规定，公证员变更执业机构，应当经所在公证机构同意和拟任用该公证员的公证机构推荐，报所在地司法行政机关同意后，报省、自治区、直辖市司法行政机关办理变更核准手续。公证员跨省、自治区、直辖市变更执业机构的，经所在的省、自治区、直辖市司法行政机关核准后，由拟任用该公证员的公证机构所在的省、自治区、直辖市司法行政机关办理变更核准手续。因此，公证员变更执业公证处由省级人民政府司法行政部门办理变更核准手续。B选项错误。

根据《公证程序规则》第14条，公证事项由当事人住所地、经常居住地、行为地或者事实发生地的公证机构受理。涉及不动产的公证事项，由不动产所在地的公证机构受理；涉及不动产的委托、声明、赠与、遗嘱的公证事项，可以适用前款规定。黄某委托其子代为办理房屋买卖手续，由房屋所在地的公证机构受理；但由于涉及房屋委托的公证事项，也可以由当事人住所地、经常居住地、行为地或事实发生地的公证机构受理。C选项正确。

根据《公证程序规则》第61条，当事人认为公证书有错误的，可以在收到公证书之日起一年内，向出具该公证书的公证机构提出复查。公证事项的利害关系人认为公证书有错误的，可以自知道或者应当知道该项公证之日起一年内向出具该公证书的公证机构提出复查，但能证明自己不知道的除外。王某认为公证处为其父亲办理的放弃继承公证书错误，可向该公证处提出复查的申请。D选项错误。

【考点】公证程序和公证效力

1. 【答案】C

【解析】A项错误。根据《公证法》第11条规定："根据自然人、法人或者其他组织的申请，公证机构办理下列公证事项：（九）保全证据；"保全网上交易记录属于保全证据，公证机关应按规定为申请人办理，故A错误，不选。

B项错误。根据《公证程序规则》第11条规定："当事人可以委托他人代理申办公证，但申办遗嘱、遗赠扶养协议、赠与、认领亲子、收养关系、解除收养关系、生存状况、委托、声明、保证及其他与自然人人身有密切关系的公证事项，应当由其本人亲自申办。"故公证机关应当拒绝自然人委托他人办理赠与、收养关系的公证，B错误，不选。

C项正确。根据《公证法》第29条规定："公证机构对申请公证的事项以及当事人提供的证明材料，按照有关办证规则需要核实或者对其有疑义的，应当进行核实，或者委托异地公证机构代为核实，有关单位或者个人应当依法予以协助。"可知公证机关在办理公证时，不能仅作形式审查，C正确，应选。

D错误。根据《公证法》第37条规定："对经公证的以给付为内容并载明债务人愿意接受强制执行承诺的债权文书，债务人不履行或者履行不适当的，债权人可以依法向有管辖权的人民法院申请执行。前款规定的债权文书确有错误的，人民法院裁定不予执行，并将裁定书送达双方当事人和公证机构。"公证债权文书确有错误，法院裁定不予执行，但无权撤销公证书，只有作出公证的公证机关才有权撤销公证书，故D错误，不选。

2. 【答案】ABD

【解析】《法官职业道德基本准则》第7条规定,“维护国家利益,遵守政治纪律,保守国家秘密和审判工作秘密,不从事或参与有损国家利益和司法权威的活动,不发表有损国家利益和司法权威的言论。”可知,赵法官透露未审结案件的内部讨论意见,属于泄露审判工作秘密,违反了保密义务,故A应选。

《刑诉法解释》第250条第1款规定:“法庭审理过程中,诉讼参与人或者旁听人员扰乱法庭秩序的,审判长应当按照下列情形分别处理:未经许可录音、录像、摄影或者通过邮件、博客、微博客等方式传播庭审情况的,可以暂扣存储介质或者相关设备。”

据此,在法庭上李律师发微博,应当由审判长处理,公诉人无权处理。故公诉人车某当庭训诫李律师,审判长怀法官未表明态度,违反相关规定,故B应选。

C项不违反。《律师法》第38条第2款规定:“律师对在执业活动中知悉的委托人和其他人不愿泄露的有关情况和信息,应当予以保密。但是,委托人或者其他人准备或者正在实施危害国家安全、公共安全以及严重危害他人人身安全的犯罪事实和信息除外。”逃税罪不属于危害国家安全和公共安全的犯罪,孙律师了解情况后未向税务机关举报并不违反《律师法》的规定,可知C不违反,不选。

D项违反。《公证程序规则》第11条第2款规定:“公证员、公证机构的其他工作人员不得代理当事人在本公证机构申办公证。”可知,李公证员的行为明显违反了上述规定,D违反,应选。

【考点】转委托代理、虚假承诺、公证事务的范围

1. 【答案】A

【解析】A项中刘律师经与当事人协商可以解除委托代理合同或者转委托由其他律师代理,但应当将增加的支出告知当事人。刘律师没有履行告知的义务违反了《律师执业行为规范》,故A项是本题的正确答案。

根据《律师执业行为规范》第43条规定:“律师根据委托人提供的事实和证据,依据法律规定进行分析,向委托人提出分析性意见。”第44条规定:“律师的辩护、代理意见未被采纳,不属于虚假承诺。”在B项中,李律师的代理意见没有被采纳并不构成虚假承诺,符合律师执业行为规范,不选。

根据《公证法》第12条规定:“根据自然人、法人或者其他组织的申请,公证机构可以办理下列事务:(一)法律、行政法规规定由公证机构登记的事务;(二)提存;(三)保管遗嘱、遗产或者其他与公证事项有关的财产、物品、文书;(四)代写与公证事项有关的法律事务文书;(五)提供公证法律咨询。”C项中,林公证员办理抵押登记的行为是符合法律规定的,不选。

根据《公证法》第11条第(一)、(八)项规定,对公司合同、章程公证机构可以办理公证,故D项说法是正确的,不选。

2. 【答案】B

【解析】选项A错误。《公证程序规则》第11条规定,当事人可以委托他人代理申办公证,但申办遗嘱、遗赠扶养协议、赠与、认领亲子、收养关系、解除收养关系、生存状况、委托、声明、保证及其他与自然人人身有密切关系的公证事项,应当由其本人亲自申办。公证员、公证机构的其他工作人员不得代理当事人在本公证机构申办公证。甲申办的是遗嘱公证,应由其本人亲自申办,不能让其侄子代为申办。另外,其侄子本身是

公证员，也不得代理甲在其公证机构申办公证。

选项B正确。公证人员可以前往现场办理公证业务。

选项C错误。《公证法》第12条第（3）规定，根据自然人、法人或者其他组织的申请，公证机构可以办理保管遗嘱、遗产或者其他与公证事项有关的财产、物品、文书。

选项D错误。《最高人民法院关于贯彻执行〈中华人民共和国继承法〉若干问题的意见》第42条规定，遗嘱人以不同形式立有数份内容相抵触的遗嘱，其中有公证遗嘱的，以最后所立公证遗嘱为准；没有公证遗嘱的，以最后所立的遗嘱为准。因此，经公证的遗嘱的法律效力要高于其他形式的遗嘱。

3. **【答案】** CD

【解析】 A项错误。为确保司法公正，我国《刑事诉讼法》第28条、《民事诉讼法》第44条，《公证员职业道德基本准则》第4条明确规定，法官、检察官、公证员与案件当事人存在近亲属关系时，应当自行回避，当事人也有权申请回避。但根据《律师法》第39条：“律师不得在同一案件中为双方当事人担任代理人，不得代理与本人或者其近亲属有利益冲突的法律事务。”可知，律师无需回避与当事人有近亲属关系，A错误，不选。

B项错误。法官、检察官和公证员均有回避要求，但《律师职业道德基本准则》中并无回避的规定，故B错误，不选。

C项正确。《法官法》第16条和《检察官法》第19条都明确规定了法官、检察官任职回避制度。但《公证法》中并无任职回避的规定，故C正确，应选。

法官、检察官和公证员遇有法律规定的回避情形时应当主动回避，或者被申请回避。而律师则不同，《律师执业行为规范》第51条第1款明确规定了律师回避的情形，第2款规定：“律师和律师事务所发现存在上述情形的，应当告知委托人利益冲突的事实和可能产生的后果，由委托人决定是否建立或维持委托关系。委托人决定建立或维持委托关系的，应当签署知情同意书，表明当事人已经知悉存在利益冲突的基本事实和可能产生的法律后果，以及当事人明确同意与律师事务所及律师建立或维持委托关系。”可知，委托人同意律师代理或者继续承办案件，其可不受回避规定的限制，故律师回避会受到委托人意思的影响，故D正确，应选。